너희와 모든 이를 위하여

김수환 추기경의 신앙고백

너희와 모든 이를 위하여

김수환 글 | 신치구 엮음

도서출판 **사람과사람**

김수환(金壽煥) 추기경

1922년 대구에서 태어남.
동경 상지대학 문학부 철학과 수료. 가톨릭대학 신학부 졸업.
51년 사제 서품.
56년 독일 뮨스터대학 대학원에서 사회학 전공.
64년 귀국하여 가톨릭시보사 사장으로 재직 중
66년 주교 서품과 동시에 마산교구장으로 임명.
68년 서울대교구장 취임과 함께 대주교로 서임.
69년 한국 최초로 추기경에 서임.
98년 서울대교구장에서 물러나 현재 아름다운 노후를 보내고 있음.

누가 나를 보고서 예수님을 보았느냐고 물으면

보았다거나 만났다고 말할 수는 없다.

그러나 그분은 내 안에 계시다는 것을 부정할 수는 없다.

소리내지 않고 조용히 계신다.

침묵 속에서 일하신다.

김수환 추기경

사진은 추기경의 문장.
방패 안의 왼쪽은 순교자들의 피 위에 세워진 한국 교회를, 오른쪽은 삼각산과 산으로 둘러싸인 서울을 상징하며
별은 성모 마리아를 주보로 모심을 나타낸다.

차례

프롤로그 | 십자가의 길
　　　　아, 십자가에 못 박힌 예수여! 10

제1장 | 신앙의 징검다리
　　　　믿음을 사는 지혜 26
　　　　고통을 위한 사색 34
　　　　기도에 관한 진지한 물음 42
　　　　참으로 마음을 비우십시오 47
　　　　겸손하게 산다는 것 54
　　　　나는 왜 스테파노를 좋아하는가 58
　　　　'성서 읽는 마음'의 향기 64

제2장 | 세상에서 가장 소중한 이야기
　　　　십자가의 어리석음 70
　　　　그리고 부활한 것은 79
　　　　우리가 정말 예수를 만날 수 있을까 86
　　　　구원의 마지막 징표 91
　　　　누가 '나의 어머니'이냐? 95
　　　　성체성사의 참뜻 99
　　　　'가난한 예수'의 지혜 111

제3장 | 비유의 지혜를 얻는 즐거움
　　　'잃었던 아들'의 귀향 122
　　　사마리아 여인과의 대화 129
　　　착한 사마리아인의 사랑 139
　　　예수가 받은 유혹 세 가지 148
　　　'하늘나라'의 미로 159
　　　'진복팔단'이 가르쳐 준 것들 171

제4장 | 존재의 흔적을 찾는 여행
　　　보지 못했으므로 없다고 말할 수 있을까 188
　　　이보다 더 큰사랑은 없다 197
　　　당신은 언제나 그곳에 204
　　　'너, 어디 있느냐'는 질문 210
　　　'창조'는 아직 잠들지 않았다 216
　　　누가 '낙원'을 사라지게 했는가 225

제5장 | 모든 이와 모든 것을 위하여
　　　21세기 사제의 빛깔 232
　　　기도하는 사제가 보고 싶다 240
　　　수도자의 '인간적 완성'을 위하여 248
　　　사도직 협조자의 영성 255
　　　다시 순교정신을 묻는다 261

부 록 | 기도, 그리고 이 한마디
　　주여, 만나고 싶습니다 272
　　그들은 나를 너무나 모른다 273
　　평화를 위한 기도 276
　　고름짜기 281
　　어록 · 오늘을 바로사는 삶을 위하여 283
　　이 책을 읽는 이들에게 300

십자가의 길

아! 너무나도 어리석으신 주 예수여!
이젠 입을 다무셔도 때는 이미 늦었습니다.
온 세상이 당신께 사형 선고를 내렸습니다.
당신 몫은 오직 십자가의 어리석음,
그것뿐입니다.

아, 십자가에 못 박힌 예수여!

그리스도의 십자가상의 죽음은 역사적인 사건이다. 또한 언제나 동시적인 것이기도 하다. 왜냐하면, 그리스도는 인류 역사의 시작부터 마침에 이르기까지 모든 인간을 위해 당신을 바치셨기 때문이다. 구원되어야 할 영혼이 하나라도 남아 있는 한, 그리스도의 수난과 죽음은 그치지 않는다. 우리 주위에 매일같이 고통을 받고 죽어 가는 그 사람들 안에서 그리스도는 계속 자신을 십자가의 제물로 성부에게 제헌하신다.

'십자가의 길'은 '생명의 길'이다. 누군가 말했듯이, 우리는 하느님 나라에 내일, 모레 혹은 10년 후에 가는 것이 아니다. 이 시간, 그리스도와 함께 십자가에 못 박히는 그 순간, 하느님 나라에 들어가는 것이다.

1 | 예수, 사형 선고를 받다

주여, 때는 너무 늦었습니다. 불의(不義)를 거스려 당신은 너무 지나치게 말씀하셨고 너무나 과감히 싸우셨습니다. 거지, 죄수, 문둥이, 앉은뱅이, 절름발이, 밤거리의 여인 등 비천한 사람들이 천당의 첫 자리를 차지한다고 하시며, 점잖고 멀쩡한 신사 양반들을 향해 '회칠한 무덤' '독사의 무리들'이라고 하셨으니 그게 될 말입니까? 그러니 율법만은 철저히 지키는 사람들, 명망과 지위가 높은 사람들의 속이 편할 리 있겠습니까? 더구나 그들을 저주까지 하셨으니!

역설도 분수가 있지, 왜 '말째가 첫째가 되고, 첫째가 말째가 된다'고 하셨습니까? 왜 부자가 천당가는 것이 낙타가 바늘구멍으로 들어가기보다 더 힘들다느니, '주여, 주여' 하는 자마다 모두 천국에 들어가진 못한다느니, 가난한 이는 '진복자(眞福者)'라느니 하셨습니까? 그러기에 비웃음, 저주, 증오, 뭇사람의 손가락질, 이 모든 것이 당신이 뿌린 씨의 대가인 것입니다. 당신은 무고죄와 선동죄로 고발될 수밖에 없었습니다. 세상은 십자가의 어리석음을 택한 당신을 용납할 수 없으니까요.

아! 너무나도 어리석으신 주 예수여!

이젠 입을 다무셔도 때는 이미 늦었습니다. 온 세상이 당신께 사형 선고를 내렸습니다. 당신 몫은 오직 십자가의 어리석음, 그것뿐입니다.

2 | 예수, 십자가를 지다

주여! 당신의 십자가가 여기 있습니다. 아니 정확히 말해서, 우리의 십자가가 여기 있습니다. 그러나 당신은 우리의 십자가를 대신 지실 운명을 자초하셨습니다. 스스로 지은 죄 없이 대죄인처럼 자신을 낮추셨으니, 허리를 굽혀 십자가를 지십시오. 그리고 똑바로 걸어가십시오.

주여, 여기선 전진뿐입니다. 후퇴가 있을 수 없습니다. 왜냐하면, 이 십자가는 우리 모두가 살기 위해 어차피 당신이 져야 하니까요.

그렇습니다. 저 형리(刑吏)들의 포악한 고함소리, 당신을 내려치는 채찍소리, 군중의 아우성, 히히덕거리는 웃음소리를 침묵으로 삭이며, 온 인류, 온 누리가 살기 위해 당신은 십자가를 지셔야 하고 거기 못 박히셔야 합니다. 그러므로 주여, 당신은 묵묵히 이 무거운 십자가를 지고 골고타로 수난의 고갯길을 걸어 오르셔야 합니다.

"나를 따르려는 사람은 누구든지 자기를 버리고 매일 제 십자가를 지고 따라야 한다. 제 목숨을 살리려고 하는 사람은 잃을 것이요, 나를 위하여 제 목숨을 잃는 사람은 살 것이다."(루가 9,23-24)

3 | 예수, 기진하여 첫 번째 넘어지다

주여, 어찌된 일입니까? 왜 이리 비틀거리십니까?

아! 당신은… 드디어… 주께서 기진하여 넘어지셨다. 하느님이 땅바닥에 넘어지셨다.

주여, 어느 용사인들 갈증과 허기진 몸에다가 편태(鞭笞)로써 시뻘겋게 터진 어깨로 그 무거운 십자가를 지탱해 낼 수 있겠습니까? 그러나 주여, 일어나소서. 당신 종의 고독을 지고 일어나소서. 여기 가난하고 병들고 굶주림으로 휘청거리는 당신 형제들의 무거운 짐을 지고 일어나소서. 전진을 가능케 하는 푸른 신호가 없어, 세상의 비정(非情)과 현기증에 취해 주저앉을 수밖에 없는 당신 형제들의 지친 몸을 지고 일어나소서. 당신은 이 현실 사회에서 추방되어 인생 종착역 같은 행려자 수용소에 가 있는 당신 형제들을 누구보다도 잘 아시지 않습니까?

주여, 나를 온전히 당신께 바치겠다고 약속하며 확신하던 나, 마음속의 잔잔한 파도, 나를 거슬러 오는 작은 바람에도 그만 땅바닥에 주저앉은 나는 벌써 수없이 넘어집니다. 십자가의 길이 '생명의 길'이라는 것이 거짓으로만 보였습니다.

당신의 종 바오로의 말씀같이, 암만 해도 다른 법칙에 움직이고 있는 것 같은 이 나약한 육신과 지조 없는 마음은 당신을 떠나고 나의 십자가를 그만 내던지고 말았습니다. 그런 뒤에 방황하는 이 영혼에게 남은 것이 무엇이겠습니까? 좀먹듯이 파고드는 공허뿐입니다.

"주여, 일어나소서. 우리 육신이 땅에 붙사오니 우리를 도와주시고 구원하소서."(시편 44,23-26) 당신 종의 빈 마음을 지고 일어나소서. 버려 두고 온 나의 십자가를 다시 지도록 나의 마음과 정신에 힘을 주소서. 주여, 나와 실의에 찬 당신 형제들의 신앙을 굳세게 하여 주소서.

4 | 예수, 길에서 성모를 만나다

주여, 너무나도 가련한 당신 어머니가 저기 보입니다. 당신과 함께 이 고난의 길을 허겁지겁 뒤따라가십니다. 아우성치는 잡다한 군중 속에 끼어 이리 밀리고 저리 밀리십니다.

성모님의 눈은 당신의 기진맥진한 몰골, 온몸의 상처, 진땀, 휘청거리는 걸음, 당신만을 응시하십니다. 당신의 그 어느 것도, 몸과 마음, 당신의 털끝 하나도 성모님의 눈은 놓치지 않으려 하십니다.

그러나 성모님은 당신께 근접도, 당신 피땀을 씻어 주지도 못하십니다. 어머니로서 한마디 위로의 말도 당신께 건네지 못하십니다. 오히려 당신의 고통은 비수가 되어 그 심장을 오려내듯 어머니의 마음을 애통케 합니다. 그러나 주여, 당신은 아십니다. 이 통고(痛苦)의 어머니께서 당신의 뒤를 따라 당신과 함께 온 세상을 구해 가심을!

주여! 저도 이 어머니의 사랑을 본받게 하소서. 가끔 사람들 틈에 끼어 그들의 고통의 길을 뒤따라 가보지만, 거듭되는 새로운 불행, 새로운 불의와 죄악을 견디지 못해 그만 모든 것을 포기하고만 싶습니다. 내게는 형제도 친척도 부모도 처자도, 아는 사람들도 없기를 얼마나 자주 바랐는지요. 주여, 저에게도 이렇게 묵묵히 모든 형제들과 고생을 같이 하면서 괴로워할 수 있는 사랑을 주소서. 먼발치에서나마 당신만을 응시하며, 어머니처럼 당신과 함께 이 세상을 구하는 작은 제물 되게 하소서.

5 | 시몬이 예수를 도와 십자가를 지다

"시몬이라는 키레네 사람이 시골에서 올라오다가 그곳을 지나가고 있었는데, 병사들은 그를 붙들어 억지로 예수의 십자가를 지고 가게 하였다." (마르 15,21)

주여, 이제까지는 남을 도우신 당신이 아니었습니까? 병자를 낫게 하시고, 굶주린 자를 배부르게 하시고, 죽은 자를 부활시키신 당신이 아니었습니까? 바다의 폭풍우조차 당신의 한 말씀에 금시 순종하지 않았습니까? 당신의 그 위대하심은 어디 갔습니까? 어찌하여 당신은 이렇듯이 비참한 존재로 떨어져 만인의 치욕이 되셨습니까? 왜 이렇게 처참히 홀로 수난의 길을 가시게 되었습니까? 생사를 함께 하겠노라 장담하던 당신의 벗들은 또 어찌 되었습니까?

그러나 주여, 여기 시몬이 있습니다. 시몬이 당신을 도왔습니다. 그러나 마지못해서였습니다. 그는 일터에서 돌아오는 배고프고 피곤한 몸이었습니다. 그는 당신 옆을 따르는 그 살기등등한 군인이나 바리사이 중 누구를 도우라고 했어도 순순히 따랐을 것입니다. 그들은 지위와 권세 있는 자들이 아닙니까?

그러나 당신은? 노예와 같이 참혹히 피땀에 젖은 당신은….

시몬이 당신을 알 리 없습니다. 그의 눈에는 지금의 당신은 한 사형수에 불과합니다. 멸시와 저주의 대상일 뿐입니다. 그러니 당신을 도우라는 데는 거부감이 생기지 않을 수 없었습니다. 배고프고 피곤해서만도 아닙니다. 수치이기 때문입니다.

주여, 나도 시몬과 다를 바 없습니다. 당신이 내게 맡기신 사람들, 형제와 같이 특별히 사랑하라고 부탁하신 사람들, 그들은 나를 피곤하게 합니다. 빈곤, 질병, 실업, 인간과 사회의 비참 자체인 이들에게 나는 염증을 느낄 뿐입니다. 생각만 해도 내게 구차한 존재들입니다. 하지만 당신은 그들 하나하나를 형제라 부르지 않으셨습니까?(마태 25,31-46)

주여, 나를 책하소서. 오늘 다시 세상 물정과 외양 따라 당신과 당신 형제들을 천대한 이 죄인을 책하소서. 내 어두운 마음의 눈을 열어 주시어, 가난하고 병들고 천대받는 이들 안에 십자가 지신 당신 모습 보게 하소서. 그들이 이 시대 구원의 십자가를 지고 가는 당신임을 알게 하소서.

6 | 성녀 베로니카, 수건으로 예수의 얼굴을 씻어드리다

주여, 베로니카의 용기와 사랑에 깊이 감동됩니다. 저주와 멸시, 형리들의 횡포와 채찍, 이런 살벌함 속에 고독하게 버려진 당신, 그 얼굴의 피땀을 누가 감히 나서서 닦아 드릴 수 있겠습니까? 그러나 그보다도 더욱 놀라운 것은 당신 사랑의 위대하심입니다.

보통 인간이면 하찮은 고통 속에서도 남의 친절을 친절로 갚기란 힘든

일입니다. 하물며 당신과 같이 기진한 상태에서야 더 말해 무엇하겠습니까? 그러나 당신은 죽기보다 더한 그 큰 고통 중에 베로니카의 사랑을 사랑으로 보답하셨습니다. 베로니카는 그 수건뿐 아니라 마음 깊이, 존재 깊이까지 당신 수난의 모습을 새겨 받았습니다. 그것은 바로 그녀의 구원이었습니다.

위대하신 주의 마음이여! 굳세면서 그지없이 부드러운 마음이여! 죽음의 고통 가운데서도 홀로 균형을 잃지 않는 광대한 사랑의 주인공이신 주여, 나에게도 이 마음의 넓이를 주소서! 성세(聖洗) 때, 당신은 나에게 당신 모습 깊이 새겨 주셨으나, 나의 삶은 당신을 반영하는 것이 아니었습니다. 사랑과 진실과 용기의 부족으로 오히려 찢어진 당신의 모습을 보여주었을 뿐입니다. 육신의 작은 고통에도 곧 마음까지 피로를 느끼며 주위의 사람들, 그들의 친절까지도 귀찮게만 생각하였습니다.

주여, 당신의 현존을 어둡게 한 이 눈을, 이 부정한 마음을, 이 안일(安逸)만을 찾는 육신을 용서하소서. 피땀에 젖은 당신 모습을 새긴 베로니카의 성포(聖布)가 내 생활 갱신의 지표 되게 하소서. 쇄신을 구하는 오늘의 교회가 그것을 거울과 기치(旗幟)로 삼게 하소서. 하여, 주이신 당신을 참되이 드러내는 교회 되게 하소서.

7 | 기력이 쇠한 예수, 두 번째 넘어지다

예수께서 다시 넘어지셨다. 억지로나마 그를 잠시 도왔던 시몬마저 어느새 도망치고 없다. 짓밟히고 버림받은 사람, 예수는 그렇게 배신의 채찍을 맞고 또다시 비탄에 쓰러졌다. 십자가의 온 무게가 예수의 어깨를 내리누르고 있다. 아니, 우리 모두의 죄가 그를 기진케 하고 다시 쓰러지게 하였다. 그는 우리 죄를 대신해 우리의 십자가를 지셨으니.

　주여, 나는 당신과 함께 다시 쓰러졌습니다. 이젠 한 발자국도 더 옮길 수 없습니다. 나도 힘껏 싸웠습니다. 내 옆에 당신이 지켜 서 계시고, 나를 알뜰히 보살피심도 알았습니다. 그러나 유혹이 삽시간에 폭풍우처럼 나를 휘몰아쳤을 때 … 모든 것은 한순간의 일이었습니다. 나는 당신을 외면했고, 같은 순간 이 구렁텅이에 떨어졌습니다. 이제는 돌이킬 수도 없는 일. 유혹하는 사람은 어느새 바람과 같이 사라지고 없습니다. 수치와 자학에 젖어 나는 빈손에 허무만을 움켜잡고 퍼져 앉은 자신의 처절한 모습을 발견합니다.

　아, 주여! 내 소유로 남은 것이 이제 무엇입니까? 이 죄뿐입니다. 아니, 죄는 나보다도 더 힘껏 나를 제 손아귀에 움켜잡고 있습니다. 주여, 당신 면전에 서기조차 이제는 두렵고, 무엇보다 당신의 그 눈이 두렵습니다. 너무나도 맑고 깊은 사랑에 가득 찬 눈이기에 나는 오히려 두려움에 떨지 않을 수 없습니다. 그렇게 응시하지 마옵소서! 헐벗고 찢어지고 더럽혀진 나를 그렇게 자꾸만 보지 마옵소서.

　그러나 주여, 당신은 좋으시고 인자하시니 나를 죄의 사슬에서 풀어주소서. 이 몸 구렁에서 건져 주시고, 나의 모든 나약과 죄와 가난을 지고 다시 일어서신 당신 따라 이 고난의 길, 생명의 길을 나도 같이 계속 가게 하소서.

8 | 예수, 예루살렘 부인들을 위로하다

　주여, 예루살렘의 부녀들은 당신을 보고 슬피 울지 않을 수 없었습니다. 그들은 당신의 거룩한 말씀과 숱한 기적을 듣고 보며, 당신을 위대한 예언자로 숭배하였습니다. 당신이야말로 그들과 그들의 자손들을 이민족의 압박에서 해방시키고 이스라엘 왕국을 이 지상에 이룩해 줄 구원자라고 믿었습니다. 그러니 처참한 당신의 모습, 비극적인 당신의 말로를 보고 어찌 그들이 울지 않을 수 있겠습니까?

그러나 주여, 진정 그들은 당신을 몰랐습니다. 그 부녀들, 그리고 우리의 죄가 당신께 무거운 십자가를 지게 했음을 그들이 알 리 없었습니다. 그러기에 당신은 "오히려 당신들과 당신네 자녀들을 위하여 울라!" 하셨습니다.

주여, 어느새 저 부인들 틈에 끼어 있는 나의 모습을 발견합니다. 지금 내가 그들과 하나 되어 우는 것도 한 인간의 존경조차 받지 못한 채 십자가를 지고 가시는 치욕을 당하는 당신을 뵙는 까닭입니다. 당신께 걸었던 모든 희망이 무너짐을 보는 까닭입니다.

나는 지금껏 남과 사회와 세상만을 탓하고 원망하였습니다. 남들의 죄, 사회와 정치의 부패가 나를 이렇게 불행하게 만드는 것같이 비난하였습니다. 나 자신이 죄인이며, 내 과오와 비정이 남을 괴롭힌다는 것을 깨닫지 못하였습니다. 무엇보다도 당신 수난의 원인이 되고, 그 죽음의 고초를 더욱 재촉한 것이 나였다는 것을 잊고 있었습니다. 주여, 이제는 나로 하여금 당신 수난의 원인이 된 내 죄를 먼저 울게 하소서. 보게 하소서. 죄에 물든 스스로의 모습을 진실히 보게 하소서.

9 | 예수, 세 번째 넘어지다

연거푸 두 번이나 넘어졌던 예수님은 비틀거리며 일어서더니, 몇 걸음도 못 가서 다시 세 번째 쓰러졌다. 이젠 모든 것이 끝난 것처럼 보였다.

기실 인간의 힘으로 어찌 더 이상 지탱할 수 있단 말인가! 그러나 주님은 마지막 안간힘을 쓰며 사력을 다하여 다시 일어선다. 피와 진땀과 먼지에 뒤범벅이 된 그 얼굴! 숫제 그는 눈을 감고 내려치는 채찍을 따라 더듬거리며 앞으로 나아간다.

주여, 왜 다시 일어섰습니까? 굳이 일어서야만 하겠습니까? 그대로 숨지는 것이 당신에게는 차라리 해방이 아니겠습니까? 십자가상의 죽음, 당신 살과 뼈를 꿰뚫고 부수는 참혹한 죽음만이 당신을 기다리는 줄 모르십니까? 하거늘 주여, 왜 다시 일어섰습니까?

아! 어리석으신 주여!

그러나 주님은 죽음보다 더 강한 사랑 때문에 다시 일어서야 했다. 이 땅 위 어느 한 구석, 구원을 갈구하는 인간이 하나라도 남아 있는 한, 그리스도는 기진하여 거듭 쓰러지면서도 다시 일어나 그의 고난의 길을 계속 걸어야 했던 것이다. 깊은 밤, 만상(萬象)이 잠든 적막한 거리를 그는 홀로 깨어 무거운 십자가를 지고 터덕터덕 걸어간다. 이 불행한 인생 모두를 구원하고 싶은 가슴 터지는 사랑의 고뇌에 잠겨….

주여, 사랑에 미친 이여! 사랑에 눈 먼 이여! 신앙과 의지에 약한 나로 하여금 이 사랑에 불타게 하소서. 기진하면서도 다시 일어설 수 있는 그 사랑의 힘을 주소서. 그리하여 이 목숨이 붙어 있는 한, 당신이 가시는 곳은 어디든지, 밤이건 낮이건 비바람, 눈보라를 맞으면서도 땅 끝까지 나의 나날의 십자가를 지고 당신 뒤를 따르게 하소서!

10 | 악당들이 예수의 옷을 벗기고 초와 쓸개를 마시게 하다

여기 주님은 알몸으로 뭇 인간이 퍼붓는 조소와 멸시의 눈초리에 둘러

싸인 채 홀로 서 있다. 아무런 항변도 저항도 없이….

이보다 더 큰 모독이 있겠는가? 이보다 더 큰 능욕이 있겠는가? 머리 둘 곳도 없이 가난하신 주여, 이제 당신께 남은 것이 무엇입니까? 십자가뿐입니다. 당신의 살과 뼈를 꿰뚫을 십자가뿐입니다. 그러나 당신은 모든 것을 묵묵히 감내하며, 그 이상의 것을 원치도 않으셨습니다. 오히려 참으로 자유로웠습니다.

주여, 나로 하여금 당신을 닮아 모든 것을 벗어버릴 수 있게 하소서. 알몸의 가난도, 그 때문에 받는 세상의 멸시와 천대도 다 감내할 수 있는 힘을 주소서. 그러나 주여, 당신께 향한 나의 길을 막고, 내 눈을 가리우는 것은 명예나 지위나 재물만이 아닙니다. 그보다 더한 것이 이 육신입니다. 온갖 욕정에 사로잡힌 나약한 인간성입니다. 몸에 걸친 옷처럼 쉽게 벗어 치울 수도 없는 이 '묵은 인간'입니다. 주여, 어떻게 하면 이 '묵은 인간'을 벗고 당신을, '새 인간'을 입을 수 있겠습니까? 나로 하여금 일체를 잃은 영점(零點)의 상태가 은총임을 깨닫게 하소서. 내게도 오직 필요한 것은 '나'를 못 박는 십자가뿐임을 알게 하소서.

그리스도여, 나에게 청빈을, 자아(自我)마저 벗은 무아(無我)의 청빈을 가르쳐 주소서. 또한 당신과 같이 모든 것을 빼앗기고 못 박힌 북한의 침묵의 교회를 기억하소서.

11 | 예수, 십자가에 못 박히다

여기 하느님께서 인간 안에, 인간이 하느님 안에 하나로 못 박혔다. 그 죄목은 사랑. 남을 위해 온전히 당신을 바치시는 그 사랑!

주여, 이제 당신은 사지를 뻗고, 아득한 하늘을 우러러 십자가 위에 누웠습니다. 당신 소원의 십자가! 성부께서 마련하시고 그의 뜻이 이루어질 이 제단 위에 순결한 제물의 어린 양이 되어 누웠습니다. 마지막 남은 목숨, 피 한 방울도 남김없이 세상을 위해 흘리기 위해서입니다.

형리들은 무자비하게 당신을 못 박습니다.

'쾅! 쾅!' 지옥의 심연까지 울려 퍼질 저 둔탁한 망치소리, 쇠못은 경련을 일으키는 당신의 손발을 꿰뚫었습니다. 선혈이 샘솟듯 흘러내립니다. 우리 죄를 씻고, 온 땅을 새롭게 하는 생명의 피가 흘러내립니다.

나를 위하여 십자가에 못 박히신 예수여, 당신의 이 지극한 고통의 원인이 된 나를 용서하소서. 당신과 함께 못박히게 하여 주소서. 주께서 나를 위해 먼저 고통을 받으셨으니, 나 어찌 주를 위해 내 고통을 바칠 수 없겠습니까? 매일 매시간, 매순간에 주어진 나의 십자가에 나를 온전히 못 박히게 하소서.

12 | 예수, 십자가에 죽다

주여, 이제 당신은 허공에 드높이 매달렸습니다. 사지를 찢어내는 죽음의 고통이 서서히, 그러나 정확히 당신 심장으로 몰려듭니다.

그런데 주여, 이 극한상황에서까지 당신은 어쩌면 당신을 못 박고 희롱하는 원수들까지 사랑하실 수 있습니까? "아버지, 저 사람들을 용서하여 주십시오!"(루가 23,34) 어찌하여 '이(齒)는 이로, 눈은 눈으로' 갚지 않으십니까? 어찌하여 하늘로부터 불칼을 내려치게 하시지 않습니까?

당신 고난의 십자가 아래, 성모님과 제자 요한이 슬피 울며 서 있습니다. 그들을 위로해 주신 당신은, 자신을 위해서는 가장 가까운 이 두 사람의 사랑과 위로마저 끊으셨습니다. 진정 아무도 지금 당신을 도울 수는 없습니다. 당신 아닌, 어느 누구도 지극히 의로우신 성부 대전에 우리를 대변할 수는 없습니다.

"엘리, 엘리, 레마 사박타니!"

'나의 하느님, 나의 하느님, 어찌하여 나를 버리셨나이까?'(마태 27,46)

주여, 성부마저 당신을 버리셨습니까? 아담에서 비롯하여 세말(世末)에 이르는 모든 인간의 죄악과 저주를 지고, 그 보속의 죽음 앞에 당신은 홀로 외로이 서 있어야 합니까? 순간이 억겁으로 통하는 이 임종의 고통 가운데, 주여, 당신은 세 시간, 아니 이 세상이 마치는 날까지 그렇게 버려져 있어야 합니까? 그러나 주여, 당신의 사랑이 모든 것을 참아 가십니다. 성부께 대한 사랑과, 우리를 마지막까지 남김없이 구하시려는 그 사랑이 당신 심장의 마지막 숨결까지 불태워 갑니다.

"이제 다 이루었다."(요한 19,30)

아! 하늘이 찢어지는 이 외마디 부르짖음!

마쳤다. 모든 것은 끝났다.

"아버지, 제 영혼을 아버지 손에 맡깁니다."(루가 23,46)

주여, 당신은 이기셨습니다. 죄악과 죽음을 쳐 이기셨습니다. 영원하고 절대적인 승리…. 새 생명, 새 인류, 새 역사가 여기 당신의 죽음에서부터 탄생하였습니다. 주여, 나를 위해 죽으신 예수여, 나로 하여금 모든 것을 아버지께 맡기며 당신을 위해 죽게 하소서. 온 세상을 위해 죽게 하소서. 그리하여 당신과 함께 나와 나의 형제들이 영원히 살게 하소서.

13 | 제자들이 예수의 성시(聖屍)를 십자가에서 내리다

핏빛 노을이 서산 마루에 타고, 십자가의 그늘이 길게 언덕 아래로 뻗

쳤다. 형리 하나가 이미 숨진 예수의 옆구리를 창으로 찌르자 피와 물이 쏟아져 나왔다(요한 19,34). 이제 남은 일은 그를 안장하는 것뿐이다. 성모님이 아드님의 시체를 품에 받아 안았다. 어머니는 만신창이가 되어 숨진 외아들을 다시는 놓지 않을 듯 꼭 감싸 안았다. 나자렛 시절의 그 씩씩하고 명랑하던 소년 예수, 언제나 젊은 생명이 넘쳐흐르던 청년 예수, 이젠 불러도 불러도 답할 리 없는 차디찬 시체로 변하였다. 그러나 이 단장(斷腸)의 오열 속에서도 성모님은 "이 몸은 주님의 종입니다. 지금 말씀대로 저에게 이루어지기를 바랍니다"(루가 1,38) 라고 고백했던 그 첫날의 신앙과 기도로 모든 고통을 다 감내했다.

 이 가련한 모자(母子) 주위에 요한, 마리아 막달레나, 요셉 아리마태아와 그 외 몇 사람의 제자들이 흐느껴 울며 둘러 서 있다. 그러나 숨진 예수의 모습에는 티끌만한 어두운 그늘도 볼 수 없다. 어머니 품안에 고이 잠든 어린 아기와 같이 밝고 평화스럽다.

 고요히 숨진 얼굴을 보라! 이 평화로이 감은 눈은 우리에게 세상의 어떤 철학도 사상도 밝힐 수 없는 인생의 모든 의미를 말해 주고 있다. 하느님의 끝없는 자비를 보여주는 이 맑은 얼굴, 그것은 바로 그가 우리에게 전해주신 복음의 결정(結晶)이다.

 주여, 이제 편히 쉬소서. 어머니 품속에 고이 잠드소서. 당신 일은 끝났습니다. 성부의 뜻이 이루어졌습니다. 이제부터 우리의 삶에는 보람이 있고, 비록 나날의 삶이 가난과 병고, 슬픔과 서러움에 가득 차 있을지라도 당신이 우리의 위로와 희망이십니다. 성모여, 이 밤에 나로 하여금 주의 평화 안에 잠들게 하소서. 내 매일의 십자가를 지고 간 나의 임종의 날, 주와 함께 깊은 평화 안에 쉬게 하소서. 이제와 죽을 때에 이 죄인을 위하여 빌으시고, 내 영혼을 당신 품에 받아 안아 주소서.

어두움이 죽음의 계곡에 서서히 덮일 무렵, 예수님의 시체는 요셉 아리마태아가 마련한 새 무덤에 안장되었다. 큰 바위를 굴려 무덤 문을 막았다. 마리아 막달레나와 다른 마리아가 무덤을 향해 실신한 듯 앉아 있다(마태 27,57-61 참조).

이제 일은 끝났다. 성모님과 몇몇 가까운 친지들이 아직도 영영 돌아설 길 없는 미련에 주저앉아 있을 뿐, 다른 모든 사람들은 이미 뿔뿔이 흩어져 갔다. 인간적으로 말해서 사건은 이로써 완전히 끝장난 것이다.

과연 유대인들에게 피소(被訴)되어 빌라도의 사형 언도로 십자가에 처형된 예수의 수난사는 여기서 끝났다. 그러나 우리는 예수께서 묻히셨던 그 무덤의 자리가 바로 부활의 자리임을 상기해야 한다. 십자가의 죽음 위에는 생명의 나무가 무성하게 되고, 그리스도와 함께 십자가에 못 박히는 오늘 이 시간, 하느님의 나라는 이미 우리 가운데 와 있음을 기억해야 한다.

주여, 모든 십자가의 길 끝에 영생의 부활이 온다는 것은 당신이 우리에게 주신 복된 사실이오니, 나로 하여금 이 진리를 깊이 깨닫게 하소서. 모든 고통도 축복의 원천이 될 수 있고, 죽음이 곧 당신을 믿고 바라는 이에게는 새 생명의 씨앗 됨을 깨닫게 하소서.

"밀알 하나가 땅에 떨어져 죽지 않으면 한 알 그대로 남아 있고 죽으면 많은 열매를 맺는다."(요한 12,24) 주여, 당신은 우리의 길이요 진리요 생명이시나이다. 우리의 소망이시요 사랑이시나이다. 이제 내 안에는 오직 당신만이 살게 하소서.

신앙의 징검다리

땅은 더 이상 내려갈 수 없을 만큼 모든 것 아래에 있다.
세상의 모든 사람은 땅을 딛고 살지만 땅의 고마움을 모른다.
뿐더러 땅에다 모든 더러운 것, 썩은 것을 다 버린다.
그러나 땅은 자신을 열고 모든 것을 받아들인다.
너는 이 겸손을 배워라. 그리하여 네가 겪은 모든 것,
병고, 고독, 절망까지 다 받아들여라.

믿음을 사는 지혜

 이름은 잊었지만 어느 영국 시인이 말하기를, 악마가 제일 싫어하는 것은 '기쁨'이고, 그 다음에 싫어하는 것은 '좋은 유머'라고 하였습니다. 유머도 사람을 기쁘게 하기 때문입니다. 그 다음은 '농담'인데, 이는 반반이랍니다. 왜냐하면, 농담은 사람이 기뻐할 수도 있지만, 사람을 해칠 수도 있기 때문입니다.
 악마가 제일 좋아하는 것은 '경솔한 언행'으로 남을 비꼬고 야유함으로써 사람을 웃길 수는 있으나, 언제나 남에게 상처를 주는 것이기 때문에 좋아합니다. 이렇게 기쁨은 악마가 제일 싫어하는 것이기에 하느님이 제일 좋아하는 것이 됩니다. 참으로 하느님은 기쁨의 원천입니다.
 그런데 우리는 믿음의 기쁨을 누립니까? 믿는 사람들의 얼굴을 보면 심각한 표정이 많습니다. 물론 얼굴 모습은 심각해도 내면 깊이 기쁨을 누리는 이도 있을 겁니다. 그러나 일반적으로 믿음의 삶을 살려면 어렵다든지, 고행과 같이 생각하는 경우가 많습니다. 계명을 많이 지키고, 정직하게 양심대로 살아야 하고, 올바르게 살아야 하고, 죄를 짓지 말아야 한다 등등 말입니다.

믿음은 짐스러운 것?

믿음대로 산다는 것은 신자 아닌 사람보다 무거운 짐을 지고 이 세상을 살아가는 것처럼 보입니다. 참으로 기쁨을 느끼기가 힘듭니다. 어떤 이는 '차라리 천주교를 몰랐더라면…' 하고 신자된 것을 후회하는 분도 없지 않을 것입니다. 그렇다고 해서 그만두자니 양심에 가책이 되고, 마음이 우울해지고, 진퇴양난에 빠진 것 같은 갈등 속에 살 수도 있습니다. 게다가 하느님이란 분은 나를 늘 감시하고 계시는 것 같아서 두렵기만 하고, 이러다가 죽고 난 다음에 구원을 못 받으면 어떻게 하나 근심도 되고, 또 성당에 나가니 연보와 교무금에다가 성당을 짓는다고 돈 내라, 무엇 한다고 돈 내라 등 돈 이야기만 있고….

그런가 하면, 신앙과 반대되는 세속주의, 황금만능주의, 쾌락주의, 그리고 이것을 쉽게 받아들이는 우리 자신의 욕망과 싸워야 하는 어려움도 있습니다. 그야말로 천주교는 계명도 많고 해야 할 것도 많고 바쳐야 할 것도 많고 안 믿자니 마음에 걸리고, 믿자니 짐스럽고 참으로 난감하다고 느끼면 우리는 믿음의 기쁨을 누릴 수 없습니다. 뿐더러 잘못되어도 크게 잘못된 것 같습니다.

믿음이 정말 짐스러운 것입니까? 그럼 믿음은 무엇입니까? 우리는 얼핏 교리를 믿는 것이라고 생각할지 모르겠습니다. 그러나 교리는 배우는 것이요 믿음에 보탬이 되긴 하지만 믿음 자체는 아닙니다. 교리를 배워서 아는 것은 지식이며 믿음은 아닙니다. 또 추상적인 의미의 교리를 많이 안다고 해서 그 사람이 반드시 믿음이 깊다고 말할 수도 없습니다. 그렇다면 신학 공부를 많이 한 사람들, 또는 그보다 더 신학자들은 믿음이 깊고 그렇지 못한 사람들은 믿음이 약하다고 말해야 할 것입니다.

오히려 교회에 대해 많은 것을 모르면서 하느님에 대해 아주 굳센 믿음을 가진 분들이 있습니다. 예를 들면, 순교선열 중 어떤 분들은 관헌 앞에 나가 문초를 받으면서 교리를 말하라고 했을 때 말할 수 없었습니다. 아는 것이 없었기 때문입니다. "그럼 너는 교리를 잘 모르니까 신자라고 할 수도 없지 않느냐?"라는 관헌의 말에 "어린이가 부모에게 효도하는 공맹자의 도리를 모른다고 해서 자식이 아니라고 말할 수 있겠습니까? 또 그걸 잘 모른다고 해서, 효도를 덜 한다고 할 수 있겠습니까?"라고 답함으로써 오히려 다른 이보다도 더 깊은 믿음을 표명한 분들이 있습니다.

신앙은 도박과 같다

스웨덴 사람으로 유명한 개종자 스벤 스톨프(Sven Stolpe)는 "믿음이란 까마득하게 높은 사다리에 올라가, 밑에서 '뛰어내려! 내가 잡아 줄 테니!' 하는 소리를 듣고는 이를 믿고 뛰어내리는 것과 같다"고 말하였습니다. 그렇게 뛰어내릴 수 있는 사람, 하느님을 절대적으로 신뢰하는 것이 믿음입니다.

바다나 풀장에 가서 수영을 할 때, 물에 자신을 완전히 내맡기면 뜹니다. 그런데 우리는 그렇게 하지 못하고 자신의 힘으로 뜨려고 허우적거리니까 결국 가라앉고 맙니다. 나는 아직도 수영을 못합니다만, 하느님과의 관계, 즉 영성 생활에 있어서도 용기가 필요합니다. 이제 그런 뜻으로 하느님은 과연 믿을 만한가를 생각해 봅시다.

러시아의 유명한 작가인 도스토예프스키는 "예수를 누구라고 믿느냐에 따라서 인간 세상이 달라지고 역사가 달라진다"고 하였습니다. 우리 역시 예수를 누구로 보느냐에 따라 삶이 달라지고 모든 것이 달라질 수 있습니다.

프랑스의 철학자 파스칼은 "신앙은 도박과 같다"고 하였습니다. 하느님은 계시고 우리에게 책임져야 할 삶을 주셨으며, 우리가 죽는 날, 즉 주님의 심판 앞에 잘잘못을 가려야 한다는 믿음을 가진 사람은 현세에서도 착실히 잘 삽니다. 때문에 많이 받는 사람은 많은 것을 돌려주어야 하며, 많이 맡은 사람은 많이 맡은 것을 내어놓아야 한다고 한 대로 심판을 받을 것입니다. 그러다가 만일 죽고 난 다음, 하느님도 심판도 없다고 하더라도 손해볼 것이 없습니다.

반대로 마치 오늘 불충(不忠)한 종과 같이, 하느님은 언제 오실지 모른다고 하여 자만 자족에 빠져 있다든지, 하느님은 계시지 않는 양 생각하여 멋대로 살다가 죽고 난 다음에 하느님이 엄연히 계시고 심판도 있다고 할 때에는 돌이킬 수 없는 무서운 심판을 맞게 될 것입니다. 따라서 지금 하느님이 계신지, 심판이 있는지 볼 수도 없고 과학적으로 증명할 수도 없지만, 자기는 만일의 경우를 생각해서라도 믿는 쪽으로 도박을 건다는 것입니다.

우리 인간은 가끔 하느님을 볼 수 없고 그 존재를 과학적으로 완벽히 증명할 수 없기 때문에 '하느님이 계시는가?' 하고 의심할 수 있습니다. 뿐더러 고통을 겪을 때, 사랑하는 사람이 전혀 예기치 못한 사고로 죽게 되었을 때, 슬픔이 너무 크고 실망한 나머지, 하느님이 계시지 않는다고 생각할 수도 있습니다. 하느님이 계시면 왜 이런 고통이 있는가? 왜 나를 이런 불행의 구렁에 버려 두시는가? 이런 고민 때문에 하느님이 계시는지 의심스럽다고 생각하는 사람도 적지 않다는 것을 압니다. 또 이해도 됩니다.

그러나 그런 의심의 결과로, 하느님이 없다는 결론을 내렸을 때 어떻게 됩니까? 하느님이 없다는 전제 아래 고통과 불행과 죽음을 보십시오. 우리는 그 고통이나 불행, 죽음에서 아무런 의미도 찾아낼 수 없습니다. 모든 것이 맹목적입니다. 하지만 아무리 고통이나 죽음을 이해하지 못한다 해도 하느님이 계실 때에는 원망이라도 할 수 있고 항의라도 할 수 있습니다. 뿐더러 그 고통과 죽음, 불행을 통해서 인생의 의미가 무엇인지, 무엇이 참되고 거짓인지를 생각하게 되며, 자기의 삶을 반성하게 됩니다. 오히려 하느님의 현존과 깊은 뜻을 더욱 깨닫게 됩니다.

만일 하느님이 계시지 않는다면, 우리 인생은 두려울 것도 없고 잘 살아야 할 아무런 이유도 없으니 윤리도 도덕도 없을 것입니다. 인생 자체가 무의미해집니다. 결과적으로 인간은 타락할 대로 타락할 것입니다.

인간은 영원을 향한 빈그릇

인간은 근본적으로 마음의 불안을 안고 삽니다. 고향에 살면서도 나그네 같은 심정을 한구석에 지니고 있는 것이 인간입니다. 먼 하늘을 바라보며 바닷가에서 수평선을 바라보면서 망향에 젖기도 합니다. 밤하늘은 그런 심정을 더해 줍니다. 감상적인 것이라고 볼 수도 있지만, 이것은 모든 인간이 지닌 심층심리입니다.

인간은 빈 그릇과 같습니다. 부족한 것이 너무나 많습니다. 단지 물질적인 것, 의식주에 필요한 돈이나 생필품만이 아니고 정신적인 것이 너무나 부족합니다. 이렇듯 우리는 마음속 깊이 굶주림과 목마름을 지니고 있습니다. 이것은 단순히 윤리도덕적인 가치만으로 충족되지 않습니다. 또 어떤 지식으로도 충족되지 않습니다. 향락 같은 것으로는 더욱 해결되지 않습니다. 우리의 굶주림과 목마름은 그보다 훨씬 더 깊습니다. 그 누구든 세상 모든 것을 다 차지한다 해도 만족하지 못합니다.

왜 그렇습니까? 인간은 영원을 향해 만들어졌기 때문입니다. 우리의 빈 그릇은 영원을 향한 것입니다. 때문에 이 목마름은 '영원에의 동경, 향수'라고 할 수 있습니다. 그래서 성 아우구스틴은 "주여, 당신은 우리를 당신께 향해 만드셨기에 당신께 가서 쉬기까지는 언제나 평안치 못합니다"라고 고백하고 있습니다.

우리의 빈 속은 오직 하느님만으로 충족될 수 있습니다. 그분의 말씀만이 우리 마음의 어둠을 밝혀 주고 갈증을 풀어 줄 수 있습니다. 그것은 하느님이 우리를 당신의 모습을 닮은 존재로 만들었기 때문입니다. 그래서 인간에게는 의식, 무의식 중에도 자신의 원형인 그리스도를 찾는 근원적인 갈구, 참생명에 대한 굶주림, 목마름이 있습니다. 교부(敎父) 테르툴리아노는 "영혼은 본성적으로 그리스도적이다"라고 말하였습니다. 이 갈구와 굶주림은 그리스도를 만남으로써 가능합니다.

하느님은 사랑 때문에 미쳤다

7년 전, 러시아를 잠시 방문한 일이 있었습니다. 내가 탄 비행기는 러시아제 제트기였습니다. 그때 문득 이런 생각이 들었습니다. 구소련은 이런 비행기를 만들어 낼 수 있는 우수한 기술을 가졌는데도 왜 붕괴되었는가? 생각해 보면, 구소련은 인공위성까지 쏘아 올릴 수 있는 첨단기술을 미국 못지 않게 가진 나라였습니다. 동서 대결에서 막강한 군대와 핵무기를 보유한 강대국이고, 인구와 자연자원 등이 풍부하고 정신적으로도 세계를 변혁시킬 수 있는 공산주의 이념 위에 서 있었던 나라였습니다. 그런데 이런 나라가 왜 하루아침에 몰락했는가? 심지어 우리에게서까지 도움을 받는 나라가 되었는가? 그 원인은 기술이 모자란다고 할 수도 없고, 힘이 모자란다고도 할 수 없습니다.

모스크바에 도착하여 마중 나와 준 우리 나라 대사와 같이 시내로 들어가면서 이 질문을 던졌습니다. 그랬더니 독실한 개신교 신자인 그분은 이렇게 답하였습니다.

"그것은 하느님 없는 인간과 사회를 만들려고 했기 때문입니다."

다음 날, 나를 크레믈린으로 안내해 준 러시아 여성은 '레닌은 우리를 속였다'고 하였습니다. 소련은 분명히 무신론적 공산국가였습니다. 소련 붕괴의 근본 원인은 단지 경제체제가 자본주의에 뒤져 있었기 때문이 아닙니다. 더 깊은 이유는 인간과 사회를 하느님 없는 무신론적 인간, 무신론적 사회로 만들려고 했기 때문입니다. 하느님을 부정할 때에는 인간 존재와 생명의 원천을 부정하는 것입니다. 그리하여 인간이 인간다워질 수 없을 뿐 아니라 인간이 내적 힘을 잃고 공허해집니다. 인생의 의미가 없어지는 것입니다. 특히 고통을 겪을 때 그 의미를 찾을 수 없습니다. 하느님을 부정한다는 것은 인간의 실존적 본질, 인간 존재에 깊이 새겨져 있는 그리스도의 모습을 부정하는 것입니다.

하느님은 부정될 수 없습니다. 부정하면 할수록 인간이 지닌 영원에 대한 갈증, 굶주림은 더욱 커져 가기만 합니다. 소련 사회뿐 아니라 구동구권은 지금 바로 그 때문에 경제적·정신적으로도 큰 고통과 시련을 겪고 있습니다. 그럼 우리는 어떻습니까?

　우리 사회는 하느님보다 물질을 더 숭상합니다. 물욕과 권세욕이 지배하고 탐욕 때문에 서로 죽이는 세상입니다. 약한 자는 희생을 당합니다. 이런 사회를 치유하는 것은 원수까지도 용서할 수 있는 심성, 바로 그리스도의 마음입니다. 그분의 사랑입니다. 어떤 이는 하느님의 절대적인 사랑을 어떻게 표현할 수 없어서 '하느님은 사랑 때문에 미쳤다'고 하였습니다.

고통을 위한 사색

20여 년 전, 서울교구의 한 젊은 사제가 26세의 나이로 죽었습니다. 사인(死因)은 신부전증입니다. 그는 죽기 약 3개월 전에 합병증으로 실명하여 완전 소경이 되었습니다. 불과 한 달 안에 시력을 잃게 되는 과정에서, 또 그후 죽기까지 그가 겪는 육체적 고통은 격심하였습니다. 정신적 충격도 적지 않았습니다. 처음에 그는 갑작스러운 발병을 받아들이기 힘들어하는 것 같아 보였습니다.

젊은 사제의 그리스도 체험

실명한 지 얼마 안 된 어느 날, 나는 병 문안을 갔습니다. 때마침 사순절이었습니다. 그는 실명하고 나서 처음으로 미사를 봉헌하고 있었습니다. 미사에는 수녀님 한 분과 간호하는 사람들이 참석하고 있었고, 그의 모습은 참으로 애처롭고 또 감격적이었습니다. 보지 못하니까, 복음은 누가 대신 읽어 주었고, 경문도 외우는 것은 외우는 대로, 외우지 못하는 기도문, 예컨대 봉헌기도는 자유로이 바쳤는데, 자기도 병고에 시달리고 있지만 자기보다 더 고통 중에 있는 이들을 위해서 바친다는 내용이었습니다. 성찬기도문은 내가 옆에서 도와주었습니다.

'주의 기도'를 바치기 직전에, 그는 미사양식에 있는 초대의 말 대신 다음과 같이 말했습니다.

"주님, 이렇게 갑자기 실명하고 보니, 누구의 도움을 받지 않고는 한 걸음도 나아갈 수 없습니다. 그러나 저는 보다 깊이 '나는 길이다' 라고 하신 예수님 없이 이 고통에 쌓인 삶을 살 수 없음을 깨닫게 되었고, 예수님은 참으로 '나의 길이다' 라는 것을 깊이 믿게 됩니다. 우리의 길이신 예수님이 우리의 참된 삶을 위해 바치도록 가르쳐 주신 '주의 기도'를 함께 바치겠습니다."

이 짧은 말을 듣는 순간, 나는 지금까지 들어본 어느 강론보다 더 깊은 것을 얻었습니다. 그에 비하면 나는 비교할 수 없을 만큼 오랜 사제생활을 했고, 그는 나에게 서품받은 지 불과 일 년밖에 안 되는 사람입니다. 그러나 나는 '예수님은 나의 길'이라는 것을 믿고는 있어도 아직까지 그렇듯 힘있게 전해 주지 못하고 있습니다.

얼마 후, 그는 그리스도의 수난을 자신의 몸으로 깊이 체험하는 것 같다고 하였습니다. 때마침, 성 금요일 저녁이었습니다. 내가 다시 방문했을 때, 그는 그날 명동성당에서 있은 성 금요일 미사예절에 다녀왔다면서 이렇게 말하였습니다.

"제가 간호하는 이의 안내를 받아 성당에 들어섰을 때, 때마침 성당에서는 경갑룡 주교님이 '보라! 십자가'라는 노래를 우렁차게 부르시고 계셨습니다. 그런데 주교님이 성가를 우렁차게 부르셨기 때문인지, 아니면 그 내용 때문인지, '보라! 십자가!' 하는 그 소리가 저에게 얼마나 강하게 와 닿았던지… '체험'이라는 표현으로도 그 느낌을 다 설명할 수가 없습니다."

그에게는 예수님의 십자가가 단순한 체험 이상으로, 몸 속에서 자신이 겪고 있는 고통이었지 않나 싶었습니다. 체험보다 더 강하게, 십자가가 자신의 속을 파고들었기 때문에, 이어서 있은 십자가 친구(親口)에 나가지 못했다고 하면서 "그것은 자신에게 너무 가혹한 것 같아서 성당을 나왔다"고 하였습니다. 그때 나는 무슨 말로도 대꾸할 수 없었습니다. 주님의 수난과 고통을 그는 온몸으로 살고 있구나 하는 생각이 들었습니다.

이 젊은 사제는 분명히 고통 속에서 오히려 참된 빛을 얻었습니다. 고통을 통해서 그리스도를 만났습니다. 뿐더러 동료 사제들에게도 진정으로 깊은 감명을 주었습니다.

당신이 고통받는 예수다!

또 하나의 이야기를 하겠습니다. 오래 전, 나는 서울교구의 가톨릭노동청년회 지도신부와 인도 '사랑의 선교회 남자수도회' 창립자인 앤드류 신부와 함께 공장의 젊은 근로자들과 자리를 같이 한 적이 있었습니다. 그때 벨라뎃다라고 하는 한 여성 근로자가 자신이 일하는 공장의 작업 환경에 대해서 이야기하였습니다.

그곳은 조그마한 공장으로, 작업환경은 형편 없는 곳이었습니다. 위생시설도 제대로 되어 있지 않고, 식당도 없어서 비오는 날이면 옥상에 천막을 치고 도시락을 먹어야 하였습니다. 작업량은 노동시간 8시간은커

녕 두 배나 되는 고된 일이었습니다. 게다가 함께 일하는 사람들은 대부분 20세 미만의 여자들이었고, 교육 수준도 초등학교밖에 나오지 않은 데다가 시골에서 올라온 처녀들이 대부분이었습니다. 그래서 그들은 노동자로서의 긍지나 의식도 없었고, 자신들이 착취당하고 있다는 것도 모르고 있었습니다. 그들이 찾는 것은 여가에 쉬는 것, 화장으로 꾸미는 것뿐이었습니다.

  벨라뎃다는 여러 해 동안 가톨릭노동청년회 활동을 해온 여성으로서, 그들에게 노동자로서의 긍지를 심어 주고 인간의 존엄성을 깨우쳐 주려고 무척 노력하였습니다. 그러나 허사였습니다. 아무 것도 얻어내지 못했습니다. 그녀는 몹시 괴로워하였습니다.

  우리와 만났을 때, 그녀는 '도대체 이런 곳에서 그리스도를 증거한다는 것이 가능한가? 불가능하다. 교회는 우리를 보고 이런 가운데서 그리스도를 찾고 증거하라고 하지만, 그것은 아무런 쓸모 없는 가르침이다. 이런 것을 요구하는 교회, 추기경, 주교, 신부들도 결국 위선자들이다. 바리사이들이다. 자기들은 이런 곳에 살지도 않으면서 힘없는 노동자를 보고는 언제나 그리스도를 증거하라고 한다'고 생각한다면서 "그리스도는 이 공장의 어디에 계십니까? 계시다면 왜 우리를 위해서 아무 것도 해주지 않습니까?"라고 물었습니다.

  나는 얼른 답하지 못하였습니다. 사실 나도 그녀의 말 그대로, 그들 속에 살지 않고 있으며 그들의 아픔을 체험한 일이 없습니다. 그때 앤드류 신부가 "바로 당신이 그 공장에서 일하는 여공들의 그리스도입니다. 십자가에서 고통을 겪고 절망하신 그리스도는 당신 안에 계십니다. 그리고 당신을 위해서는 그 가난한 여공들이 역시 고통받는 예수님입니다"라고 말하였습니다. 한참 후에, 그녀는 "그것을 깨닫지 못했군요. 저는 늘 예수님을 우리의 고통 속에서가 아니라 그 밖에서 고통을 제거해 주는 분으로 찾았습니다"라고 말하였습니다. 그후, 그녀는 가난한 노동자들과 함께 사는 프라도 수녀회의 한 사람이 되어 지금은 더욱 기쁘게 가난한 사람들 속에 살면서 그들과 계속 삶을 나눔으로 복음을 전하고 있습니다. 그녀 역시 고통 속에서 그리스도를 더욱 깊이 만난 것입니다.

고난의 가시밭길을 지나면

여기서 우리는 왜 하느님은 우리들에게 고통을 허락하는가, 특히 왜 죄 없는 사람이 고통을 겪어야 하는가를 묻게 됩니다.

나는 이 문제에 대하여 쉽게 답할 수 없습니다. 참으로 이 질문은 오래 전부터 있어 왔던 질문입니다. 적어도 하느님을 믿고 산 이스라엘 백성이 있기 시작한 때부터 제기된 질문, 어쩌면 그보다도 더 오랜 역사를 지닌 질문일 것입니다.

구약성경에 보면, 자주 "너희 하느님은 어디 있느냐?"하며 하느님을 믿지 않는 이교도들이 고통에 젖어 있는 믿는 이들을 희롱한 경우를 볼 수 있습니다. 그리고 현대에 와서도 고통이 있고, 특히 죄 없는 이들이 고통을 겪는 것은 '바로 신이 없다는 증거이다'라고 주장한 경우가 한두 번이 아닙니다. 한때는 '신은 죽었다는 신학'까지 등장하였습니다.

그러나 가를로 까레또는 『도시의 광야』란 책에서, 오히려 "고통이야말로 하느님이 계시다는 증거이다"라고 말하고 있습니다. 그것도 하느님이 우리를 사랑하기 때문이라면서, 하느님이 우리를 당신에게로 잡아끌기 위하여 고통을 허락한다는 이야기입니다.

사실 모든 이에게 그렇다고 할 수 없겠으나, 많은 이들이 고통을 통하여 하느님을 찾게 됩니다. 그리고 하느님을 믿던 이들도 고통을 통하여 더욱 깊이 그분의 현존과 사랑을 체험하는 경우가 많습니다. 그 과정은 고난의 가시밭길과 같고, 길고 지루하고 참기 힘든 어두움의 터널을 통과하는 것과 같습니다. 그러나 그 끝은 말할 수 없이 밝은 빛과 부활의 새 생명을, 큰 기쁨과 감사 속에 체험하는 것입니다.

어느 뇌성마비 장애인 소녀가 발가락으로 쓴 글을 보면, 뇌성마비로 온몸이 뒤틀리는 고통을 호소하면서 "하느님, 입만이라도 고통 없이 움직일 수 있게 해줄 수 없습니까?" 라고 말하고 있습니다. 동시에 사랑하기 때문에 고통을 주는 줄 안다고 말합니다.

또 투병중에 계시던 어느 신부님은 내게 "병이나 고통은 우리 모두를 천당에 보내기 위해서 주시는 것이다" 라는 말씀을 하였습니다. 병에 걸리고 고통을 겪다 보니, 하느님을 더 찾고, 기도하게 되고 마음도 정화되고, 받은 은혜에 감사할 줄도 알게 되기 때문이라고 하였습니다. 그 신부님은 모든 인간에게 하느님은 이러한 기회를 꼭 주신다는 것을 믿는다고 하였습니다.

물론 고통은 좋지 않습니다. 고통은 참으로 우리를 괴롭히는 악이기도 합니다. 따라서 인간이라면 누구나 되도록 고통을 면하고 싶어합니다. 그러나 고통이 없었을 때, 고통을 모르는 인간, 고통이 없는 인생은 어떤 것이겠습니까? 하느님을 더 찾고 모두가 하느님을 믿는 사람이 되겠습니까? 오히려 하느님을 잊어 버리고 말 것입니다. 나 역시 고통이 없었다면 아마도 하느님을 전혀 찾지 않았을 것입니다.

고통이 없는 인생은 술에 물 탄 것처럼 싱겁고 아무런 깊이도 없을 것입니다. 이에 비해, 고통을 많이 겪은 인생은, 어떤 때는 너무나 큰 고통을 겪어서 그 모습을 보기조차 애처롭고 어떻게 하면 좋을지 모를 수도 있지만, 대개는 인간으로서 깊이가 있고 이해심과 동정심이 많습니다.

고통은 하느님의 은혜

어떤 좋은 일도 고통을 통하지 않고서는 이룩되는 것이 없습니다. 운동 선수들도 많은 피땀을 흘리고 지옥훈련이라 불리는 엄청난 고통이 수반되는 훈련을 통해서 훌륭한 선수가 됩니다. 학교 공부나 사회생활 모든 면에 있어서도 노력과 희생 없이는 그 어떤 것도 성취할 수 없습니다. 요행으로 얻은 것은 잃기 쉽고, 때로는 얻지 않은 것보다도 못한 불행을 가져올 수도 있습니다. 인생에 있어서도 무슨 일이든 성공을 하려면 시련과 고통의 과정을 겪어야 합니다.

무엇보다도 고통은 겸손과 인내와 가난과 사랑과 함께 하느님이 우리에게 오고, 우리를 구하고, 우리와 하나 되는 길입니다. 그리스도와의 깊은 만남은 고통을 통해서만 가능합니다. 그것 없이 우리는 그를 깊이 알 수 없고 만날 수 없습니다. 자신을 열고 비우지 않고서는 그리스도를 만날 수 없기 때문입니다. 자신을 열고 비우는 것은 예리한 칼날에 심장이 찔리는 아픔이 뒤따르지 않을 수 없습니다. 영원을 받아들이기 위해 유한은 깨져야 합니다.

예수님은 나를 따르고자 하는 사람은 자기 자신을 끊고 자기 십자가를 지고 따르라 하였고, 누구든지 자기를 죽이면 살고 자기를 살리려 하는 사람은 죽게 된다고 말씀하였습니다. 그리스도를 참으로 닮은 사람은 그리스도와 같이 십자가를 지고 가는 사람입니다. 하느님 나라는 10년, 20년 후에 이루어지는 것이 아니고 그리스도와 같이 십자가에 못 박히는 그 시간에 이루어집니다. 이렇게 볼 때, 내가 겪는 병고나 불행도 하느님이 내게 허락하신 은혜라고 볼 수 있습니다.

　우리는 누구나 예수님과의 만남을 깊이 체험하고 싶을 것입니다. 그러면 일상생활 속에서 겪는 시련과 고통을 믿음 속에서 받아들이십시오. 그러면 날로 깊이 주님의 현존을 깨닫게 될 것입니다. 만일 인생에 시련이나 고통이 없고 외로움도 슬픔도 없다면 하느님을 생각하는 사람은 없을 것입니다. 더구나 감사할 줄 아는 사람은 더욱 없을 것입니다. 그러기에 브레오라는 분이 드린 기도가 더욱 마음에 와 닿습니다.

　　주님, 감사합니다. 고통을 체험하지 않았다면,
　　그 중에서도 자신이 뜻한 바를 이루지 못한 까닭에 느끼는
　　인간적인 심한 고뇌를 몰랐다면
　　역경과 질병을 체험하지 않았다면
　　좌절을 맛보지 않았다면
　　자신에게서 벗어나 당신을 찾으려 하지 않았을 테니까요.
　　주님!
　　실패를 통하여 놀라움 속에서
　　저는 당신을 보았습니다.
　　당신의 세계와 저의 가난을 잘 알았습니다.
　　당신이 이끄시는 대로 나를 감싸는 당신 섭리에 신뢰하여
　　감사하는 마음으로 살아가게 해 주십시오.

기도에 관한 진지한 물음

프랑스의 루르드 성지에 가면 '사도직 협조자'라는 공동체가 있습니다. 그 곳에서 피정 지도를 하는 신부님은 맹인인데, 언젠가 내게 이런 말씀을 해주었습니다.

어느 철저한 무신론자 여인이 암에 걸려 죽게 되었습니다. 그런데 그녀가 입원하고 있던 벨기에 병원의 원목신부님이 이 여인을 회두시켜 보려고 무진 애를 썼지만, 잘 안 되었습니다. 그래서 가톨릭대학의 신학자들, 설교가들을 불러다가 그 여자와 대면시켰습니다. 그래도 안 되어서 마지막으로 이 맹인 신부님에게 부탁하였습니다.

이분은 유명한 사람들도 실패했는데, 자기같이 부족한 사람이 하느님이 계시다는 것을 무슨 말로 어떻게 설명해야 좋을지 알 수 없어, 그 여인을 설득시킬 수 있는 무슨 말이 떠오르도록 기도를 열심히 하였습니다. 그러나 땀만 뻘뻘 흘리고 반 시간 동안 한숨만 쉬다가 한 마디도 못하고 병실을 나왔다고 합니다. 그런데 얼마 후에 원목신부님이 이분에게 감사를 드리려 왔습니다. 이분이 다녀간 후에 고해성사도 보고 잘 죽었다고 전해 주면서 그 여인의 말인즉, 맹인신부님의 그 기도하는 모습에서 하느님의 현존을 체험했다는 것입니다. 대단히 뜻깊은 말입니다.

고(故) 마더 데레사 수녀는 사람들의 영혼을 감동시키기 위해서는 침묵이 절대로 필요하다면서 다음과 같이 말씀하였습니다. 여기서 침묵은 내적 침묵을 말합니다.

"우리는 하느님을 반드시 찾아야 합니다. 소란하고 들뜬 마음으로는 하느님을 만날 수 없습니다. 하느님은 침묵의 벗입니다. 나무와 꽃, 풀과 같은 자연을 살펴보십시오. 침묵 중에 자라고 있습니다. 태양과 달, 하늘의 별들을 보십시오. 역시 잠잠히 침묵 중에 움직이고 있지 않습니까?"

"우리의 사명은 하느님을 빈민 중에 사는 가난한 이들에게 전해 주는 것이 아닙니까? 우리가 전해야 하는 하느님은 죽은 하느님이 아니고 살아 계시고 사랑스런 하느님이십니다. 더 많이 침묵기도 속에 빠질수록 더 많이 실생활 속에서 찾을 수 있습니다."

이 말씀에 비추어 볼 때, 하느님은 내 안에 살아 계셔야 합니다.

기도 없이 하느님이 내 안에서 '살아 계신 하느님'으로 체험하고 다른 이들에게 줄 수 있겠습니까? 내가 나 자신을 텅 비워서 하느님께 자리를 드릴 때, 하느님은 살아 계시고 살아 계신 하느님으로 우리의 말이나 삶을 통해서 드러나는 것입니다. 때문에 기도에서 깊은 내적 침묵은 참으로 필요합니다.

내적 침묵은 먼저 우리 마음의 초점이 하느님에게로 가 있는 것입니다. 우리가 아무리 입을 다물고 있어도 우리 마음속에 이런저런 생각이 가득 차 있으면 내적 침묵을 할 수 없습니다. 또 내적 침묵은 자신의 내

면을 들여다보는 내적 성찰과는 다릅니다. 내적 침묵은 하느님 앞에 자기 자신을 가난한 자, 무력한 자, 스스로는 아무 것도 할 수 없는 자로 자기를 인정하고 '하느님의 뜻이 이루어지소서' 하고 하느님 앞에 자기를 완전히 승복하고 내맡기는 자세입니다.

여기서 '하느님 앞'이라는 말도 생각해 보면 정말 뜻이 깊습니다. 우리는 상상으로 하느님의 모습을 그리지 말아야 합니다. 우리가 아무리 그려보아야 그것은 나의 상상이지 하느님은 아닙니다. 오히려 하느님의 현존을 믿어야 합니다.

흔히 우리는 하느님이 몇 천 년 전에 아브라함에게 나타나신 일이 있고, 모세와 선지자들에게 나타나시고, 마지막으로 예수님을 통하여 드러냈다가 예수님이 십자가에 죽고 부활 승천한 다음, 다시 오실 때까지는 우리와 멀리 계시는 분처럼 생각하고 있습니다.

그러나 성서가 말하는 하느님은 너무나 뚜렷이 우리 안에 계시며, 나를 아시고 사랑하시고 구하시는 하느님입니다. 성경에서 이 하느님의 현존을 빼버리면, 성경은 하나의 옛 이야기책에 불과하고 우리에게 생명의 말씀을 전하는 책이 될 수 없습니다. '아브라함의 하느님' '이사악의 하느님' '야곱의 하느님'이며, 모세를 비롯하여 예언자들에게 말씀하신 하느님, 그리고 그리스도를 통하여 드러내신 하느님은 오늘 우리 가운데 성령을 통해서 현존하고 계십니다.

어떤 분은 기도란 '시간 낭비'라고 말했습니다. 다시 말해서, 시간을 의도적으로 낭비하자는 것입니다. 물론 부정적 의미가 아니고 긍정적인 의미입니다. 이때, 시간뿐 아니라 자기 자신도 낭비해야 합니다. 하느님을 전적으로 신뢰하는 믿음과, 그 믿음 속에 자기 자신을 완전히 비우는, 즉 자신을 끊고 죽이는 과정이 필요합니다. 비록 시간 낭비로밖에 느껴지지 않는 경우라도 아주 마음먹고 하느님 앞에서 시간을 무진장 낭비해 보자고 나서야 합니다. 그리고 자기 자신도 그대로 그 낭비 속에 내버려두자고 생각을 고쳐먹어야 합니다.

얼마 전에, 기도에 대한 책을 읽다가 '기도는 오아시스 없는 사막을 가로지르는 것이다' 라는 구절을 읽었습니다. 그때, 나는 '아! 이것을 몰랐구나. 그 동안, 기도를 통하여 갈증을 해소시킬 시원한 물이 있는 오아시스만을 찾았지, 사막을 건너야 한다는 생각은 하지 않았구나' 라고 생각했었습니다. 다시 말하면, 위로와 평화를 찾기 위해 기도를 시도해 보았지, 한 번도 죽을 각오를 하고 사막을 건너는 생각으로 기도에 임한 적은 없었다는 생각이 들었습니다.

우리는 기도를 하면 청원기도를 많이 합니다. 병고에 신음하는 사랑하는 사람을 위해, 자기 건강을 위해, 시련을 극복하기 위해, 혹은 사목적 필요에 따른 하느님의 도우심을 구하기 위해, 교회를 위해, 나라를 위해, 그밖에도 많이 있습니다. 그러나 기도 중에 하느님이 말씀할 기회를 드려 본 일은 거의 없는 것 같습니다. 기도가 하느님과의 '친교' 사랑의 나눔' 또는 '대화' 라고 하면서, 우리의 기도는 너무나 일방통행입니다. 하느님 앞에 와서는 자기 할 말만 하고 일어섭니다.

우리의 기도가 대부분 메마르게 된 것도 너무 일방적이기 때문일 것입니다. 하느님이 말씀할 수 있도록 마음을 가다듬고, 마음의 눈으로 그분을 바라보고, 마음의 귀를 그분에게 돌리면 결코 메마른 기도에 그치지 않을 것입니다. 그래서 어떤 분은 "기도는 내 편에서부터 시작하는 것이 아니고 감실(龕室)에서부터 나온다"고 말합니다.

문제는 하느님이 눈에 보이지 않는다는 데에 있습니다. 하느님은 내게 아무 말씀도 없음은 물론이요 당신의 현존을 느끼게 해주지도 않습니다.

그럼에도 불구하고 하느님 앞에 아무 말 없이 나아가 있는 것이 기도입니다. 그래서 브레멘 신부는 '기도는 기다림이다'라고 말합니다.

우리가 누구를 기다리면, 기다리는 동안 상당한 인내가 필요합니다. 또 기다릴 때 자연히 상대방을 생각하게 됩니다. 기도할 때도 기다리는 마음으로 하느님을 생각하고 그분의 오심을 갈구하면 우리의 생각 전체가 하느님에게로 향해 있을 것이고, 우리의 삶도, 우리의 모습도 차차 하느님으로 변화될 것입니다.

오래전, 주님 앞에서 한 시간이고 두 시간이고 침묵 속에 기도하는 이들을 프랑스의 루르드 성지에서 만난 일이 있었습니다. 주교의 사도직을 돕는 사람들이란 의미로 '사도직 협조자'라고 불리는 여성들인데, 평신도로서 세속 한가운데 살면서 복음적 삶을 살고 있는 분들입니다. 이들은 기도를 굉장히 소중히 여깁니다. "기도가 없으면 우리는 우리의 성소(聖召)를 절대로 살 수가 없다"는 것이 이들의 확신입니다.

내가 이들과 함께 세 시간 기도를 바친 적이 몇 번 있습니다. 이들이 세 시간 기도를 하게 된 유래를 보면, 2차대전 당시 이 성소가 처음 시작된 벨기에가 폭격 속에서 기도밖에 달리 할 수 있는 것이 없을 때의 체험이라고 합니다. 처음에는 염경기도, 묵주의 기도, 다음에는 청원기도, 그다음에는 이제 하느님에게 할 말을 다 하고 그냥 기다릴 수밖에 없었습니다. 그때 말없이 기다리는 기다림 속에서 오직 하느님의 뜻이 이루어지기를 비는 것, 이들은 그것이 참으로 기도라는 것을 깨닫게 되었다고 합니다. 확실히 세 시간 동안 지속적으로 바치는 기도는 힘들었습니다. 그러나 그것을 통해서 기도가 무엇인지를 많이 깨달을 수 있었습니다.

참으로 마음을 비우십시오

신이여, 저를 절망케 해주소서.
당신에게가 아니라 저 자신에게 절망하게 하소서.
미친 듯이 모든 슬픔을 맛보게 하시고
온갖 고뇌의 불꽃을 핥게 하소서.
모든 지옥을 맛보게 하소서.
제 자신을 지탱하기를 돕지 마시고
제가 뻗어 나가는 것을 돕지 마소서.

당신이 그렇게 하셨다는 것을
저의 온 신의가 이지러질 때
그때에 저에게 가르쳐 주소서.
기꺼이 멸망하고

기꺼이 죽어 가고 싶은 것은
오직 당신 속에서만 죽을 수 있기 때문입니다.

헤르만 헷세의 기도

우리는 이렇게 철두철미 자신을 내던질 수 있도록 기도할 수 있습니까? 이것은 오직 하느님으로만 가득 차고 싶은 영혼이 자아를 비우고 버리게 해달라는 기도입니다. 비참과 절망의 구렁에서만, 또 죽음으로써만 비로소 하느님을 깨닫고 믿고 살 수 있을 것 같다는 생각이나 확신에서 바친 기도같이 보입니다.

이 기도는 언젠가 고등학교 2학년의 한 여학생이 성탄 때 보낸 카드에 적혀 있던 헤르만 헷세의 것입니다. 그런데 우리가 보통 드리는 기도와 정반대입니다. 보통은 '하느님, 저로 하여금 절망치 말게 하소서. 우리를 슬픔과 고뇌에서 건져 주시며, 우리를 욕되게 하는 원수들을 물리쳐 주소서…'라고 기도하지 않습니까?

그런데도 나는 이 기도가 어쩐지 마음에 듭니다. 물론 이 기도를 시(詩)로서 관념적으로 좋아할 것이지, 실제로 좋아할 수 있느냐 할 때 의문이 들기도 합니다. 정말 현실에서 절망했을 때, 그 고통을 이겨낼 수 있는가? 슬픔, 고뇌, 치욕을 감당해 낼 수 있는가 하면 자신이 없습니다. 나는 아씨시의 프란치스코의 '평화의 기도' 맨 끝에 "이해받기보다는 이해하며 사랑받기보다는 사랑하게 하소서. 우리는 줌으로써 받고 자기를 죽임으로써 영생을 얻기 때문입니다"라는 기도를 좋아하는데, 이것도 같습니다. 그렇게까지 철두철미 자신을 비울 수 있는가?

내가 주체로서 무엇을 하는 것이면, 즉 내가 나를 비우고 내가 사랑하고, 내가 봉사하고…. 이렇게 내가 원하고 원하는 대로 한다면 할 것 같습니다. 그런데 깊이 생각해 보면, 여기서는 언제나 '나'라는 것이 유지되고 있습니다. 나는 상처받지 않고 있습니다. 이럴 경우, '나'를 비우는 것이 아닙니다.

'나'를 비우는 것은 나의 뜻을 거슬러서 내가 원하지 않을 때 일어나는 일, 탐하는 일, 싫은 사람, 피곤한 시간을 맞이하고 받아들이고 사랑하고 용서한다는 것, 더욱이 어두움 속에 내던져진 채 위로도 빛도 없는 가운데 사랑한다는 것입니다. 이것은 순교와 같습니다. '나'가 상처받고 죽임을 당하지 않고 비울 수는 없습니다. 참사랑은 이렇게까지 자신을 비우고 내던질 수 있을 때에 있습니다.

우리는 기도할 때, 물론 하느님에게 우리가 필요로 하는 은혜를 구할 수 있습니다. 정신적으로나 신앙적으로 필요한 것, 혹은 육체적으로 필요한 것, 마음의 위로와 평화를 구할 수도 있습니다. 또 우리 자신이나 가족 가운데 누가 병을 앓고 있으면 그 병고를 치유해 주도록, 고통을 겪고 있으면 그 고통을 면하게 해주도록 기도할 수 있습니다. 또 사업이 잘 되도록, 자녀가 공부를 잘하고 대학에 들어갈 때가 되면 대학에 들어가도록 기도하는 등 육신 생활에 필요한 여러 가지를 하느님에게 구할 수 있습니다.

그러나 하느님은 그런 기도를 할 때마다 들어주지 않습니다. 그럴 때 우리는 꼭 필요하다고 생각하고 간절히 기도 드렸는데 하느님은 들어주지 않는다, 어떤 때는 '하느님, 병을 꼭 고쳐 주십시오'라고 기도 드렸는데, 아무 응답도 없을 뿐 아니라 내버려둠으로써 결국 죽고 말았다고 하여 하느님을 원망할 수가 있습니다. 심할 때는 하느님이 정말 계시는가 이렇게 의심할 때도 있어서 믿음을 잃을 때도 있습니다.

하느님은 자동판매기가 아니다

몇 년 전, 삼풍백화점 붕괴사고 때 일어난 여러 가지 슬픈 사연 중에도 그런 일이 있었습니다. 두 아이를 두고 아버지 어머니가 하필이면 그날 거기에 가서 두 사람 다 죽었고, 세 딸이 집에 있다가 하필이면 그 시간에 가서 죽었습니다. 어떤 경제학박사는 오랫동안 미국에서 성공한 학자로 이름을 날리다가 고국에 돌아와 후배를 양성하면서 봉사하겠다고 집도 얻고 다 준비했는데, 하필 그날 부인과 딸과 아들 셋이 나가서 돌아오지 않게 되었습니다. 이럴 때 하느님은 어디 계셨느냐, 하느님은 왜 이런 불행한 것을 보시고 막지 않았는가 묻게 됩니다.

당시 나는 삼풍백화점 인근 서초본당에 가서 사고로 희생된 분들과 그 가족들을 위해 미사를 봉헌하였습니다. 미사를 봉헌하고 나오는데, 어떤 기자가 "여기 하느님의 뜻은 무엇입니까?" 라고 물었습니다.

나는 대답하지 못하였습니다. 하느님이 그것을 물론 원했다고 할 수도 없고, 하느님이 알고도 버려 두었다고 할 수도 없고, 또 하느님이 모른다고 할 수도 없고, 하느님이 그분들이 간절히 비는 기도를 일일이 다 들어줄 것이라고 말할 수도 없었습니다.

지금 다시 생각해 보면, 하느님은 분명히 그 자리에 계셨습니다. 고통받는 사람들, 죽은 사람들, 실종된 사람들, 부상을 입고 병상에 누워 있는 사람들, 또 그 가족들을 누구보다도 사랑하는 분이 하느님입니다. 누구보다 그들 가까이 계시고, 함께 계시며, 그 고통을 나누시는 분이 하느님임을 믿습니다. 하느님이 거기에 함께 묻혀 계시고, 하느님이 그들과 함께 실종되어 계시다고 말할 수 있습니다.

생각해 보면, 우리가 필요한 기도를 드렸는 데도 들어주시지 않는 경우가 더 많습니다. 하지만 이렇게 한번 생각해 보십시오. 우리가 기도를 드릴 때마다 우리에게 필요하고 유익한 것, 얻고 싶은 것, 그 중에서도 특별히 육신으로 얻고 싶은 것, 즉 돈을 많이 벌게 해달라는 등 기복적(祈福的) 의미의 기도를 드릴 때마다 하느님이 들어주신다면, 얼른 생각하기에 '참 좋은 하느님'인 것 같이 생각될 것입니다.

그러나 그 하느님은 돈을 넣으면 넣는 대로, 원하는 것을 누르면 누르는 대로 나오는 자동판매기와 같습니다. 얼핏 생각하면, 그런 하느님이 있으면 좋을지 모르지만, 참으로 인간으로서 우리가 필요로 하는 은혜, 믿음과 소망의 은혜, 그리고 인생의 의미를 깨닫게 해주고 정신적·도덕적으로 높은 가치관을 갖게 하는 은혜를 주는 하느님은 되지 못할 것입니다.

이렇게 본다면, 하느님은 어떤 의미로는 세속적인, 더군다나 물질적인 기도를 들어주시지 않는 것이 우리에게 더 큰 의미를 지닌다고 볼 수 있습니다. 처음에는 고통 속에 내버려져 있는 것처럼 느낄지 모르겠지만, 하느님은 차차 그 고통을 통해서 우리를 당신에게로, 당신의 사랑으로 인도해 준다는 것을 세월과 함께 더 깨닫게 됩니다.

모든 것을 '감사'로 받아들이는 사람들

기억할지 모르겠지만, 실제로 있었던 이야기를 소개하겠습니다.

1984년 전두환 전 대통령이 미얀마에 갔을 때 여러 사람들이 수행해 갔습니다. 그때 아웅산 폭발사고로 유능한 많은 사람들이 희생되었습니다. 그 희생된 분 중 대통령 비서실장 함병춘씨가 있었습니다. 그분 부인의 이야기입니다. 함병춘씨는 미래가 아주 창창한 사람이었습니다. 미국의 어느 잡지에서 '미래의 세계 지도자 1백 명' 중 한 사람으로 뽑은 사람이었습니다. 그런 사람이 그 폭발사고로 죽었습니다. 그 가족들, 특히 부인의 심경이 어떻겠습니까? 그것은 진짜 날벼락이었습니다. 말로써는 다 표현할 수 없는 고통, 슬픔, 그것은 어떤 말로도 형언할 수 없었다고 합니다.

그 가족은 개신교 집안이었습니다. 옛날에 함태영 부통령이라고 계셨는데, 그분이 세운 교회 집안에서 자라온 분들이었기에 독실한 개신교 신자였습니다. 그래서 목사, 장로님들과 신자들이 와서 좋은 말씀으로 위로하고 하느님에 대한 말씀도 많이 했는데 한 마디도 귀에 들어오지 않더랍니다.

"하느님이 계시다면 왜…?"

이런 의문만이 있을 뿐이었습니다. 애써 말한 여러 사람들의 말이 하나도 위로가 되지 않았고, 본인이 할 수 있는 것이라곤 매일 남편 무덤에 가서 그냥 한 시간이고 두 시간이고 몇 시간이고 눈물과 탄식 속에 보내는 것뿐이었다고 합니다. 그렇게 지내기를 반 년 가까이 보냈습니다.

어느 날 갑자기 전혀 알아들을 수는 없는데, 마음속으로 그 사실이 현실로 수용되면서 마음의 평온을 얻게 되었다고 합니다. 그 집안에는 가톨릭 신자가 단 한 사람 있었는데, 바로 그날 전화를 걸었다고 합니다. 촌수로 아마 수하(手下) 사람이었던 모양입니다.

"아주머니가 그렇게 괴로워하는데 제가 많은 생각을 했지만 달리 도와 드릴 길이 없고 해서, 혹시 도움이 된다면 신부님 한 분을 소개해 드리고 싶은데 그분을 만나 볼 수 있겠습니까?"

그 부인에게는 전연 뜻밖의 말이었습니다. 그분들은 개신교 환경 속에서 살아 왔기 때문에 천주교와는 전연 인연이 닿지도 않고 천주교 신부를 만난다는 것은 더군다나 상상할 수도 없는 상황이었다고 합니다. 그래서 그냥 정중하게 거절했다고 합니다.

거절하고 수화기를 놓았는데, 자꾸만 그 전화에 대한 생각이 나고 그 신부가 누군지 만나고 싶은 생각이 나더랍니다. 몇 시간 후, 그 부인은 자기편에서 전화를 걸었습니다. 그래서 그 신부님을 만났고, 그 다음에 다시 만나고, 또 한 번 만난 것이 세 번, 네 번…. 여러 번으로 이어지고, 나중에는 그 신부님으로부터 교리를 배우고 천주교로 개종하게 되었습니다. 세례성사 때 내가 세례를 주었고, 두 아들이 있었는데 이들도 그 다음 해에 세례성사를 받았습니다. 나중에 두 아들을 데리고 내게 와서 그동안의 이야기를 전하면서 이렇게 말했습니다.

"하느님은 왜 그 일을, 그런 참사를 우리 가정에 있게 했는지, 왜 그런 고통을 우리에게 주셨는지 지금도 여전히 이해는 못하면서도, 그러나 지금은 모든 것을 감사로 받아들이게 되었습니다."

이분은 굉장히 깊은 신앙생활 속에서, 지금도 전혀 드러나지 않는 봉사의 삶을 살고 계십니다. 하느님은 이렇게 전혀 알아들을 수 없는 길을 통해서 당신에게로 인도해 줍니다. 이렇게 보면 제일 좋은 기도는, 하느님은 '나'를 절대적이고 조건 없는 사랑으로 사랑하심을 믿고 그분의 뜻에 '나'를 완전히 내맡기는 자세로 주님 앞에 나와 있는 것입니다.

겸손하게 산다는 것

안토니 블룸이 쓴 『기도의 체험』이란 책에 이런 이야기가 나옵니다.

블룸은 러시아 정교회 주교로서, 러시아혁명 때 부모와 함께 피난 나온 러시아인이고, 프랑스에서 오랫동안 살다가 영국에 건너가 살았습니다. 이분이 2차대전중 파리에서 살고 있을 때, 아주 좋은 친구가 있었습니다. 그 친구에게는 딸이 하나 있었는데, 그 친구가 독일군 점령 치하의 파리에서 레지스탕스로 있다가 전사하자, 그 딸이 아버지를 잃고 혼자된 마음에 의사인 블룸을 찾아갔습니다.

당시 진찰실 책상 위에 성경책이 있었는데, 그 딸은 성경책을 보고 "선생님은 훌륭한 과학도이고 의사이신 줄 알았는데, 어떻게 이런 어리석은 책을 읽습니까?" 라고 했습니다. 그래서 블룸이 물었습니다.

"네가 이 책을 읽어보았느냐?"

"아직 읽지 못하였습니다."

"그럼 너같이 총명한 아이가 읽어보지도 않은 책을 그렇게 말하는 것은 어리석지 않느냐?"

이 말에 소녀는 발끈하여 그 책을 빌려다가 읽기 시작하였습니다. 그러나 읽으면서 그 소녀는 하느님의 말씀을 통해 현존하는 하느님을 만났고, 기쁘게 신앙생활을 하는 사람이 되었습니다. 세월이 흘러서 소녀는 결혼을 했고, 블룸도 신부가 되어 런던으로 옮겨가 살았습니다.

어느 날, 가정주부가 된 그녀로부터 편지가 왔습니다. 내용인즉, 자신은 불치병에 걸렸고, 불과 1~2년밖에 살지 못한다는 진단을 받았다는 것, 그러나 육체적·심적 고통에도 불구하고 하느님의 현존 앞에서 기쁘게 살고 있다고 하였습니다.

블룸은 그 영혼의 기쁨이 오래 갈 것으로 생각하지 말라는 답장을 쓰면서, 곧 마음의 어둠이 고통과 함께 올 터이니 어떤 일이 닥치더라도 믿음 속에 기도하며 살라고 하였습니다. 얼마 후, 그녀가 보낸 편지에는 이렇게 쓰여 있었습니다.

"신부님 말씀이 옳습니다. 저의 병은 더욱 악화되었고 하느님은 저를 버리시고 남편도 저를 버리고 가버렸습니다. 저는 지금 아주 큰 고통 속에 홀로 있습니다."

우리가 상상해도 한 인간이, 아직 젊은 한 여인이 죽어가는데 홀로 있다는 것, 더구나 하느님도 떠났다고 할 때 그것은 굉장히 무서운 영혼의 병이라고 말하지 않을 수 없습니다. 바로 예수님이 십자가상에서 "나의 아버지, 나의 아버지, 왜 나를 버리셨나이까?" 한 것과 같습니다. 그동안 여러 차례 편지를 주고받으면서 그녀를 신앙적으로 돕던 블룸 신부는 이런 답장을 써서 보냈습니다.

"이제 너는 겸손을 배워라. 겸손(Humilitas)이란 단어는 본래 라틴말인

'땅(Humus)'에서 나왔으니, 겸손이란 곧 땅과 같은 것이다. 땅은 이 세상의 모든 사물 중 맨 아래에 있다. 더 이상 내려갈 수 없을 만큼 모든 것 아래에 있다. 세상의 모든 사람은 땅을 딛고 살지만 땅의 고마움을 모른다. 뿐더러 땅에다 모든 더러운 것, 썩은 것을 다 버린다. 그러나 땅은 자신을 열고 이 모든 것을 받아들인다. 동시에 하늘을 향하여 열려 있기 때문에, 하늘에서 내리는 비와 빛을 받아, 그 썩은 데서 생명이 움트고 거기 뿌려진 씨에서 새로운 생명을 낳고 있다. 30배, 60배, 100배의 열매를 맺고 있다. 너는 이 겸손을 배워라. 그리하여 네가 겪은 모든 것, 병고, 고독, 절망까지 다 받아들여라."

블룸이 말한 겸손은 대단히 깊은 겸손의 뿌리입니다. 이 겸손은 바로 성경에 나오는 예수님의 '자기비움'입니다.

"그리스도 예수는 하느님과 본질이 같은 분이셨지만 굳이 하느님과 동등한 존재가 되려 하지 않으시고 오히려 당신의 것을 다 내어놓고 종의 신분을 취하셔서 우리와 똑같은 인간이 되셨습니다. 이렇게 인간의 모습으로 나타나 당신 자신을 낮추셔서 죽기까지, 아니 십자가에 달려서 죽기까지 순종하셨습니다."(필립 2,6-8)

이 말씀을 보면, 예수님은 본시 우주만물 위에 하늘 높으신 분인데, 당신을 비우고 낮추어 땅에까지 내려오시고, 하느님의 뜻을 남김없이 받아들임으로써 당신 자신을 '무(無)'로 만들었습니다. 그러나 그 때문에 하느님은 그를 높이 올리시고 우주만물을 살리는 생명의 주님이 되게 하였습니다. 참으로 우리의 밥이 되기까지 하였습니다. 우리를 살리기 위해 당신을 소멸시킨 것입니다. 바로 그 때문에 땅이 모든 것을 받아들이는 구실을 하고, 많은 열매를 맺듯이, 예수님도 우리를 다시 살리고 많은 결실을 내는 생명의 주님이 되었습니다.

이 젊은 여인은 블룸이 가르쳐 준 겸손, 즉 예수님의 겸손을, 죽을 때까지 시시각각 밀어닥치는 육체적·정신적 고통을 다 받아들이면서 배웠던 것 같습니다. 그녀가 블룸에게 보낸 마지막 편지에는 이렇게 적혀 있었습니다.

"신부님! 저는 이제 기진맥진해서 저 자신의 힘으로는 한 발자국도 하느님을 향해 나아갈 수 없게 되었습니다. 그러니까 하느님께서 제게로 내려오셨습니다."

독일 격언에 '영(靈)의 점이 은총의 점이다' 라는 말이 있습니다. 참으로 뜻깊은 말입니다. 아마 많은 이들이 이런 것을 느꼈을 것입니다. 하느님으로부터 버림받은 것 같은 고통이랄까, 어두움의 시간을 보낸 일이 있다든지…. 그때 하느님은 그런 처지의 우리를 그냥 내버려두는 것이 아니라 그 상황의 절정에서 당신의 위로와 빛을 줍니다. 이 여인처럼 자신의 힘으로는 한 걸음도 하느님에게 나아갈 수 없을 만큼 무력해질 때 하느님께서 내려옵니다.

겸손은 결코 외적으로 자기를 낮추고 남 앞에 공손한 자세를 취하거나 자기를 무조건 비하시키는 것이 아닙니다. 겸손은 참으로 사랑 때문에 자기를 비우고 낮추는 것입니다.

나는 왜 스테파노를 좋아하는가

나의 주보성인 스테파노

성 스테파노는 나의 주보성인(主保聖人)이기 때문에 좋아합니다. 특히 이분이 하느님의 은총과 성령을 가득히 받은 분이었다는 데는 부러움마저 느낍니다. 이것은 곧 이분이 그만큼 그리스도를 닮은 사람이었다는 것을 말해줍니다.

사도행전을 보면, 이분은 백성들 앞에 놀라운 일들과 굉장한 기적들을 행하였습니다. 바로 그 때문에 당시의 유대 지도자들의 미움을 사서 예수님을 십자가에 못 박은 그 사람들, 즉 대사제들과 율법학자 및 바리사이 앞에 나서서 재판을 받게 되었고, 그 자리에서도 용감하게 부활하신 예수 그리스도를 증거했습니다. 그리고 돌에 맞아 순교했습니다.

이분은 돌에 맞아 죽으면서도 주님과 같이 자신을 죽이는 원수들을 미

위하기는커녕 오히려 "주님, 이 죄를 저 사람들에게 지우지 말아 주십시오" 라고 기도했고, "주 예수님, 제 영혼을 받아 주십시오" 하며 숨을 거두었습니다. 믿음과 성령이 충만하여 신앙을 깊이 살고, 이를 증거하였을 뿐 아니라 예수님과 같은 고난의 길을 간 것, 또 예수님처럼 원수들의 죄의 용서를 위해 하느님에게 기도한 것 등 예수님을 닮은 모습이 우리에게 큰 교훈을 줍니다.

이분이 어떤 시대에 무엇을 증거하였는가를 생각할 때, 그것은 대단히 뜻깊습니다. 그 시대는 유대인들이 아무 죄 없는 예수님을 죄인으로 몰아 죽인 시대였습니다. 빌라도조차 죄를 찾지 못한 예수님을 독성죄, 사회안녕 및 질서문란, 민중선동, 내란음모 등 여러 가지 죄목을 씌워 죽였습니다. 그만큼 그 시대는 유대인 지도층이 불의와 부정, 거짓, 위선 등으로 철두철미 썩고 병들어 있던 때였습니다. 그런 그들에게 저항하여 진리를 증거하고 정의를 바로 세울 수는 없었습니다. 더구나 바로 얼마 전에 십자가에 못 박혀 죽은 예수를 의인으로, 인간과 세계의 삶과 죽음, 구원이 달려 있는 분으로 증거한다는 것은 그 자체가 자기 생명을 건, 죽음을 재촉하는 어리석고 무능한 짓이었습니다. 참으로 위험천만한 일이었습니다.

사실 예수에 대한 유대인들, 그 지도자의 미움은 너무나 큰 것이었습니다. 그들은 그 이름을 입에 올리기도 싫어했고 그 이름만 들어도 사도행전에서 보는 바와 같이 귀를 막고 이를 갈았습니다. 그러나 성 스테파노에게 있어서는 그 시대의 사도처럼 그리스도가 모든 관심사였고 전부였습니다. 스테파노는 이를 두려워하지 않고 당당하게 하였습니다. 그것은 물론 스테파노의 인간적 힘만이 아니었고 성령의 힘이었습니다.

오늘날 우리도 그리스도를 증거하며 살아야 합니다. 오늘날은 그리스도를 증거하기 때문에 누가 우리의 목숨을 앗아갈 염려는 물론 없고 공적으로 비난할 사람도 없습니다. 오히려 우리로 하여금 그리스도를 참으로 증거하고 그리스도의 모습을 반영토록 기대하고 있습니다. 우리 사회의 도덕적 타락상, 극도의 물질적 삶의 풍조로 보아 그 필요성은 더욱 절실합니다.

자아의 껍질을 벗어야 한다

성탄 때, 내게 카드를 보내 준 대부분의 사람들은 나를 보고 '그리스도를 닮은 사제'가 되어 달라고 하였습니다. 그리고 우리 자신도 그리스도를 본받고 사는 것이 얼마나 좋은 일인지를 잘 압니다. 그리스도를 따라서 복음적 청빈에 살고, 그리스도를 따라서 남을 사랑하며, 나에게 상처를 준 사람까지 용서하고 받아들인다는 것이 얼마나 좋은 일인지를 잘 압니다.

그런데 우리는 그것을 하지 못하고 있습니다. 오히려 적당히 사회 분위기에 맞추어 풍요 속에 살아가고 있습니다. 그 결과, 가난한 이들과 멀리 떨어져 있고, 그리스도와 멀리 떨어졌습니다. 왜냐하면, 그리스도는 "가장 보잘것없는 형제 중 하나에게 해준 것이 곧 내게 해준 것이다" 라고 하여, 그리스도는 그들 안에 계시지만 우리는 멀리 떨어져 있기 때문입니다. 때문에 그리스도와의 깊은 만남이 있을 수 없습니다.

솔직히 말해서 나도 그렇고, 성직자들 대다수가 그렇고, 교회가 그렇습니다. 결국 스테파노 시대에 많은 이들이 용기가 없어서 거짓과 위선, 권세와 허영 등에 알게 모르게 동조하며 살았듯이, 우리도 물질의 풍요 속에 들떠 있는 세상과 적당히 타협하고 동조하면서 살고 있는 것이 아닌가 생각합니다. 우리는 참으로 그리스도의 길을 나의 삶의 길로 생각하고 살았는지를 반성해 보지 않을 수 없었습니다. 우리 대부분이 그리스도를 믿는다면서 그분이 길이요 진리요 생명임을 인식하면서도 그분은 여전히 내 안에 계시지 않고 나의 생각, 정신, 삶 밖에 있는 중요한 이유는 그리스도를 모르기 때문입니다.

왜 그리스도를 모르는가?

나의 경우, 그분의 이력은 알아도 그분을 아직 모릅니다. 그분으로 인하여 고통을 겪은 일이 없기 때문에, 모욕을 받고 박해를 받은 일도 없고, 그밖에 참으로 육체적·정신적으로 죽을 만큼 힘든 고통을 겪어 본 일이 없기 때문일 것입니다. 그분이 살아온 가난과 청빈을 내가 살지 않고 있기 때문일 것입니다. 우리는 그리스도를 믿는 사람으로서 어떤 의미로는 너무나 편합니다. 편한 것은 감사해야 할 일입니다. 그러나 주님이 누구신지를 참으로 깨닫게 하는 데는 고통이 분명히 들어 있습니다. 나는 나이를 먹으면서 이것을 조금씩 깨닫고 있습니다.

또 그리스도를 모르는 가장 기본적인 이유는 그분에게 깊이 기도해 보지 않았기 때문입니다. 기도도 하지 않고, 깊이 생각도 하지 않고, 그분을 닮은 삶도 살지 않고서는 그리스도를 알 수 없습니다. 그리스도를 알려면 어떤 길을 가든 '자기 죽음'이 반드시 따릅니다. 자아가 죽고 또 죽어야만 우리는 그리스도의 제자가 될 수 있습니다. 그렇지 않으면 언제나 '예수님 따로, 나 따로'의 길을 갈 것이고, 우리는 한 번도 그리스도를 깊이 알지 못할 것입니다. 또 그분 안에 살지 못할 것입니다.

나의 가장 큰 문제는 이것입니다.

우리 역시 비록 박해로써는 아닐지라도 분명히 자아가 죽어야 합니다. 그리스도 때문에 내가 부서져야 합니다. 곧 그분을 더 잘 알고 사랑하고 따르기 위하여 '나'라는 자아의 껍질이 파괴되어야 합니다. 그럴 때 우리는 참신앙인이 될 수 있습니다.

인간다운 사회는 용서로부터

여기서 특히 용서를 강조하고 싶습니다. 용서는 그리스도교에 있어서 본질적 의미를 지닌 것입니다. 우리 모두가 반드시 얻어야 할 구원은 하느님이 우리를 용서해 주시기 때문입니다. 그리스도는 우리 모두의 죄를 대신 지신 '야훼의 종' '천주의 어린 양'이 되었고, 이를 보시고 하느님이 우리 모두의 죄를 성경 말씀대로 당신의 등 뒤로 던졌기 때문에(이사야 38,17), 또 사도 바오로의 증언대로 우리의 죄의 문서를 찢고 우리에게 '무죄선언'을 내렸기 때문입니다. 하느님의 용서가 없으면 우리가 무슨 선행과 공로로 하느님 앞에 나설 수 있겠습니까? 때문에 나는 용서를 강조합니다.

유럽에서 사제 정신요법 학자로 알려진 레프(Ignace Lepp)라는 분은 많은 저서로써 알려진 분인데, 우리 나라에도 몇 권 번역된 것으로 알고 있습니다. 이분은 본시 공산당원이었다가 가톨릭으로 개종하여 사제가 된 분입니다. 이분이 쓴 어느 책에 이런 말이 있습니다.

자신이 공산주의자였을 때를 회상하면서 "공산주의자들 사이의 상호 동지애는 그리스도 신자 사이에 있는 동지애 못지 않게 큰 것이다. 그들은 동지애를 위해 희생과 노고를 아끼지 않고 목숨까지 던지는 경우도 있다. 그러나 그리스도적인 형제애와 근본적으로 다른 것은 그들 동지애 사이에는 용서가 없다는 것이다. 누가 잘못하면 그것은 즉시 반동으로 낙인찍히는 공개심판을 받으며, 심한 경우에는 반역으로 몰려 처단된다. 때문에 용서는 그리스도교에 있어서 본질적인 것이다.

용서는 우리 사회가 인간다운 사회가 되기 위해 절대로 필요합니다. 우리 사회는 너무나 각박합니다. 미움과 대립으로 분열되어 갈 위험이 커 가고 있습니다. 지역간, 계층간, 노사간, 사제지간, 부모자식간, 부부간, 형제간 등 어디고간에 상처가 나고 균열과 내출혈을 하고 있지 않은 곳이 없습니다. 그런 가운데 모든 이가 죽자살자 목숨을 걸다시피 생존경쟁에 치닫고 있습니다.

너무나 오랫동안 독재정치에 시달렸고 물질 위주의 발전이 큰 원인이겠습니다만, 더 깊고 근원적으로 우리에게 필요한 것은 서로간에 이해와 양보심이 있고 공덕심이 있어서 모두가 공동의 이익, 나라와 겨레의 이익을 추구하는 것입니다. 그런 이해와 양보하는 마음은 서로 받아 주는 마음, 용서에 그 뿌리를 두고 있습니다.

이 용서하는 마음이야말로 오늘의 우리 사회, 가정, 학교, 직장, 그리고 우리 나라를 살리는 데 가장 요구되는 덕목입니다. 그것은 곧 예수님의 마음이요 하느님의 마음입니다.

'성서 읽는 마음'의 향기

우리는 모두 삶의 의미를 찾습니다. 사람은 어디서 오며 어디로 가는 것인가? 왜 인생은 고해라고 할 만큼 고통이 많은가? 왜 사람은 어느 날 반드시 죽는가? 그런데도 우리는 왜 사랑을 찾고 정의를 찾고 아름다움과 선을 찾고 있는가? 인간은 왜 동물과 같이 자기 마음대로, 느낌대로, 본능이나 충동대로 행동해서는 안 되는가? 왜 인간에게는 윤리도덕이라는 것이 있는가? 왜 우리는 서로 사랑을 원하면서 사랑하기보다 더 자주 다투며 살아야 하는가? 이런 인생에 의미는 무엇인가?

우리는 많은 의문을 지니고 있습니다. 이런 물음에 누가 답을 줄 수 있습니까? 오늘의 세계를 움직이는 사상이나 이념이 줄 수 있습니까? 없습니다. 고도로 발달한 오늘의 자연과학, 첨단기술이 답을 주거나 그 탐구를 계속하면 답을 얻으리라고 기대할 수 있습니까? 알 수는 없지만, 현재까지로 보아서는 기대할 수 없습니다. 또 우리 모두가 어떤 의미로 애

착을 갖는 현세의 재물이 줄 수 있습니까? 물론 아닙니다. 여기서 나는 성경이 어떻겠느냐고 묻고 싶습니다.

물론 성경을 읽는다고 하여 우리의 물음에 그때마다 직접적인 답을 주지 않을 수도 있습니다. 그러나 성경은 분명히 인생의 의미를 찾는 우리들에게 답을 얻을 수 있도록 마음을 밝혀 줄 것입니다. 무엇이 선인지, 어떻게 살아야 하는가를 깨우쳐 줄 것입니다. 길을 밝혀 줄 것입니다. 그리하여 그리스도가 바로 우리가 마음속 깊이에서부터 찾는 길이요 진리요 생명이심을 점진적으로 깨닫게 해줄 것입니다. 그리고 마침내 그리스도를 아는 것이 우리에게 있어서 가장 중요하다는 것과, 그분과 함께하는 삶이 가장 의미있고 가장 행복하고 기쁨에 가득 찬 것임을 알게 할 것입니다.

한 소경 친구가 있었습니다. 그는 침을 놓기 전에 반드시 마음으로 하느님에게 기도하는 사람이었습니다. 언젠가, 그 자신이 어떻게 점자성경을 구입하게 되었는가를 내게 들려주었습니다.

그는 성경을 갖고 싶었지만 가난한 처지에 살 수는 없었고, 또 남에게 구걸하는 것도 마음의 부담이 되었다고 합니다. 문득 이 귀한 책은 나의 귀한 대가를 치르고 사는 것이 합당하다는 생각이 들어 자기 피를 팔아서 그 돈으로 점자성경을 구했고, 아침저녁으로 열심히 읽으며 산다는 것이었습니다. 그는 성경이 자기에게는 '생명의 말씀'이라고 했습니다.

미우리 아야꼬라는 사람이 쓴 『빛 속에서』라는 책에 보면, 이런 이야기가 있습니다. 어떤 대학생이 나환자들을 위로하기 위해 나환자촌을 방문했는데, 돌아올 때에는 오히려 자신이 위로받은 사람이었다는 것입니다. 나병으로 얼굴이 완전히 망가지고 이목구비도 제대로 없는 어느 나환자의 얼굴에서 형언할 수 없는 빛을 보았기 때문이었다고 합니다. 그리고 도대체 그 빛은 어디서 오는가 하고 찾았더니, 그것은 그 환자 머리 맡에 있는 점자성경이었다는 것입니다. 이 나환자는 눈도 없을 뿐 아니라 손가락도 다 망가져 점자성경도 손으로 읽을 수 없어서 혓바닥 감각으로 그 성경을 읽은 것입니다. 참으로 감동적인 이야기입니다.

우리는 참으로 성경과 친숙해지고, 생각으로써만이 아니라 기도하는 마음으로 성경을 읽어야 합니다. 영성의 원천은 성경을 이렇게 기도하면서 읽을 때 열립니다.

내가 즐겨 인용하는 안토니 블룸의 『기도의 체험』에 보면, 그는 처음에 예수 같은 인물이 있는가 하는 호기심에서 성경을 읽었는데, 그것도 얼른 읽기 위해 복음서 중에 가장 짧은 마르코복음을 읽었는데, 읽어 가는 중에 그 예수가 책상머리에 서 계신 것 같은 느낌을 가졌다고 쓰고 있습니다.

이러한 체험은 모든 사람이 하는 것은 아닙니다. 나는 아직 그런 체험을 하지 못하였습니다. 그러나 나도 분명히 말할 수 있는 것은 성경 말씀을 기도하는 마음으로 읽으며 지낸 한 달과, 그렇지 않고 그럭저럭 지낸 한 달과는 큰 차이가 있다는 것입니다. 그럭저럭 지냈을 때에는 마음이 메마르고 사막같이 비어 있는데, 성경 말씀을 기도 속에 읽고 지낸 때에는 밤이슬이 내리듯 마음이 은총으로 젖어 있습니다. 뿐더러 우리는 성경에서 인생과 세상을 보다 참되이 보고 사는 빛을 얻고, 마음이 너그러워지고, 이웃을 향해서도 마음이 닫혀 있지 않고 열려 있는 것을 발견하게 됩니다. 물론 성경을 지식으로 많이 안다고 해서 예수님을 아는 것은 결코 아닙니다. 예수님을 본받고 따르며, 예수님처럼 사랑할 때에 참으로 예수님을 알 수 있습니다.

운전기사들의 주보성인으로 성 크리스토폴이라는 분이 있습니다. 그런데 이분이 운전기사들의 주보가 된 유래가 참으로 뜻깊습니다.

이분은 본래 힘이 센 거인이요, 힘 자랑을 하고 다니다가 한 번은 아주 덕망이 높아 보이는 은수자(隱修者)를 만났습니다. 그리고 사람이 한평생을 살면서 뜻깊게 인생을 살아야 한다는 것과, 봉사생활을 해야 한다는 말을 듣고는 물살이 센 어느 강가에서 그 강을 건너는 사람들, 특히 노약자들을 건네게 해주는 봉사정신으로 살았습니다.

어느 날 밤, 곤히 자고 있는데 밖에서 자기를 부르는 어린이 목소리가 들려 밖으로 나가 보니, 한 어린이가 강 저편까지 강을 건너게 해달라고 하는 것이었습니다. 그는 아직 잠이 덜 깨서 약간은 당황했지만 어린이를 어깨에 메고 강을 건넜습니다.

그런데 이상한 일이 생겼습니다. 처음에는 분명히 어린이였는데 강물을 건너면서 점점 무거워졌고, 강 중간에 이르자 마치 온 세상 지구덩어리를 지고 있는 듯한 무거움을 느꼈던 것입니다. 이젠 더 이상 지탱할 수 없게 되어, '웬 어린이가 이렇게 무거운가?' 하는 순간, 그만 물 속에 빠지고 말았습니다. "아이고, 하느님! 날 살려주시오" 하고 소리쳤더니, 그 아이가 자기를 물에서 끄집어내어 강을 무사히 건널 수 있었습니다. 그때 어깨 위의 어린이를 쳐다보니, 그 아이는 태양같이 빛나는 얼굴의 아기예수였답니다.

겸손 아닌 교만으로, 봉사 아닌 남을 부려먹는 고자세로, 사랑 아닌 미움으로는 주님을 만날 수 없습니다. 오늘날 사람들은 성경 말씀을 잘 읽지 않고 또 그냥 성경 말씀만 들어서는 감동하지 않습니다. 그 말씀과 같이 사는 사람을 볼 때 비로소 감동합니다.

세상에서 가장 소중한 이야기

참으로 십자가의 죽음은 어리석게 보이지만,
오늘의 세상에서 십자가보다 더 크게
세상의 어두움을 밝히는 빛은 없습니다.
십자가의 어리석음의 길은 사랑의 불을 지르는 것입니다.
이 사회의 어두움을 밝히는 등불입니다.
자신을 불태우면서 세상을 밝히는 등불이요 빛입니다.

십자가의 어리석음

순교자 아닌 죄인의 죽음

20여 년 전, 팔레스티나 성지순례를 한 적이 있었습니다. 예수님이 태어나신 자리, 사시던 곳, 전교하신 곳, 수난하고 죽으신 곳 등 예수님의 발자취를 따라가 보았습니다. 그런데 인상 깊은 것은 그 어느 곳에도 예수님 자신이 남긴 유적을 눈으로 볼 수 있는 것이 아무 것도 없었다는 사실입니다.

예수님 이전의 이스라엘 왕들과 민족이 남긴 것은 성전을 비롯하여 예수님이 탄생했을 때 그를 살해해 버리려던 헤로데왕이 남긴 건축은 크고 웅장한 것들이 많았습니다. 그 외에 로마인들, 십자군들, 모스램교도들, 터키인들이 남긴 유적도 많았습니다. 모두 자신들의 힘을 과시하고 부와 권세, 명예와 영화(榮華)를 영속화시키기 위해서 남긴 것이었습니다. 물론 지금은 대부분 폐허가 되었거나 역사적 유물로 남아 있습니다. 그러나 오늘도 세계의 많은 사람들을 정신적으로 감복시키는 예수님이 남긴 것은 아무 것도 없습니다. 하지만 복음을 읽으면서 그 자취를 따라가 보면 깊은 감동을 받게 됩니다. 예루살렘의 거리, 특히 도심가에서 동대문시장같이 온갖 종류의 사람들이 거리를 메우고 있는 거리에서는 그 속에 섞인 예수님을 만날 것만 같은 착각을 일으킵니다. 그분은 오늘도 고난의 길이라고 불리는 그 길을 십자가를 지고 가시고 있다는 생각이 들었습니다.

여기서 예수님은 왜 당신의 능력과 지혜로 세상을 구하지 않고 수난과 십자가로써 세상을 구하였는가 하는 의문이 떠오릅니다. 특히 십자가가 어떻게 하느님 사랑의 가장 큰 증거인가 하는 의문도 있습니다.

십자가의 죽음은 가장 고통스러운 치욕적인 죽음입니다. 십자가는 예수님 시대에는 극악무도한 대죄인을 죽이는 형틀이었습니다. 구약성경의 신명기에 "나무에 달린 시체는 하느님께 저주를 받은 것이다"(21,23) 라고 기록되어 있듯이, 십자가는 '저주받은 자가 지는 것'(갈라 3,13)으로 인식되어 있었습니다. 그래서 사도 바오로는 십자가를 가리켜 "유다인들에게는 비위에 거슬리고 이방인들에게는 어리석게 보이는 것이다"(1고린 1,23) 라고 말합니다.

또 예수님은 결코 영웅적으로 위풍을 띠며 당당하게 십자가의 죽음을 받아들인 것도 아닙니다. 프랑스의 여류사상가 시몬느 베이유는 『운명의 시련 속에서』라는 저서에서, 그리스도의 죽음에 대해 다음과 같이 적고 있습니다.

"그리스도는 불행한 사람이었다. 그리스도는 순교자로 죽은 것이 아닙니다. 일반적 율법상의 죄인으로서 도적들에 섞여서, 다만 좀더 우스꽝

스러운 모습으로 죽었다."

예수님은 이렇게 강도와 섞여 "악인들 중의 하나로 몰렸다"(루가 22,37) 라는 말씀대로 그들 중 하나처럼 참혹히 죽었습니다. 예수님 스스로도 죽음을 앞두고 무척 괴로워하였습니다. 복음에는 "내 마음이 괴로워 죽을 지경이니…"(마르 14,34) 라고 적고 있습니다. 또 게쎄마니 동산에서 기도할 때에는 피땀을 흘렸고(루가 22,44), "아버지께서는 무엇이든 다 하실 수 있으시니 이 잔을 나에게서 거두어 주소서"(마르 14,36) 라고 빌었습니다. 예수님은 이미 세 번씩이나 당신의 수난을 예고하였으나 막상 그 죽음 앞에 서게 되었을 때에는 한없이 괴로워하였습니다.

십자가 죽음이 영광이라니…

참으로 예수님의 수난은 무섭고 고통스러운 것이었습니다. 그러기에 "비록 모든 사람이 주님을 버릴지라도 저는 결코 주님을 버리지 않겠습니다"라고 장담했던 베드로는 세 번씩이나 배반했고, 세 번째는 "거짓말이라면 천벌이라도 받겠다고 맹세하면서 '나는 그 사람을 알지 못하오' 하고 잡아떼었다"(마태 26,74) 라고 하였습니다. 다른 제자들도 다 도망쳤습니다.

아무리 우리와 같은 사람이 되었다고 할지라도, 하느님이신 분이 이같은 버림을 받고 십자가의 죽음의 길을 가야 하는가? 우리는 참으로 알아들을 수 없습니다. 거기다 성경을 보면 십자가 죽음이 영광이 되는 것처럼 말씀하고 있습니다. 요한복음에 보면, 예수님 친히 십자가 죽음을 앞두고 "사람의 아들이 큰 영광을 받을 때가 왔다"(12,23-24) 라고 하였습니다. 어떻게 십자가 죽음이 영광이 됩니까? 우리는 흔히 사도 바오로의 말씀을 인용하여 '십자가의 어리석음'이라고 표현합니다.

"유다인들은 기적을 요구하고 그리스인들은 지혜를 찾지만, 우리는 십자가에 달리신 그리스도를 선포할 따름입니다. 그리스도가 십자가에 달렸다는 것은 유다인들에게는 비위에 거슬리고 이방인들에게는 어리석게 보이는 일입니다. 그러나 유다인이나 그리스인이나 할 것 없이 하느님의 부르심을 받은 사람들에게는 그가 곧 메시아이며, 하느님의 힘이며, 하느님의 지혜입니다."(1고린 1,22-24)

사실 십자가 죽음은 분명 저주스럽고 고통스러운 죽음, 때문에 그것은 절망, 무력, 실패, 암흑을 말할망정 힘이나 지혜, 영광과는 거리가 먼 것입니다. 이것을 인간의 이성으로만 해석하려 한다면 도저히 알아들을 수 없습니다. 그리스도의 십자가 죽음은 참으로 신앙의 문제요, 그 중에서도 가장 큰 신앙의 신비입니다. 믿음의 빛으로 보고 성령이 깨우쳐 주지 않으면 알아들을 수 없습니다. 그래도 내 나름대로 시도해 본다면, 이런 생각을 하게 됩니다.

오늘날 우리 사회도 구원이 요구되고 이를 위해 변화가 요구됩니다. 그런데 누가 무슨 힘으로 우리 사회를 보다 인간다운 사회로 변화시킬 수 있습니까? 우리 모두의 마음이 바꾸어져야 하는데, 누가 이것을 할 수 있습니까? 돈이나 권력이 바꿀 수 있습니까? 과학의 힘이 인간 개조를 가져올 수 있습니까? 이보다 더 차원 높은 참된 의미의 인간 구원을 생각할 때(그 구원을 위한 인간 변화), 회심과 회개를 가져올 수 있는 것은 그 어떤 인간의 힘도, 인간의 지혜도 할 수 없습니다.

기적은 어떤가 하는 생각을 할 수 있습니다. 예를 들어, 예수님이 행한 기적을 행한다면 어떻습니까? 소경은 보고, 앉은뱅이는 일어서고, 나병환자를 깨끗하게 하고, 요즘 불치병이라는 암도 고친다면, 그리고 죽은 사람도 부활시킨다면 상당히 효과를 낼 것 같이 보입니다. 그러나 그 효과는 잠시뿐일 것입니다. 빵의 기적으로 가난을 퇴치해도 그것 역시 요한복음 6장에서 보는 대로 모두 배불리 먹을 것만 찾는 사람들이 되고 말 것입니다.

실패로 끝난 기적의 효과

기적이 놀라운 일이면서도 마음의 변화에는 큰 효과가 없다는 것은 무엇보다도 복음이 잘 말하고 있습니다. 복음을 보면, 사람들은 기적을 보고 당장에는 하느님을 찬미하였습니다. 그러나 끝까지 믿음을 가진 사람은 아주 적었습니다.

기적은 어느 정도 효과를 잠시 낼 수는 있습니다. 그러나 사람의 마음을 참으로 바꾸고 하느님에게로 회개시키는 데는 부족합니다. 예수님 스스로 기적이 실패했음을 개탄하였습니다. 예수님은 유대인들이 하도 믿지 않아서 내 말을 믿지 못하겠거든, 내 행적을 보고 믿어 달라고까지 하였고, 전교를 하고 기적을 행한 갈릴레아 지방, 그 중에서도 가장 많이 행한 코라진과 베싸이다 또는 가파르나움을 저주하고 있습니다.

"코라진아, 너는 화를 입으리라. 베싸이다야, 너도 화를 입으리라. 너희에게 베푼 기적들을 띠로와 시돈에서 보였더라면 그들은 벌써 베옷을 입고 재를 머리에 들쓰고 회개하였을 것이다. … 너, 가파르나움아! 네가 하늘에 오를 성싶으냐? 지옥에 떨어질 것이다. 너에게 베푼 기적들을 소돔에서 보였더라면 그 도시는 오늘까지 남아 있었을 것이다."(마태 11,21-23)

이곳은 마치 예수님이 저주하신 말씀이 들어맞는 양, 오늘날 검게 탄

폐허로 남아 있습니다. 예수님이 가장 기적을 많이 행한 이 세 군데에서도 회개하고 믿음을 가진 사람들은 소수에 불과했습니다.

결국 기적의 힘이 반드시 사람을 감동시키는 것도, 특히 마음의 변화를 일으켜 회개시키는 것도 아니라는 것이 잘 증명되고 있습니다. 성경을 보면, 심지어 유대인들, 특히 바리사이파 사람들은 예수님의 기적의 힘이 마귀 두목 베엘제불로부터 온다고 헐뜯기까지 하였습니다.

일반 유대인들은 그렇다치고, 예수님의 제자들, 그 중에서도 사도들은 어떠했습니까? 그들은 물론 상당히 달랐습니다. 빵의 기적 끝에 예수님이 당신의 살과 피를 먹고 마실 음식이라고 하며 '내 살을 먹고 내 피를 마시라'고 거듭 강조했을 때, 유대인들도 제자들도 떠났는데, 사도들은 "주님께서 영원한 생명을 주는 말씀을 가지셨는데 우리가 주님을 두고 누구를 찾아가겠습니까?"(요한 6,68) 하며 믿음으로 주님 곁에 머물러 있었습니다. 하지만 그들 역시 많이 변화되었지만, 결정적인 변화는 아니었습니다. 수난 때 모두 도망친 것만 보아도 알 수 있습니다.

그들에게는 아직 아브라함의 믿음이 없었습니다. 아브라함은 이사악을 바칠 때에 하느님은 "죽었던 사람들까지도 살릴 수 있다"(히브 11,19)는 믿음을 지녔지만, 사도들에게는 그런 믿음이 없었습니다. 뿐더러 그들은 주님과의 최후만찬 때 누가 높은지 서로 다투기까지 하였습니다(루가 22,24-27). 결국 사도들 역시 주님과 3년을 함께 다니면서 많은 기적을 목격했고, 또 주님이 선교에 파견했을 때에는 주님의 이름으로 스스로 기적을 행한 일도 있었건만 그로 말미암아 질적으로 변화되지는 못하였습니다.

이렇게 보면, 결국 금력이나 권력은 물론이요 기적도 사람을 변화시키고 마음을 회개시키지 못합니다. 사람의 마음에 감동을 주고 변화를 시키는 것은 사랑입니다. 누군가가 나를 위해 온갖 시련과 고통을 다 겪고, 나의 모든 잘못을 받아 주고 용서해 준다면, 우리는 그런 사랑 앞에서 마음의 감동을 아니 느낄 수 없을 것입니다.

우리는 가끔 오늘과 같이 인정이 메마르고 삭막한 세상 속에서도 아름다운 이웃사랑 실천의 이야기를 들으며 감동을 느끼고, 거기에 인간의 참됨이 있고 또 그 사랑이 인간을 구원할 수 있다는 것을 깨닫게 됩니다. 여기서 우리는 예수님이 왜 우리를 구원하기 위해 죽음, 그것도 십자가의 죽음을 택하였는지 어느 정도 이해할 수 있지 않을까 생각합니다.

어떤 분이 쓴 책에서 이런 글을 읽었습니다.

"누가 불타는 집에서 아기를 구해내기 위해서 자신이 그 불타는 집 속에 뛰어들어가 불길에 상처를 입을 위험을 무릅쓰지 않고서 어떻게 그 아기를 구해낼 수 있는가?"

이 말은 왜 예수님이 우리가 사는 죄와 죽음의 세상 속으로 들어오고, 또 죄와 죽음에 갇혀 있는 우리를 구하기 위해서 스스로 십자가 죽음을 택하였는지에 대해 이해하게끔 해줍니다. 우리는 불타는 집에 갇혀 있는 아기와 같습니다. 나 자신의 힘으로는 도저히 나를 구할 수 없습니다. 누군가가 내가 갇혀 있는 불 속에 들어와 나를 안아서 건져내 주지 않으면 나는 살 길이 없습니다.

참사랑은 강요할 수 없는 법

프랑스의 여류 사상가 시몬느 베이유는 예수님의 십자가를 보고 "질투를 느꼈다"고 했습니다. 왜냐하면, 그녀 자신은 왜 예수님처럼 온 세상의 모든 이를 위해서 죽을 수 없는가 라고 생각해 볼 때, 그리스도의 십자가 죽음은 사랑 자체이신 하느님이 모든 인간 하나하나를 사랑하고 온 세상 모든 이를 구하고자 사랑하신 그 사랑에서 가시게 된 어쩔 수 없는 길인 것 같이 보였다는 것입니다.

사실 하느님은 인간을 당신 전능으로 단박에 구하실 수 있습니다. 인간의 목덜미를 잡고 죄도 짓지 못하게 하고, 세상에서 천국으로 바로 끌어올리듯 하려면 할 수 있을 것입니다. 그러나 그것은 인간의 자유의사를 무시한 강제구원입니다. 그 구원은 참된 구원이 되지 못합니다. 무엇보다도 사랑 자체이신 하느님으로는 할 수 없습니다.

사랑은 결코 강요할 수 없습니다. 참사랑은 상대방을 있는 그대로 받아들입니다. 상대방을 억제하지 않으며 그 자유를 존중합니다. 따라서 하느님은 인간 하나하나에게 사랑을 구할 수밖에 없습니다. 주님은 십자가 죽음으로써 온 인류를, 공동체를 구하시는 데 결코 모든 인간을 도매금으로 구하신 것이 아니라 하나하나를 구하신 것입니다.

또한 참사랑은 상대방의 처지가 되어 주어야 합니다. 상대방이 감옥에 가면 같이 가고, 죽으면 함께 죽고 싶어합니다. 하느님은 그 이상으로 인간을 사랑하기에 인간의 처지에 내려올 수밖에 없었습니다. 인간 편에서 당신에게로 돌아서지도 않고 또 올라갈 수도 없을 때, 당신 편에서 인간과 같이 될 수밖에 없는 것입니다. 그리스도가 사람이 되어 오신 이유가 여기에 있습니다.

하느님이신 분이 모든 사람을 그 죄와 함께 당신 안에 받아들이기 위해 당신을 사랑으로 비우는 것, 그것이 당신을 무(無)로 만든 십자가의 죽음입니다. 그런데 문제는 우리 자신이 어느 날 반드시 이 십자가를 져야 한다는 것입니다. 그리스도와 함께 죽어야 그리스도와 함께 삽니다. 여기서 우리는 예수님을 본받겠다고 스스로 고통을 찾을 필요는 없습니다. 주어진 여건을 받아들이는 것이 중요합니다. 무엇보다도 나에게 형제로 준 그 모든 이를 위하여, 예수님의 마음으로 사랑하려고 마음 다짐을 하는 것, 사랑하기 위하여 자신을 비우는 것이 중요합니다.

참으로 십자가의 죽음은 어리석게 보이지만, 오늘의 세상에서 십자가보다 더 크게 세상의 어두움을 밝히는 빛은 없습니다. 이 십자가의 예수님으로부터 얼마나 많은 사람들이 힘을 얻고 위로를 받습니까? 고통 속에 신음하는 사람들, 슬피 울 수밖에 없을 만큼 버림받은 사람들, 가난하고 약한 사람들, 병자 등 얼마나 많은 사람들이 이 십자가로부터 위로를 받고 힘을 얻고 있습니까?

십자가의 어리석음의 길은 사랑의 불을 지르는 것입니다. 이 사회의 어두움을 밝히는 등불입니다. 자신을 불태우면서 세상을 밝히는 등불이요 빛입니다.

그리고 부활한 것은

우리는 미사 때마다 미사의 가장 중심인 성체와 성혈을 이룩한 후에 사제가 "신앙의 신비여!" 라고 하면, 신자들은 "주님께서 오실 때까지 주님의 죽으심을 전하며 부활을 선포하나이다" 라고 답합니다.

부활의 어리석음

여러분은 참으로 부활을 굳세게 믿습니까? 그리고 부활이 무엇을 뜻하는지 알고 계십니까? 물론 인간의 지혜로는 다 규명할 수 없습니다. 그만큼 한없이 깊은 믿음의 신비입니다. 나는 부활을 이해하기 위해 '부활은 무엇이다' 라고 말하기에 앞서, 부활은 '무엇이 아니다' 라고 말하는 것이 오히려 도움되지 않을까 생각합니다.

먼저 부활은 예수님의 이름이나 그분의 사상이 아직 우리 안에 살아 있는 것을 뜻하지 않습니다. 그것은 순전히 사상적인 것, 또는 관념적인 것, 실제적인 것이 아닙니다. 또 복음에 나오는 나자로의 부활처럼 죽은 사람이 전과 같이 다시 살아나는 것을 뜻하는 것도 아닙니다. 이 부활은 자연생명에로의 소생이지만 결국에 다시 죽기 때문에 참된 의미의 부활이 아닙니다.

오늘 우리가 믿고 고백하는 그리스도의 부활은 이 죽음의 지배를 다시 받지 않는, 그 죽음을 쳐 이기고 불멸의 생명으로 다시 살아난다는 것을 뜻합니다. 뿐더러 시간과 공간의 제약도 받지 않고, 병고나 노쇠도 없는 완전하고 영원한 생명으로 살아나는 것을 말합니다.

이런 생명이야말로 참된 의미의 생명입니다. 우리의 자연생명은 언제나 죽음의 운명을 면치 못하지만, 부활하신 예수님의 생명은 죽음의 그림자도 있을 수 없고, 스스로도 영원히 살고, 또 다른 사람도 살리는 생명력을 지닌 것입니다.

'십자가의 어리석음'이 있듯이, '부활의 어리석음'도 있습니다. 예수님의 십자가상 죽음을 어리석은 짓이라고 생각하는 사람은 부활 역시 어리석은 소리라고 단정하기 쉬울 것입니다. 사도 바오로가 바로 이같은 어리석음 때문에 그리스에서 전교할 때 당시 최고의 지성인들이 모여 살던 아테네에서 조롱받은 일이 있고, 또 어리석게 보인다는 믿음 때문에 다른 사도들과 같이 박해받고 재판을 받았습니다. 그리고 교회의 무수한 순교자들이 모두 부활의 믿음 속에 살고 순교하였습니다.

그들은 결코 현실의 생명을 가치 없는 것으로 본 것이 아닙니다. 그러나 참생명은 현세가 아니라, 죽음의 그림자도 없는 부활한 생명에 있다는 것을 굳게 믿었습니다. 그리고 현실의 삶도 그 불멸의 생명이 있기에 비로소 의미가 있다는 것을, 그렇지 않으면 죽음으로 끝나고 마는 현실의 삶은 무의미하다는 것을 깨닫고 있었습니다.

잠시 생각해 봅시다. 부활을 믿지 못한다고 하여 이 부활을 제쳐놓으면 남는 것은 죽음입니다. 세상에서 죽음만큼 확실한 것은 없습니다. 인간이라면 누구나 죽습니다. 그럼 부활 없이 죽음만이 남고, 이 죽음이 마지막 결론이 된다고 할 때, 그래서 모든 것이 죽음으로 끝나고 만다고 볼 때, 우리 인생의 의미는 무엇입니까?

아무 것도 없습니다. 허무입니다. 우리가 잘 살아보려고 노력하는 것, 착하게 살려고 노력해 보는 것도 아무 의미가 없습니다. 어두움 속에서나마 진실을 찾기 위해 시련을 이겨내고 박해를 견디는 것, 그리고 정의를 위해서 싸우는 것 또한 아무런 의미가 없습니다. 만일 죽음이 '마지막 답'이 되고 만다면, 모든 것은 무의미하고 부조리이고 모순입니다. 그 때 하느님이 있다 해도 그 하느님은 '잔인한 하느님' '인간을 희롱하는 하느님'입니다.

'낡은 인간'을 버리고 '새 인간'으로

물론 부활은 믿음의 문제입니다. 과학적으로 증명할 수 있는 것이 아닙니다. 그러나 대단히 합리적인 믿음의 문제입니다.

우리가 부활이 있다는 것을 믿을 때, 다시 말해서 '하느님은 반드시 우리를 다시 살리신다. 하느님은 우리를 반드시 구원하신다. 뿐더러 우리가 여기서 힘쓰는 여러 가지 아름다운 노력, 선을 위한 노력, 진리를 위한 노력, 정의를 위한 노력 등 모든 것은 결코 헛되지 않다. 그리스도가 부활한 것 같이 우리도 그리스도와 함께 영원한 생명에 부활하고, 또한 그렇게 진리와 정의와 참된 사랑이 부활한다'는 믿음을 가질 때, 우리 삶의 모든 것은 의미있고 밝아집니다. 또 우리가 왜 어려움을 딛고서 진실을 추구하고 정의를 실천하고, 때로는 목숨까지 바치면서 사랑해야 되는지, 그 이유를 알 수 있습니다.

성서를 보면, 부활하신 주님을 만난 사도들은 참으로 새 사람이 되었습니다. 그들은 더 이상 과거의 무지하고 비겁하던 사람이 아니었습니다. 무엇보다도 예수님을 새롭게 인식하게 되었습니다.

전에 지녔던 예수관은 '위대한 예언자'로, 또 하느님의 아들 그리스도 곧 메시아이긴 하였으되, 그 인식은 불완전했고 다분히 '정치적 메시아'로 이해되었습니다. 그래서 예수님이 선포한 하느님 나라도 정치적 개념으로 더 이해했고, 그들은 그 나라가 임하면 각기 한 자리씩 차지하리라 철석같이 믿었습니다. 때문에 그들은 누가 더 높은지 자리다툼까지 벌였습니다.

그러나 부활한 예수님을 만남으로써 이런 그릇된 개념은 모두 불식되었습니다. 메시아는 반드시 고난을 받아야 한다는 것을 깊이 깨달았습니다. 밀알이 땅에 떨어져 죽고 썩음으로써 많은 열매를 맺듯이, 죽음과 멸망으로 끝날 이 세상에 불멸의 새로운 생명을 탄생시키기 위해서는 구원자이신 그리스도가 죽어야 함을 비로소 깨달았습니다.

그리스도는 당신의 상처로 우리의 상처를 낫게 하고, 당신의 죽음으로 우리의 죽음을 없이 하며, 우리 죄를 대신함으로써 우리 모두의 죄를 사하여 주는 주님, 그리고 우리의 영혼과 육신, 우리 자신을 근본적으로 구원해 주는 주님임을 믿게 되었습니다. 예수님 자신이 구원이요, 생명이요 길이요 진리요 빛임을 믿게 되었습니다. 때문에 그들은 부활한 주님을 만남으로써 새로운 믿음을 갖게 되었고, 그 믿음 속에 새 사람이 되었습니다.

사도들을 비롯한 초대교회 신자들을 보면, 돈도 없고 힘도 없으며, 수적으로도 보잘것없는 작은 무리였습니다. 그들은 시작부터 유대인들과 대로마제국의 박해를 받았습니다. 초대교회의 삶은 매일매일 주의 수난과 부활의 빠스카 신비를 몸으로 사는 것이었습니다.

그러나 그들은 박해를 이겨냈습니다. 오히려 그리스도 때문에 겪는 고통을 기뻐하였습니다(사도 5,41). 현세적 시각으로 볼 때 아무 것도 아닌, 힘없는 집단이 어떻게 당대에 천하를 호령하던 대로마제국을 그 모진 박해 아래서 이겨낼 수 있었습니까? 어떻게 박해의 시련과 고통 속에서 기뻐하고 희망을 간직할 수 있었습니까? 그 이유와 힘은 바로 부활하신 그리스도와 그분에 대한 믿음이었습니다.

부활신앙은 그리스도교 신앙의 핵심이요 바탕입니다. 때문에 가장 큰 박해자였다가 회개한 사도 바오로는 부활신앙이 없으면 복음선교도 믿음도 헛되다고 했습니다(1고린 15,14). 박해자에서 증거자로 변한 바오로의 회개는 주님의 부활을 더욱 힘차게 증거합니다. 동시에 우리는 이 부활에서 악을 악으로 갚지 않고 원수까지도 용서하는 주님의 자비, 죄인을 성인으로 바꾸는 주님의 위대한 사랑을 볼 수 있습니다.

부활은 죽음에 대한 생명의 승리요, 미움에 대한 사랑의 승리, 죄에 대한 은총의 승리입니다. 그리하여 부활하신 그리스도를 믿는 사람은 "낡은 인간을 벗어버리고 새 인간으로 갈아입습니다."(골로 3,9-10)

그들은 하느님의 자녀 되고, 서로는 형제가 됩니다. 그들 사이에는 유대인, 이방인의 차별이 없고, 자유인과 노예의 차별, 남녀의 차별도 없습니다(갈라 3,28). 때문에 그들은 그리스도를 본받아 서로 사랑할 줄 알고, 가진 것을 나누며, 믿음과 사랑의 공동체를 이룹니다. 초대교회가 이를 잘 말해줍니다(사도 2,44-47). 이같이 부활의 믿음이 있는 곳에서 모든 것은 새로워집니다. 거기에는 사랑, 용서와 화해, 평화와 기쁨, 희망이 있습니다. 시련과 박해를 이겨내고 죽음까지도 이겨내는 힘이 있습니다. 부활하신 주님이 언제나 함께 계시기 때문입니다.

자신의 십자가를 받아들일 때

우리가 참으로 부활을 이해하고 그 기쁨을 맛보기 위해서는 주님의 수난에 동참해야 합니다. 주님과 같이 자신의 십자가를 지고 갈 줄 알아야 합니다. 가난, 병고, 시련, 유혹, 그 어떤 것이든지 주님의 수난에 동참하는 마음으로 받아들인다면 우리는 그때 부활의 의미를 더욱 깊이 깨닫고 그 기쁨을 맛볼 수 있습니다.

물론 주님의 수난에 동참한다는 것은 쉽지 않습니다. 우리는 약한 인간이기에 일상의 인생고도 받아들이기 힘듭니다. 게다가 가정에 우환이나 병고가 겹치면 받아들이기보다는 하느님을 원망하기 쉽습니다. 또한 사랑은 좋지만, 이웃을 참으로 사랑하기는 힘듭니다. 나에게 상처 입힌 사람, 나를 미워하는 사람을 용서하기는 더욱 힘듭니다. 내가 가진 것을 나누기도 힘듭니다. 무엇 때문에 내 것을 나누어 주어야 하는가, 그들의 가난이 내 탓인가 하고 생각할 수 있습니다.

이웃을 사랑한다는 것은 참으로 힘듭니다. 그것은 아픔이요 고통이요 자기 자신을 극복해야 하는 십자가입니다. 그러나 우리가 모든 어려움과 시련과 아픔, 죽음과 같은 고통일지라도 믿음으로 받아들인다면, 그때 십자가에 못 박힌 주님을 깊이 알게 될 것입니다. 그분과 마음 깊이 내적으로 만나게 될 것입니다. 동시에 그분의 부활을 진정 깊이 깨닫고 부활의 기쁨이 곧 나의 기쁨임을 알게 될 것입니다.

누군가 말했듯이, 천국에 들어가는 것은 내일이나 모레 또는 10년 후의 일이 아닙니다. 우리가 십자가에 못 박히는 바로 그 시간에 천국에 들어갑니다. 부활은 언제나 우리 앞에 있습니다. 우리가 우리 자신의 이 십자가를 받아들이기만 하면, 거기에 우리 자신의 부활이 있고 또한 천국이 있습니다.

오늘날 우리 사회는 대단히 어두워 보입니다. 우리는 이 허망한 현실에서 부활은 어떤 의미를 지니는가 묻게 됩니다. 만일 우리가 여기서 직접적인 답을 찾으려 들면, 무덤에서 예수님을 찾았으나 빈 무덤밖에 보지 못한 것처럼, 우리 역시 아무 것도 얻지 못할 것입니다. 부활이 있기 위해서 예수님이 수난의 길을 가셨다는 것을 잊어서는 안 됩니다. 밀알 하나가 땅에 떨어져 썩음으로 많은 열매를 맺습니다. 예수님은 부활이 있기 위해 한 알의 밀알이 되었습니다.

이 길을 우리가 주님과 함께 간다면 우리 역시 주님과 같이 고통과 죽음을 면치 못할 것입니다. 그렇지만 바로 거기에 부활이 있습니다. 복음에서도 "그리스도와 함께 죽으면 그리스도와 함께 산다"고 하였습니다. 그러므로 우리는 그리스도가 걸어 온 겸손의 길, 봉사와 사랑의 길, 진리와 정의를 위한 수난의 길을 가야 합니다. 그러면 부활하신 그리스도를 거기서 반드시 만날 것입니다.

우리가 정말 예수를 만날 수 있을까

해마다 연말연시, 세모가 겹쳐서 성탄이 가까워지면 사람들은 무언지 모르게 마음이 들뜨고 무언가를 기다리는 마음에 젖게 됩니다. 그러나 대부분은 성탄의 의미를 잘 깨닫지 못하고 사치나 향락에 빠져서 속되게, 심하게는 흥청망청 먹고 마시는 일로 보내기 쉽습니다.

성탄은 우리를 구원하러 하느님이 사람이 되어 역사 속으로 들어 온 뜻깊은 날입니다. 그러나 우리가 하느님이 사람이 되어 오셨다는 것을 아무리 깊이 생각한다 해도 그 의미를 다 파악할 수 없는 것이 성탄의 의미입니다. 인류 역사에 일어난 모든 사건을 다 합쳐도 이보다 더 큰 의미를 지닌 것은 없습니다.

성서를 보면 예수님이 탄생했을 때, 그 탄생을 알리는 별이 하늘에 크게 빛났고, 동방에서 온 박사들이 이 별을 보고, 별이 가리키는 땅에 '세상의 왕이시며 구세주이신 분'이 탄생하였음을 깨닫고는 먼길을 순례자로 걸어와서 예물을 드리고 경배한 것으로 기록하고 있습니다. 그들이 바친 예물은 상징적인 뜻을 지니고 있습니다. 황금은 아기가 임금임을, 유향은 동시에 신적인 존재, 즉 하느님임을 뜻하고, 몰약은 장차의 운명, 곧 죽음을 뜻합니다.

여기서 우리가 묵상해야 할 것은 참된 진리, 구원의 진리를 늘 찾고 사는 이들에게는 하느님이 그것을 찾도록 인도해 주고, 궁극적으로는 진리 자체이신 당신을 만나게 해주며, 동시에 진리가 아무리 가까이 있어도 이를 찾지 않거나 욕망으로 눈이 어두워져 있는 이들은 보지 못한다는 점입니다.

성탄 때, 복음에 등장하는 인물은 아기예수와 어머니 마리아 외에는 동방박사들과 헤로데왕, 그리고 대사제들과 율법학자들입니다. 이들 중에서 대사제들과 율법학자들은, 아마도 메시아가 탄생하면 자신들이 당연히 맨 먼저 그분을 알아볼 것이라고 생각했을 것입니다. 또 메시아 편에서 당연히 자신들을 찾아와 메시아임을 증명해야 할 것이라고 생각하고 있었을 것입니다. 왜냐하면, 누구든지 백성의 지도자들인 자신들의 보장이 없으면 아무도 메시아로서 인정받을 수 없다고 믿었을 것이기 때문입니다. 때문에 그들은 끝내 구세주를 알아보지 못했고, 오히려 그분을 배척하고 십자가에 못 박고 말았습니다.

헤로데왕은 권력에 대한 욕망에 사로잡혀 있었기 때문에 처음부터 자기 아닌 다른 왕이 유대땅에 태어난다는 것은 용서할 수 없는 일이었습니다. 그래서 입으로만 동방박사들에게 자기도 가서 경배하겠다고 했을 뿐, 마음으로는 그 아기를 죽여 없애 버리려고 했던 것입니다.

결국 헤로데왕이나 대사제들 역시 베들레헴에서 얼마 떨어지지 않은 예루살렘에 있었지만, 이들은 그분을 보지 못했고, 오직 멀리서 온 동방박사들만이 만날 수 있었습니다. 동방박사들이 구세주를 뵐 수 있었던 것은 언제나 진리와 구원을, 세상과 인생을 밝히는 빛을 마음속으로부터 찾고 있었고, 또한 그런 진리와 빛을 주실 메시아를 찾고 있었기 때문입니다. 진리 앞에, 참생명 앞에 마음이 열려 있었기 때문에 그들은 구세주를 뵙는 은혜를 받을 수 있었습니다.

우리는 복음에 나온 인물들 중 누구를 닮았습니까?

동방박사들처럼 항상 겸허한 마음으로 진리를 찾고 구세주를 찾고 있는 사람입니까? 아니면 대사제들과 율법학자들처럼 하느님을 잘 믿고, 교리도 잘 알고 있는 사람이라고 자부하고 있지는 않습니까? 그리하여 주님이 다시 오실 때에는 자기만이 만날 것이라고 자신만만하고 있지 않습니까? 또는 헤로데왕처럼 누구든지 나보다 더 낫다는 것을 도저히 받아 주지 못하는 사람은 아닌지, 다시 말해서 공부를 잘하든, 인물이 잘났든, 돈을 잘 벌든, 인기가 높든, 칭찬을 더 받든, 나보다 더 나은 것은 받아들일 수 없는 사람이 아닌지를 생각해 볼 필요가 있습니다. 그러면 우리는 물론 메시아를 만날 수 없습니다.

여기서 우리는 하느님의 근본사상을 볼 수 있습니다. 하느님은 언제나 큰 사람, 높은 사람, 부(富)한 사람이 아니라 가난하고 약한 자, 세상의 눈에 보잘것없는 자를 먼저 돌보는 분이며, 그들을 위로하고 높여 주는 분입니다. 이것은 복음에 나오는 예수님의 모든 말씀과 행적에서도 볼 수 있습니다. 그래서 스스로 '작은 자 중의 하나'라고 여겼던 성모 마리아도 성모찬가에서 칭송하고 있습니다.

주님은 전능하신 팔을 펼치시어
마음이 교만한 자들을 흩으셨습니다.

권세 있는 자들을 그 자리에서 내치시고
보잘것없는 이들을 높이셨으며
배고픈 사람은 좋은 것으로 배불리시고
부요한 사람은 빈손으로 돌려 보내셨습니다." (루가 1,51-53)

언젠가, 성탄 전날 밤에 서울 상계동에 있는 성모자애원이란 고아원에 가서 그곳 어린이들과 미사를 드린 적이 있었습니다. 그때 내가 어린이들에게 이런 질문을 하였습니다. 왜 예수님은 가난하게 나셨느냐, 왜 부잣집에 나시지 않으셨느냐 하고 물었습니다.

어린이들은 즉시 답을 못하고 머뭇거렸지만 '부잣집이었다면 우리와 먼 분일 것이다. 가난하게 나셨기 때문에 누구보다도 우리와 가까운 분이다' 라고 답하였습니다. 예수님은 고아들, 가난한 사람들, 보잘것없는 사람들을 사랑하기 때문에 가난하게 또 어린이, 약한 이로 나셨음을 그들도 쉽게 알아들었습니다.

오늘 우리도 동방박사와 같이 예수님을 찾아서 경배하고 만나고 싶습니다. 어디 가야 만날 수 있습니까? 먼저 빈 마음, 겸손한 마음이 되어야 합니다. 예수님은 오늘도 결코 화려함 속에서는 찾을 수 없습니다. 권력이나 금력 속에 찾을 수 없습니다. 가난한 이, 약한 이, 고통 중에 있는 이들 속에 주님은 현존하고 계십니다. 주님은 높은 데가 아니고 낮은 데에 계십니다. 우리가 이런 분을 사랑하면 거기에서 예수님을 만날 수 있습니다.

사실 예수님은 이미 우리 가운데에 와 계십니다. 그럼에도 우리는 깨닫지도 느끼지도 못하고 있습니다. 그것은 우리의 마음의 문이 그분에게로 향하여 있지 않기 때문입니다. 그분을 볼 수 있는 눈을 우리가 갖고 있지 않기 때문입니다. 우리는 우리 마음을 그분께 먼저 돌려야 합니다. 다시 말해서 우리는 회개하여야 합니다. '회개'라고 하면, 우리는 종교적·윤리적 차원에서만 생각하기 쉽습니다. 성당에 잘 안 다니다가 주일 미사에 빠지지 않을 만큼 성당에 열심히 다닌다든지, 윤리적으로 좀 탈선된 삶을 살다가 단정하고 방정한 삶을 산다든지 하는 외적인 면을 먼저 생각합니다.

물론 이런 것도 포함됩니다. 그러나 이런 변화만 갖고서 회개했다고는 할 수 없습니다. 왜냐하면, 성당에 열심히 다니고 생활이 방정해도, 자신은 열심한 신자라는 교만에 빠졌다든지, 남을 쉽게 판단하고 업신여긴다든지 할 때, 그것이 정말 하느님의 마음에 드는 회개인가 의심스럽기 때문입니다. 또 남을 용서해줄 줄 모른다든지, 가난한 이웃에 대해 전혀 관심이 없다고 할 때, 그것이 참된 신앙생활이라고 할 수 있느냐 하면, 물론 아닙니다.

회개의 첫째는 하느님으로부터 떠난 마음이 하느님에게로 돌아가는 것입니다. 하느님이 나의 창조주이시고 생명인데도 불구하고 하느님을 잊고 제멋대로 살아온 나의 삶과 죄를 깊이 뉘우치고 하느님을 사랑하고 존경하는 것입니다. 생각과 삶의 모든 것을 자기 중심에서 하느님 중심으로 돌리고, 하느님의 뜻을 이루기 위하여 자신의 모든 것을 바치는 것입니다. 하느님을 따라 우리 서로 사랑하는 것입니다. 그리스도를 닮고, 그리스도와 함께 생각하고, 함께 행동하는 것입니다. 그리스도의 눈으로 보고 그리스도의 마음으로 사랑하는 것입니다.

구원의 마지막 징표

어느 떡장수 할머니가 있었는데, 아주 구두쇠였다고 합니다. 단돈 한 푼, 남을 위해 쓸 줄도 모르고 돈을 버는 데만 억척같이 살다가 어느 날 죽어서 하느님 앞에 나가서 심판을 받게 되었습니다.

성 미카엘 대천사가 쥐고 있는 심판대 저울에 할머니가 평생 산 것이 달리게 되었습니다. 그러나 불행히도 할머니는 구두쇠로만 살았기 때문에 '선(善)' 쪽은 아무 것도 없고 '악(惡)' 쪽으로만 푹 기울어졌습니다. 할머니의 비탄은 이만저만이 아니었습니다. '이젠 영락없이 죽었구나! 영원히 지옥불에서 어떻게 산담!' 하고 절망에 빠졌습니다.

이 모습을 본 하느님이 딱하게 생각하여 "무엇 없습니까?"라고 물었는데, 바로 그때 할머니의 수호천사가 "잠깐만!" 하고는 어디선지 떡을 한 개 내어서 저울의 '선' 쪽에 올려놓았습니다. 아, 그랬더니 저울이 아주 힘겹게 선과 악의 어느 쪽이 더 무거운지를 구별할 수 없을 만큼 간들간

들하게 되었습니다. 거기다가 하느님이 자비의 입김을 약간 불었더니, 그만 '선' 쪽으로 확 기울어져서 할머니가 구원되었다는 것입니다. 그런데 그 떡이 무엇이냐 하면, 할머니가 워낙 구두쇠라서 남을 동정할 줄 몰랐지만, 언젠가 딱 한 번 굶주림으로 못 견디는 거지를 보고 측은한 생각이 들어 떡을 큼직하게 잘라 준 일이 있었다는 것입니다.

이것은 물론 지어낸 이야기이고 이웃에 대한 사랑이나 자선만이 우리를 영생으로 구해준다는 것을 강조하기 위한 예화입니다.

마태오복음을 보면, 예수님은 최후심판의 기준을 이웃사랑에 두고 있습니다(25,31). 영생을 얻는 이들에게는 "내가 굶주렸을 때에 너희는 내게 먹을 것을 주었고, 내가 헐벗었을 때에 입을 것을, 목말랐을 때에 마실 것을 주었으며 내가 병들었을 때에 돌보아 주었고, 감옥에 갇혔을 때에 찾아 주었으며, 나그네 되었을 때에 따뜻이 맞아 주었다. 그러니 아버지께서 천지창조 때부터 준비한 이 나라, 즉 하늘나라를 차지하여라"라고 말씀합니다.

그러면 이 축복받은 의인들은 "주님, 저희가 언제 주님께서 주리신 것을 보고 잡수실 것을 드렸으며, 목마르신 것을 보고 마실 것을 드렸습니까? 또 언제 주님께서 나그네 되신 것을 보고 따뜻이 맞아들였으며, 헐벗으신 것을 보고 입을 것을 드렸습니까? 그리고 언제 주님께서 병드셨거나 감옥에 갇히신 것을 보고 저희가 찾아뵈었습니까?" 하고 질문합니다. 이때 주님은 "분명히 말하지만 너희가 여기 있는 형제 중에 가장 보잘것없는 사람 하나에게 해준 것이 곧 나에게 해준 것이다"라고 답할 것이라 하였습니다. 이어서 구원을 얻지 못할 사람들에게는 그와 똑같은 입장에서 반대의 말씀을 할 것입니다.

"너희는 내가 굶주렸을 때에 먹을 것을 주지 않았고, 목말랐을 때에 마실 것을, 나그네 되었을 때, 헐벗었을 때, 병들었을 때나 감옥에 갇혔을 때에 돌보아 주지 않았다."

그러면 이들 구원받지 못한 사람들 역시 "주님, 주님께서 굶주리시고 목마르셨으며, 나그네 되시고 헐벗었으며, 병드시고 감옥에 갇히셨던 일이 있었기에 저희가 알고도 돌보아 드리지 않았습니까?"라고 반문할 것입니다. 이 물음에 예수님은 "너희가 여기 형제 중에 보잘것없는 사람 하나에게 해주지 않은 것이 곧 내게 해주지 않은 것이다"라고 말할 것입니다.

주님은 우리를 결코 사회 신분이나 돈이나 지식 따위를 두고 심판하지 않습니다. 왜냐하면, 이웃사랑의 실천이 당신을 믿고 따르는 유일한 길이기 때문입니다. 그것이 그리스도 신자의 신앙생활의 본질이기 때문입니다. 그래서 사도 바오로는 사랑이 없으면 천사의 말을 하는 훌륭한 언변도, 복음선교도, 하늘의 신비를 아는 지식도, 산을 옮기는 믿음도 아무 것도 아니라고 하였습니다.

이 대목을 읽고, 우리는 주님의 심판대 앞에 섰을 때를 상상하지 않을 수 없습니다. 마태오복음에 보면, 이 세상 종말의 심판 때 예수님은 모든 사람을 각자의 삶에 따라서 양과 염소를 가르듯 가르는데, 양은 오른쪽에, 염소는 왼쪽에 서게 됩니다. 양은 '영원한 생명'을 얻고, 염소는 '영원한 죽음'으로 단죄됩니다.

그럼 우리는 그 어느 쪽에 서게 될 것인지 생각해 보지 않을 수 없습니다. 우리 중에서 '나'는 절대로 염소 아닌 양의 편에 설 것이라고 자신할 수 있는 사람이 있습니까? 아마 드물 것입니다. 그렇다면 큰일입니다. 그것은 결국 우리가 이웃사랑을 살지 않고 있다는 말이요, 회개하지 않으면 영생을 잃을 위험이 있다는 말입니다.

그럼 어떻게 하면 좋습니까? 그리스도를 입으로만 섬기지 않고 행동으로 따르며 그리스도와 같이 사랑하는 것입니다. 신앙생활은 우리가 스스로 사는 것이 아니라 그리스도가 우리 안에 사는 것입니다. 그리스도를 산다는 것은 무엇보다도 그분의 사랑으로 사는 것입니다. 즉, 그분처럼 이웃을 내 몸처럼 사랑하는 것입니다.

이웃사랑을 살므로써 그리스도를 따르는 것은 그리 복잡한 것도 멀리 있는 것도 아닙니다. 바로 내 옆에 있는 가장 보잘것없는 형제를 사랑하는 것입니다. 내가 잘 아는 사람 중에서 아무개는 절대로 받아들일 수 없다고 생각하는 사람이 있다면 그와 화해하고, 그에게 사랑하는 마음을 지니는 것입니다. 나에게 소외당하고 배척당한 이웃을 우리 각자가 받아들이기 시작할 때, 하느님이 우리 안에 계시고, 우리의 신앙공동체는 겉도는 공동체가 아니라 위로와 힘을 지닌 복음의 증거자, 사도가 될 수 있을 것입니다.

복음을 보면, 예수님은 "좁은 문으로 들어가거라. 멸망에 이르는 문은 크고 또 넓어서 그리로 가는 사람은 많지만, 생명에 이르는 문은 좁고 또 길이 험해서 그리로 찾아드는 사람이 적다"(마태 7,13-14)고 말씀합니다. 여기서 '좁은 문'이란 예수님이 가신 길을 따르는 것입니다. 주님과 같이 겸손한 마음으로 봉사하며 마음을 다하여 하느님을 사랑하고 이웃을 사랑하며, 특히 가난한 사람, 고통 중에 있는 사람을 사랑하되 예수님과 같이 자기의 십자가를 지고 따라가는 것입니다.

누가 '나의 어머니'이냐?

성모 마리아는 거룩하고 고귀한 분입니다. 그러나 그분의 거룩함과 고귀함이 어디서 오는가 하고 물으면, 우리들 대부분은 단순히 '구세주의 모친' '예수의 어머니'이기 때문이라고만 생각하기 쉽습니다. 물론 그 때문에도 은총을 가득히 입으셨고 모든 여인 중에 가장 복된 분입니다. 그러나 성 아우구스틴의 말씀대로 더 중요한 것은 '그리스도의 어머니'가 되었다는 것보다 '그리스도의 제자'가 되었다는 점입니다. 이것은 아무 조건 없이 모든 것을 내맡기고 순종한 것을 뜻합니다. 성모님이 구세주의 모친 된 것도 바로 이 믿음에서였습니다.

가브리엘 천사의 전갈을 받았을 때, 성모님은 온전한 믿음에서 "주님의 뜻이 내게 이루어지소서" 하고 그대로 받아들였습니다. 그분은 이때 그것이 어떤 결과를 초래할 것인지를 알지 못하였습니다. 그러면서 그대로 순종하였습니다. 누구보다도 예수님이 이 점을 분명히 밝힙니다.

한번은 예수님이 많은 사람들을 가르치고 계실 때, 사람들이 예수님에게 "선생님의 어머니와 형제분들이 선생님과 이야기를 하시겠다고 밖에 서서 찾고 계십니다"라고 하였습니다. 그러자 예수님은 "누가 내 어머니이며 내 형제들이냐?"라고 반문하고는, 당신의 뒤를 따르는 제자들을 가리키며 "바로 이 사람들이 내 어머니이며 형제들이다. 하늘에 계신 아버지의 뜻을 실천하는 사람이면 누구나 다 내 형제요 자매요 어머니이다"라고 하였습니다(마태 12,46-50).

언뜻 들으면, 어머니와 친척형제들을 대단히 소홀히 대하는 것 같은 인상을 받을 수 있습니다. 인간적으로 볼 때 대단히 몰인정한 말입니다. 부모도 형제도 모르는 '불효자식' '패륜아'라고 생각할 사람도 있을 것입니다. 그러나 예수님이 우리들에게 가르쳐 주고자 한 것은 보다 높은 차원에서 당신과 성모님의 관계를 말씀한 것입니다. 육신의 혈연관계만 소중한 것이 아니라, 그 이상으로 더 소중한 것은 하느님의 뜻을 성모님이 받아들여 당신을 낳는 어머니가 되었다는 것이며, 더 중요한 것은 하느님의 뜻을 받아들이고 그 하느님의 뜻 안에 사느냐 살지 않느냐 하는 것이 중요하다는 것이고, 그렇게 사는 사람은 누구나 나의 어머니이고 나의 형제와 같다는 가르침을 주기 위한 것입니다.

혈연은 소중합니다. 이것은 하느님이 주신 은혜입니다. 그러나 '하느님 나라에서는 혈연이나 핏줄이 근본적인 것도, 절대적인 것도 아니다. 그보다 더 깊은 것, 본질적인 것은 하느님의 뜻이요 하느님의 뜻을 따르는 것이다. 또한 이것이 당신의 제자가 되는 길이요 그 표식이다'라는 것을 알려주기 위해서 강하게 말씀한 것입니다.

그래서 이보다 앞서서 "내가 세상에 평화를 주러 온 줄로 생각하지 말아라. 평화가 아니라 칼을 주러 왔다. 나는 아들은 아버지와 맞서고 딸은 어머니와, 며느리는 시어머니와 서로 맞서게 하려고 왔다. … 아버지나 어머니를 나보다 더 사랑하는 사람은 내 사람이 될 자격이 없다"(마태 10,34-37) 라고 말씀합니다.

이 말씀 역시 예수님이 당신의 가르침을 앞세워서 누구나 집안에서부터 서로 거슬러 싸워야 한다는 뜻으로 해석해서는 안 됩니다. 여기서도 역시 예수님이 가르쳐 주고자 하는 것은 '결정적인 것은 하느님이시다' 라는 것, 그리고 바로 예수님 자신임을 알리고자 한 것입니다.

여기서 우리가 한번 깊이 생각해야 할 점이 있습니다. 앞에서 이야기한 의심은 어디까지나 혈연을 인간의 기본관계로 보는 데서 갖는 생각입니다. 그럼 혈연이 인간관계의 기본이 되고 그 무엇과도 바꿀 수 없다면 어떻게 됩니까? 한번 생각해 볼 문제입니다.

먼저 부모형제, 자매들같이 혈연이 가까울수록 인간관계는 깊은 것이겠지만 멀어질수록 인간관계는 점점 엷어지고, 마침내 혈연관계가 아닌 사람은 나와 전혀 무관한 사람이 되고 맙니다. 더욱이 국적이나 민족, 인종이 다를 때에는 나와 전혀 상관없는 존재, 즉 그들이 죽든지 살든지 나와 전혀 관계없는 일일 것이며, 원천적으로도 나의 관심과 사랑의 대상이 될 수 없을 것입니다.

혈연이 인간관계의 기본일 때에는 사해동포(四海同胞) 사상이나 '모든 인간은 형제'라는 사상도 나올 수 없습니다. 인류공동체의 사상은 생각할 수도 없고, 모두 아담과 에와의 후예가 아니냐고 해도 인종이나 혈통, 민족, 국경을 초월해서 모든 사람들을 하나로 묶기에는 너무나 약한 주장일 것입니다. 이렇게 보면, 혈연이 소중하고, 따라서 육친의 부모형제가 소중하고 결코 소홀히 할 수 없는 것도 사실이지만, 인간관계를 규정짓는 절대적인 근본일 수 있는지에 대해서는 의심이 됩니다.

자연적 인간관계에서도 혈연과 관계없이 두 사람 혹은 몇 사람의 관계가 깊을 수 있습니다. 부부관계나 친한 친구 사이가 그렇습니다. 이때는 사랑이나 우정이 혈연보다 더 깊이 그들의 관계를 맺어 줍니다. 부부는 혈연상으로 보면 남남이지만, 사랑이 그들을 한 몸 되게 합니다. 그러나 이것은 아직도 자연적 차원의 일입니다.

인간에게는 자연적 차원을 넘는 것이 있습니다. 곧 영적인 차원입니다. 영적인 차원에서는 모든 인간을 인종, 피부색, 민족, 국경 등의 차별, 즉 혈연의 차이까지도 훨씬 넘어서 하느님의 자녀로, 따라서 나의 형제자매로 볼 수 있을 때, 그리고 사랑할 수 있을 때, 가장 깊은 인간관계를 갖게 됩니다. 그것은 하느님을 섬기고 그분을 '아버지'라고 부를 수 있을 때에만 가능합니다.

복음에서 예수님이 "누가 나의 어머니이며, 누가 나의 형제냐?"라고 한 것은 결코 그들을 소홀히 해서가 아닙니다. 예수님은 모든 인간의 기본관계는 하느님으로부터 온다는 것을 우리에게 가르쳐 주고 강조하기 위해서 표현한 것입니다. 아버지의 뜻을 실천하는 사람, 그는 곧 하느님을 '아버지'라고 마음으로부터 부를 수 있을 만큼 믿음을 가진 사람, 즉 하느님의 성령을 받고 그 성령에 의해 하느님의 자녀로 새로이 태어났고, 하느님의 사랑을 받아서 그 사랑을 이웃에게 실천하는 '그리스도를 닮은 사람'입니다. 이 사람이야말로 예수님에게 속하는 하늘나라의 백성, 하느님의 가족에 속하는 사람이요. 이들은 모두 서로 형제자매이며 모든 이를 진정으로 형제자매로 여기고 사랑할 줄 아는 사람들입니다.

성체성사의 참뜻

　예수님은 수난 전날 밤, 당신의 '살과 피'를 '빵과 포도주'의 형상으로 주시면서 성체성사를 세우시고 "나를 기억하여 이를 행하여라"라고 하였습니다. 여기서 '이를 행하여라'를 우리말로는 "이 예식을 행하라"는 뜻으로 해석하고 있어서, 예수님이 뜻하는 바를 너무나 좁게 받아들이는 것이 아니냐 하는 문제가 제기되고 있습니다.

　그보다는 더 깊게 '당신 자신을 생명의 양식으로까지 주었음을 기억하여 그 사랑을 우리의 생활 속에서 실천에 옮기라는 뜻' 또는 그보다 더 깊게 '주님이 당신 자신을 희생의 제물로 바침으로써 이룩한 그 구원의 사업 전체를 당신을 기억하여 오늘 이 자리에서 이 역사 속에서 행하는 것'이라는 해석도 있습니다.

　그럼 왜 예수님은 우리에게 성체성사를 주시고 이를 위해 미사를 거행토록 했습니까? 당신을 기리는 성대한 제사를 드릴 수 있도록 하기 위해서 입니까? 아니면, 사도들이나 그 뒤를 잇는 사제들의 생활을 보장해 주기 위해서 입니까?

나를 먹는 사람은 나의 힘으로 산다

옛날부터 사제들은 미사에 예물로 바쳤던 식량이나 돈으로 생활을 유지해 왔습니다. 이를 합리화하는 말씀으로, 예수님이 제자 일흔 일곱을 파견하면서 행한 말씀 중에서 "일꾼이 품삯을 받는 것은 당연한 일입니다"(루가 10,7) 라는 구절이 곧잘 인용됩니다. 오늘의 미사예물은 여기서 비롯된 것입니다. 물론 여기에 의존하지 않은 분도 있었는데, 사도 바오로가 그러했습니다(1고린 9,13-15; 2데살 3,8-9).

그럼 예수님은 당신 일꾼들의 생계를 보장해 주기 위해 미사성제를 세우셨습니까? 물론 아닙니다. 그것은 '나는 길이요 진리요 생명이다' '나는 부활이요 생명이다' 또는 더 구체적으로 '나는 생명의 빵이다' 등 여러 가지 표현으로 '세상의 생명(pro mundi vita)'임을 밝힌 주님이 당신 자신을 주심으로써 세상을 살리기 위해서입니다. 즉, 우리들 하나하나가 당신의 생명으로 살며, 믿는 모든 이가 당신의 생명으로 살게 되어, 드디어 온 세상이 그 생명으로 구원을 얻기 위해서입니다.

여기서 우리는 "나를 기억하여 이를 행하여라" 라는 말씀이 무슨 뜻인지, 또 당신을 우리가 어떻게 기억하고 기념해야 하는지를 묵상해 볼 필요가 있습니다.

예수님은 친히 "살아 계신 아버지께서 나를 보내셨고, 내가 아버지의 힘으로 사는 것과 같이 나를 먹는 사람도 나의 힘으로 살 것이다"(요한 6,57) 라고 말씀하였습니다. 예수님의 힘은 곧 예수님의 생명입니다. 이 생명은 또한 하느님의 생명입니다. 따라서 우리가 예수님의 힘으로 살면, 그것은 바로 예수님의 생명, 예수님을 살리신 하느님의 생명으로 사는 것입니다. 결국 예수님의 성체를 모심으로써, 우리는 하느님과 같은 생명으로, 즉 '영원한 생명'으로 사는 사람이 됩니다. 예수님 친히 "내 살을 먹고 내 피를 마시는 사람은 영원한 생명을 누릴 것이며, 내가 마지막 날에 그를 살릴 것이다"(요한 6,54) 라고 보장하고 계십니다.

이에 앞서, 예수님은 빵을 많게 하는 기적을 행하였습니다(요한 6,1-13). 보리 빵 다섯 개와 작은 물고기 두 마리로써 남자만 해도 5천 명이나 되는 많은 사람이 먹고도 열두 광주리나 남는 기적을 행하였습니다. 유대인들은 이를 보고서 예수님을 억지로라도 왕으로 모시려 했고, 예수님은 이 낌새를 알아채고 혼자서 산으로 피하였습니다.

사람들이 다시 몰려들자 "정말 잘 들어 두어라. 너희가 지금 나를 찾아온 것은 내 기적의 뜻을 깨달았기 때문이 아니라 빵을 배불리 먹었기 때문이다. 썩어 없어질 양식을 얻으려 힘쓰지 말고, 영원히 살게 하며 없어지지 않는 양식을 얻도록 힘써라"(요한 6,26-27) 라고 타일렀습니다. 유대인들이 그 빵을 달라고 하자, 당신이 생명의 빵임을 누누이 말씀하면서 "내 살은 참된 양식이며, 내 피는 참된 음료이다. 내 살을 먹고 내 피를 마시는 사람은 내 안에서 살고, 나도 그 안에서 산다"(요한 6,55-56) 라고 하였습니다. 이어서 "살아 계신 아버지께서 나를 보내셨고, 내가 아버지의 힘으로 사는 것과 같이 나를 먹는 사람도 나의 힘으로 살 것이다"(요한 6,57) 라고 하였습니다.

이렇게 보면, 그냥 제사를 성대히 지내거나 사제들의 식생활을 보장하기 위해서가 아닙니다. 거듭 말합니다만, 우리와 온 세상을 당신의 그 불멸의 생명으로, 즉 현재 우리가 살다가 어느 날 죽어 썩고 말 생명이 아닌, 죽지도 썩지도 않으며 영원히 살게 하는 그 생명으로 살리기 위해서입니다. 또 우리 모두가 당신과 같은 생명으로 살므로써 당신과 일치되고, 당신과 일치됨으로써 삼위일체이신 하느님 안에, 하느님과 함께 영원히 하나 되기 위해 성체성사를 세우신 것입니다.

'자기비움'으로 무죄선언

예수님은 수난 전날 저녁에 제자들에게 빵을 쪼개어 주며 "너희는 모두 이것을 받아먹어라. 이는 너희를 위하여 내어줄 내 몸이다" 하고, 또 포도주가 담긴 잔을 주며 "너희는 모두 이것을 받아 마셔라. 이는 새롭고 영원한 계약을 맺는 내 피의 잔이니 죄를 사하여 주려고 너희와 모든 이를 위하여 흘릴 내 피다" 라고 하였습니다.

이 말씀을 보면 성체성사의 예수님은 단순히 나자렛에 살 때의 예수님만이 아니라, 우리를 위해 수난하시고 피 흘리며 목숨을 바친, 우리의 구원을 위해 희생 제물이 되신 예수님입니다. 바로 빠스카의 어린 양이 되신 예수님입니다.

몇 해 전, 예루살렘 성지에 갔을 때였습니다. 나자렛에 있는 성모영보(聖母領報) 성당에 들어가서 성모님이 천사의 부름을 받았다는 그 자리의 바닥에 '말씀이 사람이 되셨다(verbum caro factum est)'고 적혀 있는 것을 보고는 잠시나마 '하느님이신 분이 바로 이 자리에서 인간의 살과 피를 취하여 인류의 역사, 우리의 삶 한가운데로 들어오셨구나' 하는 감회에 젖은 적이 있었습니다.

하느님이 사람이 되었다는 것은 필립비서의 말씀(2,6-8)대로 하느님이신 분이 우리를 위하여 당신 신성(神性)의 모든 것을 버리고 비우고 낮춘

'자기비움'을 말합니다. 그리스도는 우리를 부유하게 만들기 위해 당신 자신은 가난한 자 되었습니다. 이 대목에서, 그리스도의 사제인 나 자신은 어떤가 하고 생각하게 됩니다. 나는 본시 가난한 자였는데 지금은 부유한 자가 되었습니다. 예수님을 따르기 위해서 모든 것을 버렸기 때문에 부유하게 되었다고 생각할 수도 있지만, 그것은 아전인수격인 해석이고, 오히려 예수님을 따르기 위해 끊어야 할 그 모든 것을 끊지 않고 있기 때문에 부유한 자 되고 있는 것이 아닌가 생각합니다.

확실한 것은 우리의 생활과 교회의 모습에서 우리를 위해 가난한 자 되신 예수님의 모습을 찾아보기 힘들다는 것입니다. 그만큼 오늘의 교회는 가난한 이들이 소외감을 느끼고 가까이 올 수 없을 만큼 풍요하게 보여지고 있습니다. 뿐 아니라 주님은 우리 모두의 죄를 대신 지시고 죽기까지 하였습니다. 성서에 이런 말씀이 있습니다. "우리를 위해서 하느님께서는 죄를 모르시는 그리스도를 죄 있는 분으로 여기셨습니다. 그래서 우리는 그리스도로 말미암아 하느님께로부터 무죄선언을 받게 되었습니다."(고린 5,21)

여기서 '죄를 모르시는 그리스도를 죄 있는 분으로 여기셨다'는 말은 라틴말 불가타(vulgata) 번역을 보면, '죄를 모르시는 그분을, 우리를 위해 죄로 만드셨다'. 즉 죄를 모르시는 분을 죄 있는 분으로 여길 뿐 아니라 '죄로 만드셨다', 그래서 예수님은 우리 때문에 죄가 되셨다는 뜻 같습니다. 한 마디로 우리를 위하여 죄 없으신 분이 '죄 덩어리'처럼 취급된 것입니다.

성서의 다른 표현을 보면, '무죄선언' 대신 "죄의 문서를 찢으셨다"라고 했고, 시편에서는 "하느님은 우리 죄를 당신 등 위에 던지셨다"라고 적고 있습니다. 또 "넓은 하느님의 사랑의 바다에 죄가 익사했다"는 말

쏨도 있습니다. 참으로 이사야 예언서의 말씀대로 "그 몸에 채찍을 맞음으로 우리를 성하게 해주었고, 그 몸에 상처를 입음으로 우리의 병을 고쳐 주었습니다."(53,5)

어느 본당신부로부터 들은 이야기입니다.

본당의 여교우 한 분이 하느님을 만났다고 본당신부에게 말했습니다. 본당신부는 그녀가 하느님을 정말 만났는지 알기 위해서, 다음에 또 만나면 "나의 죄 문서를 보여 달라!"고 하라고 하였습니다. 그 다음에 부인이 전하는 말인즉, 하느님을 만나서 신부님의 말씀을 드렸더니 하느님 말씀이 "나는 그의 죄를 다 잊었다!"고 말씀하시더라는 것입니다.

누구에게나 먹히는 존재

예수님이 이처럼 우리 모두의 죄를 대신 지시고 피까지 흘림으로써 하느님은 헤아릴 수 없는 우리의 많은 죄를 다 없이 하였습니다. 그리고 이제 그분은 이런 당신 자신을 우리에게 먹으라고 내줍니다. 예수님은 성체성사에서 우리를 위해 '부서지고 바수어진 빵'이 되었습니다. 명실공히 우리에게 먹히는 존재, 밥이 되었습니다. 우리가 기억해야 하는 예수님은 누구에게나 먹히는 존재로서의 예수님입니다.

프라도 형제회의 창설자인 앙뚜안느 슈브리에 신부가 프라도 운동을 시작한 곳을 방문했을 때, 나는 그분이 이상적인 사제상을 가리켜 '먹힌 사람(homme mangé)'이라고 쓴 것을 보고는 이 점을 새롭게 느낀 적이 있었습니다. 동양적 표현에도 '무아(無我)'라는 말이 있고, '몰아적 사랑'이란 표현이 있는데, 성체 안에 그 진수를 보는 것 같습니다.

그럼 주님은 왜 당신을 우리에게 이렇게까지 내주시는 것입니까? 하느님은 사랑 자체이시고 우리에 대한 하느님의 사랑은 무조건적이기 때문이라는 것 외에는 달리 답을 찾을 수가 없습니다.

우리는 그리스도의 생명으로 사는 사람이 되어야 합니다. 이것이 우리 각자에게 있어서 가장 깊이 그리스도를 기억하는 것이 될 것입니다. 사람은 '밥으로 산다'는 표현이 있고, '제 잘난 맛으로 산다'는 말도 있습니다. 사람은 자기 잘난 맛 또는 돈, 명예욕, 허영심으로 살 수 있고, 또는 고귀한 정신이나 어떤 이상으로 살 수 있습니다. 무엇으로 사느냐에 따라 그 사람의 가치관과 인생관이 정해집니다. 그렇다면 우리는 그리스도의 생명으로 살아야 합니다.

사도 바오로는 "이제는 내가 사는 것이 아니라 그리스도가 내 안에 사시는 것입니다"(갈라 2,20) 라고 했고, "나에게는 그리스도가 생의 전부입니다"(필립 1,21) 라고 하였습니다. 우리 역시 같은 소망을 마음 한 구석 어디엔가 지니고 있습니다. 그러면서도 바오로와 같이 살지 못하는 것은 우리에 대한 그분의 사랑을 충분히 깨닫지 못하기 때문이 아닌가 생각합니다. '그리스도로서 산다는 것'은 신앙적인 이야기입니다. 동시에 깊은 의미로 볼 때, 가장 인간의 본성에 맞는 삶입니다. 그리스도는 우리 존재의 근원이요 신원(身元)의 바탕이기 때문입니다.

만물이 그분을 통해서, 즉 그분의 모습을 따라서 지어졌기에 그리스도는 모든 피조물의 원천이고, 그리스도로서 사는 것은 인간의 본성, 인간의 원초적 욕구에 가장 맞는 것입니다. 그래서 초대교회의 교부 테르툴리아누스는 "영혼은 본성상 크리스찬적이다" 라고 하였습니다. 인간이 그리스도를 원형으로 하여 창조되었기 때문입니다.

하느님 또는 그리스도는 인간 내면의 가장 깊은 곳에 자리잡고 있는 굶주림, 갈증의 대상이요, 인간이면 누구나 태어날 때부터 지니고 있는 꿈, 바람, 하느님이 아닌 것 같이 보입니다. 그러나 인간은 그 영혼 깊이에 하느님을 향한 노스탤지어가 있습니다.

하느님은 인간이 어느 날 참으로 쉴 수 있는 마음의 고향입니다. 때문에 우리 자신 안에 그리스도의 모습을 보게 되면, 그것은 우리 자신의 본모습이라고 할 수 있습니다. 우리는 날로 깊이 그리스도로서 살고, 그리스도를 닮아야 합니다. 그리스도를 닮으면 닮을수록 인간으로서 내가 찾고 있고, 되고 싶은 그 본래의 '나'가 됩니다. 바로 '자기성취'입니다. 우리는 자기 욕망대로, 하고 싶은 대로 할 때를 자기성취라고 생각하는데, 참된 자기성취는 오직 원형인 그리스도를 닮을 때입니다.

예수님과 우리와의 관계는 예수님 스스로 밝힌 대로 '포도나무와 가지'의 관계와 같습니다. 포도나무와 가지는 같은 생명으로 사는 한 나무입니다. 가지의 신원은 본 줄기에 있습니다. 때문에 가지가 포도나무에서 떠나서는 아무 것도 할 수 없고, 어떤 열매도 맺을 수 없습니다. 예수님은 요한복음 15장에서 성체성사를 세우신 그 밤에 제자들을 가르치는 말씀 중에서 "나는 포도나무요. 너희는 가지이다"라는 비유로 당신과 우리와의 밀접한 관계, 끊을 수 없는 관계를 말씀하면서 "너희는 나를 떠나지 마라. 나도 너희를 떠나지 않겠다"라고 당부합니다.

마음의 고향으로 돌아가기 위하여

주님과 우리가 하나이면, 우리는 주님과 공동운명체가 됩니다. 특히 사제들은 수난하신 그리스도를 누구보다 가까이 따라야 하며, 수난하신 주님의 그 모습이 사제의 모습 어딘가 나타나야 합니다. 때문에 주님은 포도나무의 비유에 이어서 "세상이 너희를 미워하거든 나를 먼저 미워했다는 것을 알아두어라. … 종이 주인보다 더 나을 수 없다고 한 내 말을 기억하여라. 그들이 나를 박해했으면 너희도 박해할 것이다" 하고 제자들이 당신과 같은 운명의 길을 가야 한다는 것을 미리 말씀하였습니다. 이것은 참으로 쉽지 않습니다. 우리 역시 사도들처럼 도망치고 싶고 도망치고 있습니다. 그러나 복음에서 볼 수 있듯이, 이 길 외에는 달리 그리스도를 따르는 길이 없습니다.

우리는 그리스도를 알기 위하여 죽어야 합니다. 그런데 주님이 우리를 당신과 하나 되게 하는 것은 우리가 당신의 고통에 동참하기 위해서만이 아니라, 그것을 통하여 당신의 기쁨, 평화를 가득 누리기 위해서입니다. 우리를 당신의 행복, 축복, 영광으로 가득히 채우기 위해서입니다. 때문에 예수님은 고별인사로 "나는 너희에게 평화를 주고 간다. 내 평화를 너희에게 주는 것이다"(요한 14,27), "내가 이 말을 한 것은 내 기쁨을 같이 나누어 너희 마음에 기쁨이 넘치게 하려는 것이다"(요한 15,11), "이제 나는 너희를 종이라고 부르지 않고 벗이라고 부르겠다"(요한 15,15)고 말씀하여 당신의 평화, 기쁨, 우정을 우리에게 나누어줍니다.

나아가 당신의 수난으로 제자들이 겪을 시련을 미리 말씀하면서 "정말 잘 들어 두어라 … 너희는 근심에 잠길지라도 그 근심은 기쁨으로 바뀔 것이다"(요한 16,20) 라고 하고는, 마치 여자가 해산할 때에 기쁨 때문에 겪은 진통을 잊게 되는 것과 같다고 비유하고 있습니다. 또 "이와 같이 지금은 너희도 근심에 쌓여 있지만 내가 다시 너희와 만나게 될 때에는 너희의 마음은 기쁨에 넘칠 것이며, 그 기쁨은 아무도 빼앗아 가지 못할 것이다"(요한 16,22), "나는 너희가 내게서 평화를 얻게 하려고 이 말을 한 것이다. 너희는 세상에서 고난을 당하겠지만 용기를 내어라. 내가 세상을 이겼다"(요한 16,33) 라고 하고는, 대사제의 기도에서 "아직 세상에 있으면서 이 말씀을 드리는 것은 이 사람들이 내 기쁨을 마음껏 누리게 하려는 것입니다"(요한 17,13) 라고 하였습니다.

이 말씀을 할 때에는 당신 자신의 수난을 앞둔 시간, 가장 슬프고 어두운 시간인데, 예수님은 가장 많이 기쁨과 평화에 대해 말씀합니다. 이는 참으로 자식을 위한 어버이의 바람이요, 친한 친구의 바람, 제일 사랑하는 자의 바람입니다.

이렇게 보면, 주님은 당신과의 일치에는 고난도 있지만, 그 고난을 넘어서 누구도 빼앗아 갈 수 없는 평화와 기쁨이 있고, 바로 이것을 우리에게 주기 위하여, 우리와 하나 되시기를 원하고 또 성체성사를 세우신 것입니다. 주님과의 일치에 기쁨과 평화가 있을 수밖에 없다는 것은 우리가 그 일치로써 우리 존재의 원천으로, 곧 마음의 본 고향으로 돌아가기 때문입니다. 이렇게 성체성사는 일치를 위해 있습니다.

사도 바오로는 "우리가 그 빵을 떼는 것은 그리스도의 몸을 나누어 먹는 것이 아니겠습니까? 빵은 하나이고, 우리 모두가 그 한 덩어리의 빵을 나누어 먹는 사람들이니 비록 우리가 여럿이지만 모두 한 몸인 것입니다"(1고린 10,16-17) 라고 하면서, 같은 성체를 모시는 신자들은 명실공히 그리스도 안에 한 몸을 이루어야 함을 강조하고 있습니다. 같은 이치에서 바오로는 "유다인이나 그리스인이나, 종이나 자유인이나, 남자나 여자나 아무런 차별이 없습니다. 그리스도 예수 안에서 여러분은 모두 한 몸을 이루기 때문입니다"(갈라 3,28) 라고 천명하고 있습니다.

성체를 모시는 신자들은 이로써 그리스도와 일치할 뿐 아니라, 서로 그리스도 안에 한 몸이 된다는 사실을 깊이 깨달아야 합니다. 그래서 서로 사랑해야 한다는 것을 깨달아야 하겠습니다. 예수님은 모든 이의 사랑의 일치를 위하여 세상에 오셨고, 십자가에 높이 달리셨으며, 또한 그 일치를 위하여 당신 몸을 성체성사에서 음식으로 주십니다. 다시 강조합니다만, 이는 우리가 기억해야 할 예수님입니다. 그렇다면 이 예수님을 성체성사에서 모시는 사람도 예수님과 같은 정신이 되어야 합니다.

친교와 일치의 의미

영성체 때 사제가 "그리스도의 몸" 하면 "아멘"이라고 답합니다.

이때 사제가 '그리스도의 몸'이라고 하는 이유는 무슨 뜻입니까? '이 작은 밀가루 떡이 이래봬도 그리스도의 성체이다!' 라고 말하기 위해서입니까? 그런 뜻도 있을지 모르나, 그보다는 '여기 우리를 위하여 죽으시고 부활하신 그리스도, 우리를 사랑한 나머지 우리 모두의 죄를 없이하고, 우리 안에 화해와 평화를 이룩하기 위해 당신 자신을 아낌없이 하느님에게 희생의 제물로 바치시고, 동시에 우리에게 당신을 남김없이 주신 그리스도가 계신다' 라는 뜻일 것입니다. 그만큼 전적인 사랑으로 우리를 사랑하는 주님의 현존함을 뜻합니다.

마찬가지로 영성체하는 이가 답하는 "아멘" 역시 뜻이 깊습니다.

'아멘'은 '네, 그렇습니다' '옳습니다' '믿습니다' 라는 뜻입니다. 때문에 여기에는 '나와 우리 모두를 죽기까지 사랑하신 그 주님을 내가 모시게 될 때, 내가 그 주님을 사랑해야 함은 물론이요, 우리 서로 사랑해야 한다' 는 뜻이 자연스럽게 내포되어 있다고 볼 수 있습니다. 그래야만 참으로 "나를 기억하여 이를 행하여라"는 주님의 말씀을 진실히 따르는 사람들이 됩니다. 뿐더러 그리스도의 몸인 성체와 믿는 모든 이가 이루는 '그리스도의 몸'인 교회는 서로 밀접히 연관되어 있습니다.

그리스도의 몸인 교회를 떠나서 그리스도의 몸인 성체가 있을 수 없고, 성체인 그리스도의 몸 없이 교회인 그리스도의 몸이 존속할 수 없습니다. 그렇다면 영성체로 모시는 '그리스도의 몸'에는 어떤 의미로 교회인 그리스도의 몸도 내포되어 있다고 볼 수 있을 것입니다. 즉, 영성체 때 그리스도의 몸을 모시면서 그 몸을 이루는 믿는 이들, 형제자매들을 단 한 사람이라도 제쳐놓고 그리스도만을 모실 수는 없습니다. 이 점을 우리들은 깊이 깨달아야 합니다.

영성체는 라틴말로 '꼼무니오(Communio)'라고 하는데, 이 말은 친교와 일치를 뜻합니다. 주님의 성체를 모시는 이들이 용서와 사랑으로 미움, 대립, 분열 등 일체의 담을 넘어서 주님 안에 하나 되고 서로간에 가진 것을 비롯하여 기쁨과 고통 등 모든 것을 나눌 때 참된 의미의 영성체입니다. 그런 의미로 교회를 또한 라틴말로 '꼼무니오'라고 합니다. '모든 성인의 통공'도 같은 뜻입니다.

우리는 우리 본당이 참으로 영성체를 통하여 서로 모든 것을 나누는 공동체가 되도록, 나아가 한국 교회가 날로 더욱 그렇게 되도록 최선을 다해야 합니다. 그럴 때 "나를 기억하여 이를 행하여라"고 하신 주님의 말씀을 충실히 사는 사제 되고 신자공동체의 교회가 될 수 있습니다. 또한 성체성사로 말미암아 온 교회가 그리스도의 몸인 교회 되고, 점차 인류와 세계가 그리스도의 몸으로 변화되며, 마침내 하느님이 '모든 것 안에 모든 것'이 될 것입니다.

성체성사는 '모든 은총이 흘러나오는 샘터와 같고, 또한 여기에 성교회의 모든 활동의 목적인 성화(聖化)와 하느님의 영광이 그리스도 안에서 가장 효과적으로 실현되는 것'(전례헌장 10항)이며 '자비의 제사요 일치의 표증이며 사랑의 맺음'(전례헌장 47항)입니다. 성체성사는 우리 신앙의 신비 그 자체입니다.

'가난한 예수'의 지혜

예수님이 공생활을 시작할 때의 첫 말씀은 "마음으로 가난한 사람은 행복하다. 하늘나라가 그들의 것이다"(마태 5,3), 그리고 "주님의 성령이 나에게 내리셨다. 주께서 나에게 기름을 부으시어 가난한 이들에게 복음을 전하게 하셨다"(루가 4,18)는 말씀입니다. 여기서 우리는 예수님은 왜 가난한 사람을 당신의 기쁜 소식을 전하는 우선적 대상으로 삼았을까 하는 문제에 대해 깊이 묵상해 보아야 하겠습니다. 물론 그것은 결코 우연한 일이 아닙니다. 사랑이 예수님의 말씀과 존재의 본질이었다면, 가난은 그 사랑을 이루고 있는 모퉁잇돌이요 기초였기 때문입니다.

참으로 하느님은 가난했다

구약성경에서 되풀이되고 있는 기본 테마는 하느님이 가난한 사람들의 편에 섰다는 사실입니다. 신명기에서 이스라엘 민족을 당신의 백성으로 뽑은 이유를 설명할 때, 하느님은 분명하게 가난한 이들에 대한 편애를 선언합니다. 즉, "너희를 택한 것은 너희가 어느 민족들보다 수효가 많아서 거기에 마음이 끌리었기 때문이 아니다. 사실 너희는 어느 민족보다도 작은 민족이다"(7,7) 라고 말씀하고 있습니다. 그러므로 아버지의 말씀이신 예수님이 구약의 기본 테마를 말씀과 행동으로 뿐 아니라 존재 자체로, 또 삶으로 더욱 구체화해야 함은 자연적인 이치입니다.

예수님은 가난한 이들 속에서 살았습니다. 그분은 가난한 이들의 상황을 나누었습니다. 가난하게 나셨고, 가난하게 살았고, 가난하게 죽었습니다. 그럼으로써 하느님은 '가난한 이들의 하느님'이라는 사실을 놀랍고도 새롭게 보여주었습니다. 즉, 하느님의 구체적 생활화이신 예수님은 우리에게 다만 가난한 이들의 하느님으로서 뿐 아니라, 바로 '가난한 하느님'을 드러내고 있습니다. 이러한 예수님의 가난은 인간을 비인간화시키고 격하시키는 가난이 아니고, 자연과 우리들 자신, 또한 서로를 거슬린 공동체적인 죄의 결과로써의 가난도 아닙니다. 그것은 바로 '하느님의 가난'입니다.

하느님이 가난하다는 사실은 명백하게 알려져야 합니다. 하느님은 있는 자체이시나 아무 것도 갖지 않습니다. 갖지 않았을 뿐 아니라 어떠한 소유물도 필요로 하거나 원하지 않았습니다.

만일 하느님이 가난하지 않았다면, 말씀으로써 우리에게 아버지의 모습을 그대로 보여주어야 하는 예수님이 어떻게 가난할 수 있겠습니까? 육화된 그리스도 안에서 하느님의 가난함은 그 모습이 구체적으로 드러납니다. 이제 하느님의 가난함을 이해하기 위해서 예수님의 가난함을 살펴보도록 합시다.

가난은 존재와 삶의 표현

예수님의 가난함은 단지 경제적인 가난만을 의미하는 것이 아닙니다. 물론 그것도 중요한 요소입니다. 그분에게는 집이 없었습니다. "사람의 아들은 머리 누일 곳조차 없다"는 말씀은 단순히 훈화로써 전해지고 잊혀져 버릴 간단한 말씀이 아닙니다. 그것은 실제로 예수님이 어떻게 살았는가를 우리에게 일러주는, 별로 많지 않은 복음 구절 중의 하나입니다. 그분에게는 집이나 사무실, 그리고 편히 쉴 수 있는 소위 본부 같은 것도 없었습니다. 아마도 친구들이나 자연의 도움에 자주 의지했을 것입니다.

집이 없었다는 사실은 언제 어느 곳에서나, 즉 길가에서, 시장에서, 들에서, 산에서, 배에서, 성전에서 사람들이 있는 바로 그곳에서 그들의 집과 일자리에서 그들과 만났음을 의미합니다.

집을 가진다는 것은 한 가족에게 있어서 사회적 안정과 어떤 힘의 소유를 뜻합니다. 왜냐하면, 집은 한 인간에게 있어서 진정 그의 왕국이기 때문입니다. 그곳에서 그는 주인이 될 수 있습니다. 따라서 집이 없다는 것은 결코 주인이 될 수 없음을 뜻합니다. 다시 말하면, 무력한 위치에 놓이는 것입니다.

가난해진다는 것은 단순히 빈털터리가 되는 것이 아닙니다. 그것은 돈이나 어떤 소유도 하지 않는 데에서 비롯되는 모든 결과까지를 포함합니다. 가난하였기 때문에 그분은 가진 이들처럼 어떤 지위도 차지하지 않았습니다. 부자와 정치가들이 만끽하는 권력도 누리지 않았습니다. 사회적으로나 학벌에 있어서도 어떤 공적인 타이틀을 갖지 않았습니다. 이 세상의 가치 관념에 비추어 보면, 그분은 전적으로 무력하였습니다. 그래서 그분은 가난한 이들과 많은 것을 나누었습니다. 즉, 멸시받고 소외당하고 잊혀지고 거부당하고 웃음거리가 되고 업신여김을 받았습니다. 그분은 가난한 이들의 외로움과 소외감, 불안정과 약함을 나누었던 것입니다.

그러나 이 모든 것은 그분의 가난의 의미를 다만 반밖에 표현하지 못합니다. 그분은 가진 이들의 돈, 권력, 지위를 나누지 않았지만, 보다 중요한 것은 이 모든 것을 원하지조차 않았다는 사실입니다. 그분은 결코 이것에 대한 어떤 욕구도 갖지 않았습니다. 여기서 우리는 하느님의 가난함이 얼마나 자유로운 것인가를 알 수 있습니다.

진정으로 필요하지 않은 것을 요구하지 않으며, 필요한 것도 원하지 않는 것, 이것이 바로 하느님의 가난함입니다. 우리가 필요치 않은 것을 요구하고 원하는 한, 우리는 하느님처럼 가난하지도 자유롭지도 않을 것입니다.

예수님의 가난은 살면서 우연히 된 것이 아닙니다. 희생주의(犧牲主義)를 광고하는 것도 아닙니다. 또한 그분에 대한 신뢰와 매력을 더하기 위해, 그 인격을 치장하기 위한 것도 아닙니다. 예수님의 가난은 하느님의 본질을 나타내는 모습입니다. 그분의 가난은 그분의 존재와 실존에 대한 표현입니다. 여기서 우리는 예수님이라는 인격체 안에서의 놀라운 일치를 보게 됩니다. 그분의 말씀과 행동 사이에는 불일치가 없었을 뿐 아니라, 그분의 존재와 그 존재의 표현인 말과 행동간에 전혀 간격이 없었다는 사실은 의미심장합니다.

가난은 예수님의 존재와 삶의 표현입니다. 그러므로 그분의 가난은 그분의 복음화 활동에 있어서, 기쁜 소식을 전하는 데 있어서 핵심적인 요소입니다. 활동이 아니라 바로 예수님 자체가 기쁜 소식이며, 그분 자신이 선포하는 메시지입니다. 즉, 말씀과 행동이 완벽하게 당신의 존재를 반영하고 표현하고 있는 독특한 분입니다. 그분의 말씀과 행동, 그리고 삶은 바로 이 일치에서 그 힘이 우러나왔던 것입니다.

복음화 작업에 있어, 우리의 비효과성은 방법이 적당치 못해서가 아니라 우리의 말과 행동, 삶 사이의 불일치에서 오는 것입니다. 예를 들어, 우리는 하느님처럼 가난하지 않기 때문에 가난한 이들과의 연대성을 아무리 완벽하게 선포해도 진실로 들리지 않는 것입니다. 그래서 그 외침은 열매를 맺지 못하고 새로운 것을 불러일으키지 못하고 맙니다.

말씀과 행동이 분리되지 않았는데

이제 예수님이 복음화 활동을 어떻게 했는지를 구체적으로 살펴봅시다. 예수님이 얼마나 가난과 무력함으로 당신의 삶을 시작했는가는 기적, 가르침, 그리고 그 결과들을 보면 잘 알 수 있습니다.

우선 기적으로 보면, 무엇보다도 인간의 다양하고 긴급한 요구에 대해 전적으로 정직하고 순수한 사랑의 응답이었습니다. 사랑이 바로 그분의 출발점이었습니다. 장님, 절름발이, 나환자, 그리고 과부의 죽은 아들에게 다가갈 때 그분은 사랑으로 응답했던 것입니다. 그 사랑은 순수했고, 아무런 술수도 이기심도 개입되지 않았습니다.

그분은 당신이 할 수 있었던 것을 실제로 하였습니다. 나환자, 장님을 꼭 고쳐야만 했던 것은 아니었습니다. 그들은 자신들의 처지에서 그런 대로 살아갈 수 있었습니다. 그러나 그들은 예수님 앞에 슬퍼하며 있었습니다. 예수님은 그들을 고칠 수 있었고, 그래서 그들을 낫게 하였습니다. 젊은이를 다시 살릴 수 있었기에 그렇게 했던 것입니다.

이렇게 예수님은 인간적인 요구에 대해 인간적인 방법으로 응답하였습니다. 이러한 행동에는 사전에 복잡한 계산이나 계획, 조직 없이 놀라운 단순함만이 있었습니다. 그분은 인간을 그들이 처해 있는 바로 그 위치에서 만났고, 그들의 긴급한 요구에 순수한 사랑으로 응답했고, 그래서 그들이 좀더 인간답게 살 수 있도록 하였습니다.

이처럼 예수님의 기적은 인간의 요구에 대한 순수하고 정직한 사랑의 응답이었지만, 그것만이 전부는 아니었습니다. 그 응답은 단순히 사람들의 육체적 병을 낫게 했을 뿐 아니라 정신적·감정적·심리적 또한 존재론적인 차원에서도 낫게 하였습니다. 즉, 그분의 행동은 눈에 보이는 요구뿐 아니라 그 이상의 요구까지도 충족시켰던 것입니다. 항상 인간의 더 깊은 차원까지 뚫고 들어가 회개와 신앙과 희망의 메시지를 전달함으로써 새로운 상황을 가져왔습니다.

"평화 속에 가시오. 당신의 죄는 용서받았습니다."

"나도 당신을 단죄하지 않겠소. 가서 더 이상 죄를 짓지 마시오."

"당신의 믿음이 당신을 낫게 하였소."

이러한 사랑의 손길로 인해 사람들은 전적으로 새로운 차원의 삶을 살게 되었습니다. 여기서 중요한 것은 예수님의 기적과 그 기적에 동반된 말씀의 일치입니다. 다시 말해서, 육체적 차원과 정신적 차원의 행동이 따로 있었던 것이 아닙니다. 먼저 육체적 병을 고치고 나서 정신적 치유를 위해 기도했던 것도 아닙니다. 한 인간의 전체를 건드렸던 하나의 행동만이 있었을 뿐입니다.

예수님은 말씀과 행동을 분리하지 않았습니다. 말씀은 행동의 전체적 의미를 표현한 것이었고, 하나의 행동은 인간 존재의 모든 차원에 대한 종합적인 치유였습니다. 다시 말해서, 육체적 질병에 대한 하나의 육체적 행동이 인간의 정신까지 건드릴 수 있었으니, 그분의 행동은 순수하고 성실하며 영적인 사랑으로부터 비롯된 것이었기 때문입니다. 이러한 사랑 때문에 예수님의 행동은 타인의 행복을 위한 것이었습니다. 가르침과 기적은 당신 자신을 위한 것이 아니라 전적으로 사람들을 위한 것으로, 그들이 낫고 자유로워지도록 하기 위한 것이었습니다.

이렇게 볼 때, 그분의 삶 전체는 오로지 한 종착점으로 치닫는 길이었습니다. 즉, 당신이 택한 삶 때문에 십자가에 매달리게 된 것입니다. 행동을 한 그대로 살았기 때문에 아무 권력도 없는 처지로 끝나고 만 것입니다. 하늘과 땅 사이의 그 어느 곳에도 있을 곳이 없게 되었고, 마지막에는 공중에 매달리게 되었습니다. 무력함에서 출발하여, 더욱 무력한 처지에서 삶을 끝마치게 된 것입니다.

복음화는 의무 아닌 사랑의 표현

이러한 예수님의 복음화에 비추어 보면, 오늘 우리 교회의 부족한 점이 무엇이며, 그분을 따라 어떻게 복음화에 투신해야 하는가를 명백하게 알 수 있습니다.

첫째로 우리는 교회 자체의 치유를 그분에게 간청해야 합니다. 예수님이 복음 자체이므로 교회는 그 자체가 복음이 될 수 없습니다. 그러나 할 수 있는 한, 명백하고도 정확하게 이 기쁜 소식을 반영하는 것이 교회의 사명입니다. 그리고 그것의 핵심은 주는 것입니다. 그런데 우리는 예수님의 '전적인 줌'과 '끝없는 자기비움'을 반영하고 있지 않습니다. 오히려 그 반대 인상을 자주 풍기고 있습니다. 우리는 가진 것을 보호하고 움켜쥐려고 합니다. 우리의 '세속적' 요소는 교회를 마치 거대한 회사처럼 보이게 합니다. 우리는 제도와 체제 자체의 유지와 팽창에 너무나 많은 노력을 쏟고 있습니다. '양'들보다는 교회 자체를 늘리려고 애쓰고 있습니다. 예수님은 분명히 세상의 생명을 위해서 자신을 양식으로 내놓았습니다. 우리가 제도만의 교회를 유지하고 팽창시키기에 급급하다면, 교회는 퇴보하는 것이며 자신의 기관으로서의 생명 유지를 위해 '양떼'로부터 오히려 양식을 받아먹게 됩니다.

둘째로 우리는 가능한 한 분명하게, 그리고 굳건히 예수님과 똑같은 처지에 놓이도록 노력해야 합니다. 즉, 가난을 체험하고 가난 자체가 되어야 합니다. 가난을 연구하고 가난한 이들에 대해 공부하는 것이 아니라 가난해짐으로써 예수님과 같아져야 합니다.

어떻게 가난해질 수 있습니까? 여러 가지 방법이 있을 수 있습니다. 가난의 미덕에 대한 논리적이고 추상적인 사랑으로, 아마도 자캐오가 한 것처럼 행동할 수도 있습니다. 즉, 우리가 얻은 것의 반을 주거나 진정한 복음화에 반대되는 권력 또한 그 위치에 있는 사람들과의 관계를 끊어 버릴 수도 있습니다. 그러나 가장 효과적인 방법은 예수님의 방법입니다. 주위 사람들과 세상을 향해 눈을 여는 것입니다. 마음과 삶과 존재 자체를 그들의 가장 긴급한 요구에 응답하고 예수님처럼 깊숙한 차원에까지 그들의 요구에 응답하기 위해 여는 것입니다.

셋째로 우리는 그리스도처럼 단순함과 정직함, 그리고 사랑으로 세상 사람들의 요구에 응답해야 합니다. 지금 우리가 하고 있는 많은 활동이 진정 사랑으로부터 우러나온 것입니까? 물론 우리는 사람들의 요구를 묵살하지 않았습니다. 고아원과 양로원, 병원 등을 세웠습니다. 그러나 우리는 이런 활동들을 얼마나 진정한 사랑에서 하고 있습니까? 의무감과 습관 혹은 단순히 무엇을 하기 위해서 하고 있다면 복음화는 부족하거나 결코 일어나지 않습니다. 예수님이 하신 모든 것에 일치와 효과를 가져오는 것은 그분의 가슴속에 있었던 사랑 때문이었습니다. 그러므로 끊임없이 그 사랑의 표현을 자기 삶으로 삼을 때에만 비로소 우리는 그리스도가 거둔 효과에 가까워질 수 있을 것입니다.

교회는 육체적인 것, 자연적인 것, 혹은 인간적인 것을 영신적(정신적)인 것으로부터 분리시키는 경향을 중단해야 합니다. 정신적인 것에만 우선적으로 치중하는 것을 중단해야 합니다. 그리스도의 길이 아닙니다. 교회는 성령의 사랑에 이끌려, 사람들의 요구에 인간적인 응답을 하는 것으로부터 시작해야 합니다. 복음화 활동을 의무나 일로 생각해서는 안 됩니다. 복음화는 예수님이 그러하였던 것처럼 인간에 대한 사랑의 표현이어야 합니다.

우리가 이웃에게 구체적으로 응답하기 위해서 작은 용기와 사랑을 표현하면 할수록 예수님처럼 점차 우리 자신을 비우는 지경에까지 이르게 될 것입니다. 이것은 권력과 특권을 버리고 아무 것도 아닌 것으로 여겨지는 '비움'을 의미합니다. 우리가 가진 것을 점점 포기함에 따라 우리 자신도, 그리고 마침내 우리의 존재 자체도 포기해 버리게 됩니다. 그러나 이러한 포기와 소멸로부터 비로소 자유와 해방과 세상의 구원은 올 것입니다.

비유의 지혜를 얻는 즐거움

사마리아 여인은 누구인가?
바로 우리 자신의 모습입니다.
수없이 하느님을 배반했고,
그 여자가 남편을 바꾸듯이
우리도 의지하고 사는 가치관, 사상 등을
하느님 아닌 다른 것으로 바꾸면서 삽니다.

'잃었던 아들'의 귀향

우리가 흔히 '탕자의 비유'(루가 15,11-31)라고도 말하는 '잃었던 아들'의 비유는 예수님이 바리사이파 사람들과 율법학자들로부터 "죄인들을 환영하고 그들과 함께 음식까지 나누고 있다"(루가 15,2)는 비난을 받은 후에 있었습니다. 예수님은 이 비유로써 죄인에 대한 당신의 자비, 곧 하느님의 자비를 말씀해 주고 있습니다.

죄의 본질은 자기중심으로 사는 것

예수님은 이 비유를 "어떤 사람이 두 아들을 두었는데…"라고 시작합니다. 하느님과 우리와의 관계를 아버지와 아들의 관계로 밝히면서, 죄의 본질이 무엇인지를 말해 줍니다. 즉, 아들인 우리가 아버지의 사랑이 얼마나 고마운 것인가를 모르고 아버지를 떠나서 자기 멋대로 살 수 있는 것처럼 생각하는데 그 본질이 있습니다.

우리는 흔히 작은아들이 방탕한 생활을 하고 재산을 탕진한 것을 근본 죄로 생각하기 쉽습니다. 그것이 잘한 것은 아니요 죄는 죄이지만, 죄의 본질은 아들이 아버지의 곁을 떠난 데 있습니다. 우리가 하느님을 떠나 자주적으로 독립하려는 그 오만(傲慢)에 있습니다.

이것은 비유에서, 아버지가 아들이 돌아왔을 때 아버지로서 취한 태도를 보아도 잘 알 수 있습니다. 아버지는 결코 "이놈아, 네가 무슨 낯짝으로 내게 돌아왔느냐, 아비가 준 돈을 술과 계집에다 쓰고 무슨 면목이 있다고 하느냐?"라고 꾸짖지 않고, 오직 죽었던 아들이 다시 살아왔다는 기쁨만을 표시하는 데서 잘 볼 수 있습니다.

이 세상의 아버지들도 자식이 그러했다면 끝내는 용서해 줄 겁니다. 그러나 탕아였던 자식이 돌아오면 먼저 야단부터 칠 것입니다. 더구나 잔치까지 베푸는 아버지는 거의 없을 것입니다. 어머니는 좀 다르겠지요. 남편 몰래 "이 소견머리 없는 놈아, 왜 고생을 사서 했냐?" 하면서도 굶주렸던 자식을 다시 회복시켜 주려고 최선을 다할 것입니다.

그러나 비유에서 아버지는 마치 재산 낭비나 방탕한 생활은 문제가 아니고 자식이 살아서 돌아온 것만으로 더할 수 없이 고마운 일인 것처럼 아들의 목을 끌어안고 입을 맞추고 하였습니다. 그것도 아들이 미처 용서를 청하기도 전에 말입니다. 그리고는 "어서 제일 좋은 옷을 꺼내어 입히고 가락지를 끼우고 신을 신겨 주어라! 살찐 송아지를 끌어내다 잡아라! 잔칫상을 차려라! 먹고 즐기자! 죽었던 내 아들이 다시 살아왔다! 잃은 아들을 다시 찾았다!" 하며 성대한 잔치를 벌입니다. 여기서 신을 신겼다는 것은 자유인으로 다시 회생시켰다는 뜻이고, 가락지는 집의 아들로 다시 받아들여졌다는 뜻입니다.

아버지는 아들이 유산으로 받은 재산을 챙겨서 집을 떠나갈 때부터 아들이 떠나간 그 길을 매일같이 바라보면서 '저 철부지가 객지에 나가서 틀림없이 재산은 다 유흥으로 탕진하고 거지가 되어 돌아올 터인데' 하고 걱정하며, 아들이 떠나갔던 그 길로 다시 돌아올 것을 고대하며 기다리고 있었습니다.

이렇게 하느님은 우리가 회개하여 당신에게로 돌아오기를 학수고대하고 있습니다. 그러기에 어느 날 거지 같은 꼴을 한 사람이 나타났을 때, 다른 사람 같으면 도저히 누구인지 알아볼 수 없겠지만, 아버지는 아무리 옷이 남루하고 거지로 모습이 변했어도 아들임을 즉시 알아봅니다. 매일매일 돌아오기를 고대하고 있었기 때문입니다.

하느님은 우리가 어떤 처지에 놓여 있든지 언제나 알아봅니다. 우리를 사랑하고 기다리고 있기 때문입니다. 여기서 우리는 아버지의 한없이 큰 사랑에 감동하지 않을 수 없습니다. 그러면서 죄는 바로 이 아버지의 곁을 떠나는 것이라는 것을 다시 실감하게 됩니다.

천국에서 가장 기쁜 일

작은아들은 재산을 타 가지고(아버지는 아들을 사랑하는 마음에서 아들이 달라는 대로 다 주었습니다) 먼 고장으로 떠났습니다. 이는 반드시 공간의 거리만이 아닙니다. 마음의 거리입니다. 아버지를 마음으로부터 멀리 떠나는 것입니다.

죄는 마음의 것, 마음에서 하느님을 떠나는 것에 있습니다. 또 아들이 재산을 타 가지고 떠난 것은 아버지로부터 받은 재산을 아버지보다 더 소중히 여긴 것입니다. 하느님보다도 하느님으로부터 받은 선물, 즉 재물 등 물질적인 것을 더 소중히 여기는 것, 자기 재주와 능력, 자신을 앞세우는 것, 또 하느님보다 자기중심으로 사는 것이 죄입니다.

　작은아들은 재산을 방탕한 생활로 다 탕진하였습니다. 게다가 그 고장에 흉년이 들어서 작은아들은 알거지가 되었습니다. 헐벗고 굶주렸습니다. 이 모습은 우리가 하느님을 떠날 때에 겪는 가장 비참한 모습입니다. 인간은 흙입니다. 흙으로 돌아갑니다. 생명이신 하느님 없이, 우리는 허무입니다. 그러나 하느님은 우리를 사랑하고 계속 생명을 줍니다.

　작은아들은 어떤 사람의 집에 더부살이를 하게 되었습니다. 그는 아버지 곁을 떠나면 자유를 만끽할 줄 알았는데 반대로 남의 집 종이 되었습니다. 우리도 하느님을 떠나면 자유를 얻는 것이 아니라 오히려 자유를 잃고 죄의 노예가 되고 맙니다. 자기 자신의 노예가 되고 맙니다. 이같이 인간은 자기중심으로 살고 하느님이나 남에게 마음을 열지 않으면 노예가 되고, 하느님과 이웃을 향해서 마음을 열 때, 사랑으로 자신을 줄 때에 더욱 자유를 누리고 풍요로워집니다.

　이렇게 아버지를 떠난 결과가 그 자신을 비참하게 만들었을 때, 구원은 아버지에게로 돌아가는 것입니다. 죄인인 우리의 구원 역시 하느님에게 돌아가는 것입니다. 하느님에게로 돌아가면, 하느님은 우리의 죄를 기억도 하지 않고 오직 죽은 자식이 살아서 돌아온 것만을 고마워하며 기쁨에 넘쳐 잔치를 벌인 비유의 아버지처럼 기뻐할 것입니다. 그러기에 예수님은 천국에서 가장 기쁜 일은 "한 죄인이 회개했을 때이다" 라고 말씀하였습니다.

　다음으로 큰아들의 태도를 봅시다. 큰아들이 밭에서 일하다가 집에 돌아오니 집에서 웬 풍악소리가 들리고 사람들이 즐겁게 떠들며 잔치를 벌이고 있는 것이 들렸습니다. 그래서 집에 들어가지 않고 웬 영문인지 하인을 불러 물어 보았습니다. 그랬더니, "작은 도련님이 돌아오셔서 아버지께서 그렇게 기뻐하시고 잔치까지 벌인 것입니다"라고 하였습니다. 큰아들은 화가 치밀었습니다. 자기는 뼈빠지게 일하고 아버지의 명을 거스린 일도 없이 부지런히 일했는데, 그런 자신에게는 친구들과 함께 즐기라고 염소새끼 한 마리도 내놓지 않던 아버지가 '방탕한 놈, 탕아가 왔는데 그걸 아들이라고 잔치까지 벌이다니…'.

인간의 판단으로는 큰아들이 일으킨 반응이 당연해 보입니다. 여기서 우리는 '바리사이파 사람의 기도'와 '세리의 기도의 비유'에서 바리사이파 사람이 한 기도, 그 기도 중에 그가 한 말, 그 위선적인 마음씨를 연상하게 됩니다. "오, 하느님, 감사합니다. 저는 다른 사람들과는 달리 욕심이 많거나 부정직하거나 음탕하지 않을 뿐더러 세리와 같은 사람이 아닙니다. 저는 일 주일에 두 번씩이나 단식하고 모든 수입의 10분의 1을 바칩니다."(루가 18,9-14)

바리사이파 사람은 이렇게 보라는 듯이 하느님 앞에 자기 덕행을 자랑하였습니다. 그리고 자기는 그 때문에 당연히 하느님으로부터 큰상을 받을 권리가 있는 것처럼 자부하였습니다. 예수님은 이 사람을, 감히 얼굴을 들지 못하고 가슴을 치며 "오, 하느님, 죄 많은 저에게 자비를 베풀어 주십시오" 하고 울며 빈 세리와 비교했습니다. 그리고는 하느님에게 올바른 사람으로 인정받고 집으로 돌아간 사람은 바리사이파 사람이 아니라, 깊이 자기 죄를 뉘우친 세리였다고 했습니다.

큰아들이 상징하는 의미

큰아들은 이 바리사이파 사람과 같습니다. 그는 자기가 잘한 것만을 믿고 그에 대한 정당한 보상을 요구하는 태도였습니다. 그 역시 동생과 같이 자기중심이었습니다. 그러기에 화를 냈습니다. 또 아버지 앞에서 동생을 나쁜 놈으로 고발하였습니다. "창녀들한테 빠져서 아버지의 재산을 다 날려 버린 당신의 아들"이라고 욕하였습니다.

그에게는 동생을 자기 형제로 받아들이는 마음도, 용서해 주는 마음도 없었습니다. 아울러 아버지에 대한 사랑도 없었습니다. 그는 스스로 "종이나 다름없이 일하며 한 번도 명령을 어긴 일이 없습니다"라고 말한 대로, 아들로서 아버지를 사랑으로 섬긴 것이 아니라 종처럼 지냈습니다. 다시 말해 그는 집에 있었지만, 자기 마음으로는 아들로서 살지 않고 종으로 살았습니다. 뿐더러 그는 동생보다도 마음이 더 좁은 인간이었습니다. 동생은 자기 몫의 재산이라도 요구했는데, 그는 염소새끼 한 마리도 안 주었다고 투덜거렸습니다. 바로 우리가 빠지기 쉬운 죄입니다.

여기서 형이 상징하는 것은 우리 인간입니다.

인간은 같은 인간, 곧 형제에 대하여 하느님과 같은 사랑과 자비를 갖지 못할 뿐 아니라 그 사랑과 자비, 절대적이요 조건 없는 사랑과 자비를 이해하지 못합니다. 오히려 시기와 질투까지 합니다. 그리하여 용서와 화해를 거부합니다. 용서와 화해가 이루어져 잔치가 벌어지고 있는 집에 들어가는 것까지 거부합니다. 즉, 사랑과 자비, 용서와 화해의 공동체를 만들기를 거부합니다. 인간은 잘못을 저지른 인간에게 먼저 정의를 요구하고 벌을 주어야 한다고 생각합니다.

또 우리는 하느님을 아버지로 보기보다 주인으로 여기고 있습니다. 그리하여 일한 만큼의 보상을 요구하고 있습니다. 하느님에 대하여 권리를 주장하고 보상을 요구하는 경우가 허다합니다. 마치 자기가 하느님을 위해 봉사한 것만큼 하느님이 자기에게만은 어떤 불행도 주어서는 안 되는 것처럼, 자기같이 잘 사는 사람에게 고통을 준다는 것은 부당한 것처럼 잠재의식으로도 권리와 보상을 주장하고 있습니다. 그리하여 이 기대에 어긋날 때, 특히 갑자기 고통을 겪을 때, '하느님은 내게 보상은 주지 않고 고통을 주시다니…' 하거나 중병을 앓게 되었다든지, 집안에 우환이 생기면 '하느님이 계시다면 이럴 수가 있나?'라고 원망합니다.

그런데도 아버지는 이런 큰아들을 밖에 내버려두지 않고 나와서 달랬습니다. "애야, 너는 늘 나와 함께 있고 내 것이 모두 네 것이 아니냐? 그런데 네 동생은 죽었다가 다시 살아왔으니 잃었던 사람을 되찾은 셈이다. 그러니 이 기쁜 날을 어떻게 즐기지 않겠느냐?" 하고 말하였습니다. 또 형제적 사랑으로 동생을 받아들이라고 간곡히 권합니다.

하느님은 언제나 죄 많은 우리 인간을 당신 자녀로 사랑하고 계십니다. 우리를 한 번도 당신의 자녀가 아닌 남으로 생각한 적이 없습니다. 하느님에게 있어서 가장 큰 관심사는 바로 우리 인간입니다. 하느님이 가장 사랑하는 것 역시 우리 인간입니다.

사마리아 여인과의 대화

나의 과거를 낱낱이 아는 분!

여러분은 요한복음(4,5-42)에 나오는 예수님과 사마리아 여인이 우물가에서 만나는 장면을 알 것입니다. 예수님은 사마리아 지방을 지나다가 시카르라는 동네에 있는 야곱의 우물가에서 때마침 물을 길러 나온 한 여자와 상당히 긴 시간 이야기를 나누었을 뿐 아니라 가장 깊은 구원의 신비를 밝혀 주고 있습니다.

예수님은 그녀에게 먼저 마실 물을 청했지만 나중에는 당신이 영원히 목마르지 않는 생명의 물을 주는 분, 곧 메시아이고 그리스도임을 밝혀 주었습니다. 또 무엇이 하느님에 대한 참된 예배인지도 말씀하였습니다. 그래서 성서학자들은 이 대목을 '복음 중의 복음'이라고 할 만큼 중요시 합니다.

"먼길에 지치신 예수께서는 그 우물가에 가 앉으셨다. 때는 이미 정오에 가까워 있었다."

이 말씀을 두고서, 잠시 상상해 봅시다. 아주 자연스럽고 인간적인 표현입니다. 예수님은 그날 아침, 어쩌면 이른 새벽부터 뜨겁게 내리쬐는 태양 아래 먼길을 왔습니다. 유대 지방에서 당신의 고향인 갈릴레아로 가는 길이었는데, 그러려면 사마리아를 지나가야만 하였습니다.

유대 지방을 떠난 데는 곡절이 있는 것 같습니다. "예수께서 요한보다 더 많은 제자를 얻으시고 세례를 베푸신다는 소문이 바리사이파 사람들의 귀에 들어갔다. … 예수께서는 그것을 아시고 유다를 떠나 다시 갈릴레아로 가시기로 하셨는데…"(요한 4,1-4) 라고 적고 있습니다.

기회만 있으면 예수님을 해치고자 하는 바리사이파 사람들과의 긴장은 이미 시작되고 있었습니다. 예수님은 아직 당신의 때가 되지 않아서 (그들과의 귀찮은 충돌을 피하기 위해) 유대 지방을 떠난 것 같습니다. 이 대목에서 우리가 상상할 수 있는 것은 예수님도 수배자처럼 쫓기는 분, 그래서 심적으로도 좀 피곤했던 것 같습니다.

예수님은 왜 이날 이곳에 왔습니까? 한 여자를 만나기 위해 왔습니다. 대단한 여자도 아니고 아주 보잘것없는 여자였습니다. 여자는 예수님을 몰랐지만 예수님은 이 여자를 너무나 잘 알고 있었습니다. 그것은 나중에 그 여자가 놀라서 물동이를 버려 두고 동네로 달려가 "나의 지난 일을 다 알아맞힌 사람이 있습니다. 같이 가서 봅시다" 라고 한 데서도 잘 드러납니다.

나의 지난 일을 다 아는 분!

'하느님이시니까 아시지…' 하고 당연한 것으로 넘길 일이 아닙니다. 예수님이 그 여자를 알면 우리도 압니다. 우리의 과거, 현재의 모든 일을 낱낱이 압니다. 그렇다면 우리는 그분을 보지 못하지만 그분은 지금 이 순간에 우리를 보고 있습니다. 때문에 이 '아심'은 두려움처럼 느껴질 수도 있습니다. 성서적인 의미로, 하느님의 '아심'은 하느님의 사랑과 같습니다. 왜냐하면, 참으로 아는 것은 참으로 사랑할 때에만 알 수 있기 때문입니다. 사랑하지 않으면 피상적으로밖에 모릅니다. 그리고 남의 좋은 것보다 나쁜 것만을 압니다. 마치 정보기관 같은 데서 사람의 뒷조사를 해서 샅샅이 알고 있듯이 말입니다.

우리는 오히려 이 '아심'에서 그분의 현존, 그분은 나에게 언제나 가장 가까이 계시는 분임을 깨달아야 할 것 같습니다. 주님은 항상 우리와 함께 계십니다. 사랑으로 깊이, 그래서 나의 모든 것을 아십니다. 아시기 때문에, 내가 존재하는 것입니다. 내가 먼저 존재하고, 후에 나를 아시는 것이 아닙니다. 그분의 '아심'에서 내가 존재하게 되었습니다. 그분은 내가 태어나기 전에 이미 나를 압니다(갈라 1,15).

사마리아 여인은 누구?

예수님이 아시는 그 여자는 남편이 다섯이나 있었고, 지금 함께 살고 있는 남자도 남편이 아닙니다. 우리는 그것이 여자의 탓이었는지, 아니면 남자들로부터 헌신짝처럼 버림받은 것인지 알 수 없지만, 어느 모로 보나 볼품없는 여자임에는 틀림없습니다.

예수님은 바로 이 여자를 찾아 왔습니다. 사회적으로 남을 가르치는 스승으로 알려진 사람이라면 일반적으로 그런 여자와 접촉하는 것도 부끄럽게 생각할 것입니다. 만일 그런 여자가 아는 척이라도 한다면 "저리가! 창피스럽게…"라고 할 것입니다. 그런데 예수님은 당신 편에서 그 여자를 찾았습니다. 여자가 남편을 다섯이나 바꾸었다면 말할 수 없이 큰 변덕입니다. 지조가 없고 정숙하지 못한 부정한 여자임은 물론이요, 믿을 수 없고 중심이 없는 사람입니다.

사실 이 여자의 모습은 바로 우리 자신의 모습입니다. 인간과 인류세계는 수없이 하느님을 배반했고, 그 여자가 남편을 바꾸듯이 우리도 의지하고 사는 가치관, 사상 등을 하느님 아닌 다른 것으로 바꾸며 삽니다. 그리하여 미신, 우상숭배, 돈, 권력, 명예, 세상 쾌락에 의지하며 살고 있습니다. 심지어 자기 잘난 맛으로 자기를 섬기며 살아왔습니다. 예수님이 그 여자를 찾아 간 것은 그 여자처럼 형편없는 처지에 빠진 인간과 인류세계를 찾은 것입니다.

그런데 예수님이 이 여자를 잘 알고 있는데 비해서 사마리아 여자는 예수를 전혀 몰랐습니다. 메시아임을 안 것은 나중의 일이고, 처음에 여자의 눈에는 하나의 평범한 남자, 그것도 사마리아 사람들과는 서로 상종도 하지 않을 만큼 사이가 나쁜 유대인 남자에 불과하였습니다. 당시 사마리아 사람들은 유대인과 이민족의 혼혈족이었습니다. 그들의 종교는 하느님도 믿었지만, 이방인의 잡신도 믿는 혼합종교였습니다. 그래서 유대인들로부터 멸시를 받았고, 유대인이 '사마리아 사람' 하면 그 말 안에 이미 경멸의 뜻이 포함되어 있었습니다. 그래서 서로 상종하는 것도 피하였습니다. 그러기에 "물 한 잔을 줄 수 없느냐?"는 예수님에게 "당신은 유다인이고, 저는 사마리아 여자인데 어떻게 저더러 물을 달라고 하십니까?" 라고 극히 퉁명스럽고 불친절하게 답하였습니다. 그것은 분명히 냉대였습니다.

그 시간, 예수님은 그만큼 볼품이 없었습니다. 먼길에 지치시고 땀에 젖은 모습이라서 더욱 그랬는지 모르겠습니다. 아무튼 한 여자에게도 매력 없는 남자, 별볼일 없어 보이는 남자였습니다.

우리는 여기서 강생의 신비를 다른 각도에서 묵상하게 됩니다. 사도 바오로는 "그리스도 예수는 하느님과 본질이 같은 분이셨지만, 굳이 하느님과 동등한 존재가 되려 하지 않으시고, 오히려 당신의 것을 다 내어놓고 종의 신분을 취하셔서 우리와 똑같은 인간이 되셨습니다"(필립 2,6)라고 말하고 있습니다.

사실 우리는 하느님이 우리와 똑같은 인간이 되었다는 것을 상상할 뿐이지, 그것이 어느 정도인지를 잘 모릅니다. 그런데 사마리아 여자와 우물가에 마주 앉은 예수님은 우리와 똑같이 인간이 된 모습을 보여줍니다. 하찮은 여자로부터 물도 한 잔 못 얻을 만큼 푸대접을 받는 예수님. 어떻게 하느님이신 분이 한 여인의 눈에 하나의 '나그네' '유대인 남자'에 불과하게 보일 만큼 평범한 인간이 될 수 있습니까? 여기서 우리는 당신을 남김없이 비우고 낮추시는 하느님의 가난을 볼 수 있습니다.

전에, 어떤 교우가 어느 성당을 찾아가서 그 성당의 일꾼같이 보이는 사람 보고 "본당신부님이 계시느냐?" 하고 물었습니다.

"왜 그러시오?"

"고해성사를 보러 왔습니다."

"그래요. 그럼 성당에 들어가서 기다리시오."

그런데 성당에 들어가 기다렸더니, 그 일꾼 같은 사람이 수단을 입고 들어와서 놀랐다는 이야기가 있습니다.

나도 우리 나라에서는 너무 쉽게 알아보아 곤란하지만, 혹간 나를 모르는 외국 사람이 찾아와서 추기경을 만나고 싶다고 하여 들어와 마주 앉으면, 그때까지 나를 추기경 비서로만 보았다는 사람들을 볼 수 있습니다. 그래서 나를 겸손하다느니 하고 추켜세우기도 하는데…. 결국 우리는 누구나 남이 나를 알아주고 대접하여 주기를 바랍니다.

예수님의 경우에는 그 겸손과 가난이 얼마나 깊은지 상상도 할 수 없습니다. 바로 이것 때문에 당시의 사람들은 예수님을 알아보지 못하였습니다. 자신들이 생각하고 기대하던 메시아와는 너무나 달랐습니다. 사마리아 여자는 초면이니까 그렇다고 하지만, 고향 사람들은 오히려 더 몰랐습니다. 그들의 눈에는 목수 요셉의 아들, 그 자신 목수에 불과하였습니다(마태 13,53-58; 마르 6,1-6). "그는 요셉의 아들이 아닌가!"라고 말했습니다. 즉, 어릴 때부터 예수를 본 사람, 일상 대하던 사람들이 더 몰랐던 것입니다.

예수님의 제자들이 예수님을 정말 안 때는 언제였습니까? 복음에 보면, 베드로의 고백에서 보듯이 일찍부터 알아본 것 같이 보입니다. 그러나 수난 때 배반한 것을 보면, 예수님을 깊이 못 알아 본 것도 같습니다. 그들 역시 평범한 인간 모습 속에서 주님을 알기는 힘들었습니다. 또 제자들은 예수님과 최후 만찬을 하는 그 저녁상에서 서로 누가 높으냐 하는 것으로 싸우고 있습니다(루가 22,24-27). 이것이 바로 우리 모두의 모습입니다. 예수님도 못 알아보고, 그분의 가르침도 전혀 알아듣지 못한 것을 잘 증거합니다.

예수를 안다는 것

이제 "하느님께서 주시는 선물이 무엇인지, 또 너에게 물을 청하는 내가 누구인지 알았더라면?"이란 말씀을 묵상해 봅시다. 가장 핵심적인 문제는 '하느님의 선물'과 '알았더라면?'이란 말에 있습니다.

물론 그녀는 몰랐습니다. 우리도 마찬가지입니다. 하느님이 우리에게 주신 선물이 무엇인지 깊이 알았다면, 우리의 신앙생활이 이렇게 미지 근하지는 않을 것입니다. 유대인들도 예수님이 누구인지 알았다면, 십자 가에 못 박지 않았을 것입니다. 그들은 몰라서 그를 죽였습니다. 그러기 에 예수님은 십자가상에서 당신을 못 박은 사람들을 위해 "아버지, 저 사 람들을 용서하여 주십시오. 그들은 지금 무엇을 하고 있는지 모르기 때 문입니다" 라고 기도하였습니다.

'하느님의 선물'은 무엇입니까?

참된 선물은 주는 사람의 마음, 곧 사랑을 담고 있습니다. 마음이 담기 지 않은 선물은 아무리 크고 값져도 고마움을 느끼지 못합니다. 그러나 마음이 담긴 선물, 사랑이 담긴 선물은 아무리 작아도 값집니다. 주는 분 의 마음이기 때문입니다. 이것은 사랑할 때에만 깨달을 수 있습니다. 때 문에 여기서 '하느님의 선물'은 바로 하느님의 마음, 곧 성령입니다.

복음을 보면, "목마른 사람은 다 나에게 와서 마셔라. 나를 믿는 사람 은 성서의 말씀대로 그 속에서 샘솟는 물이 강물처럼 흘러나올 것이다. 이것은 예수께서 당신을 믿는 사람들이 받을 성령을 가리켜 하신 말씀이 었다"(요한 7,37-39) 라고 설명하고 있습니다. 성령은 하느님의 마음이요 하 느님이 예수님을 통하여 우리에게 주는 선물입니다.

여러분은 평소 기도하면서 하느님의 선물이 무엇인지를 깊이 알게 되 기를 바랍니다. 그리고 기도에서 성령을 주시도록 구합시다. 성령은 생 명과 사랑을 남김없이 주고 나눌 수 있게 하는 하느님의 마음, 곧 사랑입 니다. 사도 바오로가 고린토전서 13장에서 말하는 그 완전한 의미의 사 랑입니다. 그러기에 예수님은 "하느님께서 주시는 선물이 무엇인지…" 한 다음, "또 너에게 물을 청하는 내가 누구인지 안다면"이라고 하였습니다. 여기서도 다시 '안다는 것'이 문제의 핵심입니다.

우리는 예수님을 압니까? 모른다고 할 수는 없습니다. 그러나 안다는 것은 단순한 지식이 아닙니다. 신학자가 그리스도의 생애나 그리스도론에 대해 학문적으로 쓸 수 있어도, 예수를 참으로 안다고 말할 수 없습니다. 안다는 것은 믿고 사랑하는 것입니다. 사랑함으로써 그분의 인격, 마음을 아는 것입니다. 그분의 신비 속에 들어가는 것입니다.

피아니스트 한동일씨는 오늘의 그가 되기까지 그의 마음과 손가락이 부서지는 아픔과 많은 고통을 겪었다고 합니다. 예수님을 알기 위해서는 이같이 마음이 부서져야 하는 많은 고통을 겪고, 주님과 같이 십자가의 길을 가야 합니다. 우리가 다른 사람을 사랑하는 데에도 그의 됨됨이나 마음을 깊이 모르면 진실로 그 사람을 안다고 말할 수 없습니다. 그리고 이런 지식도 그 사람을 정말로 사랑할 때에만 얻을 수 있습니다.

그리스도를 아는 문제를 깊이 있게 다룬 분은 사도 바오로입니다. 우리들이 잘 아는 대로, 그분은 예수님을 지상 생활에서 뵌 일이 없었고 또 박해자였습니다. 예수님을 만난 것은 기이하게도 박해자로서 예수를 믿는 이들을 잡아 예루살렘으로 압송하기 위해 다마소로 가던 도중이었습니다. 바로 이런 만남 때문인지, 사도 바오로는 예수님을 날로 더욱 깊이 알기를 간절히 소망했습니다. 그래서 예수 그리스도를 아는 것을 위해 과거의 모든 것을 장애물로 여길 뿐 아니라 그 모든 것을 쓰레기로 여긴다고 말씀하면서 "나에게는 내 주 그리스도 예수를 아는 지식이 무엇보다도 존귀합니다. … 그것은 내가 그리스도를 얻고 그리스도와 하나가 되려는 것입니다"라고 하였습니다(필립 3,7-10).

사도 바오로의 말씀을 보면, 참으로 그리스도의 성령이 충만한 상태, 즉 그 속에서 샘솟는 물이 강물처럼 흐르는 상태에서 말씀한 것 같습니다. 우리도 사도 바오로와 같이 되면 얼마나 좋겠습니까?

어느 마르크스주의자의 고백

10여 년 전, 국가보안법 위반으로 7년형을 살았고, 그후 사회안전법에 의해 10년을 더 감옥에서 살아 17년이란 긴 옥살이에서 풀려난 재일교포 서준식이라는 분이 옥중에서 쓴「나의 주장」이라는 글이 있습니다.

그 글을 보면, 일본에서 태어난 그는 일본이라는 사회 속에서 멸시를 받고 살아야 하는 한국인으로서 민족주의자가 될 수밖에 없었다는 것, 1967년경부터 교포 유학생으로 한국에 와서 우리 사회의 부정, 불의, 여기서 야기되는 빈부 격차, 도농간 격차를 보고 이것을 극복하기 위한 방법을 찾다가 방학 때 일본에 가서 마르크시즘에 심취되었고, 그리하여 마르크스주의자가 될 수밖에 없었다는 것을 적고 있습니다.

그리고 1983년경 감옥에서 공관복음을 읽게 되었는데, 그것을 통한 예수와의 만남이 자기에게 있어서 얼마나 큰 충격을 주었는지를 소상히 적고 있습니다. 예수에게 얼마나 매혹되었는지, 얼마동안 예수 생각뿐이었고, 밥 먹을 때도, 심지어 용변을 볼 때에도 예수 생각에 몰두해 있었다고 쓰고 있습니다. 그리고 유물론자인 그가 이 문제를 어떻게 소화하면 좋을지 알 수 없는 마음에서 이렇게 말하고 있습니다.

"아, 아, 내가 신을 믿을 수 있는 사람이었더라면! 우리들을 위해 십자가 위에 찢긴 신의 독생자로서 해방자 예수를 신앙할 수 있다면! 그리하여 죽음으로부터의 부활을 확신케 해주고 우리에게 해방을 약속해 줄 신의 독생자의 바로 그 십자가를 나도 짊어지고, 그의 길을, 그의 삶을 넘치는 기쁨으로 따라갈 수 있다면!"

하느님과 그 외아들 예수를 믿고, 우리의 해방과 구원을 위해 십자가에 죽으신 예수를 넘치는 기쁨으로 뒤따를 수 있다면 얼마나 좋겠는가 하는 내용입니다. 그 예수는 지금까지 나름대로 지니고 있던 '아편'으로서의 종교 지도자인 예수가 아니라, 인간과 인류사회를 진실로 해방시켜 줄 수 있는 분으로의 예수였습니다. 그는 이 예수와의 만남을 끝맺는 대목에서 이렇게 쓰고 있습니다.

"마르크스주의자요 무신론자인 내가 하느님의 독생자인 예수께서 사람이 되어 오시고 십자가에 죽으시고 부활하신 그리스도이심을 믿을 수 있다면 나는 나의 모든 것을 바쳐 그를 따르겠다."

나는 이것을 읽고 반성해 보았습니다. 나는 예수 그리스도를 그렇게 자나깨나 생각해 본 일이 있는가? 참으로 예수님이 누구신지 알고 싶어 했는가? 그런 사랑을 예수님에 대하여 가진 일이 있는가?

착한 사마리아인의 사랑

이웃사랑은 모든 계명의 완성

우리는 흔히 이웃사랑을 신자로서 닦아야 할 여러 가지 덕행 중 하나인 것으로 여기기 쉽습니다. 그러나 그렇지 않습니다. 성서적으로 보면, 이웃사랑은 하느님에 대한 사랑과 함께 계명 중에서도 가장 큰 계명입니다. 뿐더러 첫째 계명인 하느님에 대한 사랑도 이웃사랑의 실천을 통해서 완성될 수 있습니다.

사도 요한은 "눈에 보이는 형제를 사랑하지 않는 자가 어떻게 보이지 않는 하느님을 사랑할 수 있습니까?"(1요한 4,20) 라고 하였습니다. 이웃사랑의 실천 없이는 하느님을 사랑할 수 없다는 말씀입니다. 그러기에 성 바오로는 "모든 율법은 네 이웃을 네 몸같이 사랑하여라 하신 이 한마디 말씀으로 요약된다"(갈라 5,14)고 하였습니다.

이웃사랑은 근본적으로 종교적인 성격의 것입니다. 단순한 인간애나 박애가 아닙니다. 그 성격은 다음의 두 가지로써 더욱 뚜렷해집니다.

먼저 하느님은 친히 이 사랑의 모범을 보여주었습니다. 예수님은 원수까지도 사랑하고 박해자를 위해 기도하라고 하였고, 그래야만 "하늘에 계신 아버지의 아들이 될 것이다. 아버지께서는 악한 사람에게나 선한 사람에게나 똑같이 햇빛을 주시고, 옳은 사람에게나 옳지 못한 사람에게나 똑같이 비를 내려 주시기 때문"(마태 5,45)이라고 하였습니다. 이만큼 이웃사랑의 모범이 되어 주었습니다.

또 하나는 하느님의 사랑을 우리 마음에 쏟아 주지 않으면 우리는 "결코 하늘에 계신 아버지께서 자비로우신 것과 같이 우리도 자비로운 사람"(루가 6,36)이 될 수 없기 때문입니다. 이 사랑은 하느님으로부터 와서(1요한 4,7) 하느님에게로 돌아갑니다. 왜냐하면, 하느님은 우리의 이웃 안에 현존해 계시기 때문입니다.

우리는 이웃사랑 실천으로만 우리를 사랑하는 하느님의 사랑에 보답할 수 있습니다(1요한 3,16; 4,19-20). 이렇게 보면 이웃사랑은 결코 하나의 덕목만이 아니요 그 전부입니다. 뿐더러 하느님에 대한 사랑을 구실삼아서도 절대로 면제될 수 없습니다. 성서는 이웃사랑에 관해 여러 곳에서 말씀하고 있는데, 루가복음의 '착한 사마리아 사람'에 대한 비유(10,25-37)도 그 중 하나입니다.

실천 없는 사랑은 죽은 믿음

어떤 율법학자가 예수님의 속을 떠보려고 질문을 던집니다.
"선생님, 제가 무슨 일을 해야 영원한 생명을 얻을 수 있겠습니까?"

이 질문에 예수님은 "율법서에 무엇이라고 적혀 있으며, 너는 그것을 어떻게 읽었느냐?" 라고 반문함으로써 당신을 시험해 보려는 율법학자의 속셈을 읽고 있음을 드러내 보입니다. 아울러 '네가 정말 영원한 생명을 얻고자 한다면 스스로 한 번 깊이 생각해 보고 답해 보아라' 는 뜻도 담겨 있습니다. 율법학자는 바른 대로 답하였습니다.

"네 마음을 다하고, 네 목숨을 다하고 네 힘을 다하고, 네 생각을 다하여 주님이신 네 하느님을 사랑하라. 그리고 네 이웃을 네 몸같이 사랑하라." 하느님에 대한 전적인 사랑과 이웃에 대한 사랑의 실천으로 영생을 얻을 수 있다는 답입니다. 이에 대해 예수님은 "옳은 대답이다. 그대로 실천하여라. 그러면 살 수 있다"고 하였습니다.

우리는 이 대화에서 인간이 참된 삶, 영원한 삶을 얻기 위해서는 사랑을 실천해야 한다는 것을 알 수 있습니다. 그리고 사랑은 단순히 여러 덕목 중의 하나가 아니라 모든 계명의 전부이며 그 완성이라는 것을 알 수 있습니다. 사도 바오로는 "사랑을 실천하십시오. 사랑은 모든 것을 하나로 묶어 완전하게 합니다"(골로 3,14) 라고 말하였습니다.

왜 인간의 참된 삶, 영원한 삶이 사랑에 달려 있습니까? 그것은 하느님은 사랑이시고, 인간은 이 하느님의 모습을 닮아 창조되었기 때문입니다. 사랑은 인간이 취해야 하는 근본 자세요, 끝까지 지켜야 하는 바로 그 가치입니다. 사랑은 효소와 같은 것이어서 그것이 없으면 숨을 쉴 수 없고 살 수 없습니다. 그래서 예수님은 "옳은 대답이다. 그대로 실천하여라. 그러면 살 수 있다"고 하였습니다.

여기서 우리가 확실히 해야 할 것은 "그대로 실천하여라. 그러면 살 수 있다"는 말씀입니다. 사랑에 대한 지식만으로는 부족합니다. 실천이 있을 때에만 참사랑입니다.

사막에서 기도와 극기로 은둔 생활을 하던 분들의 가르침을 담은 『사막의 지혜』에 이런 이야기가 실려 있습니다.

한 제자가 스승에게 물었습니다.

"두 형제가 있습니다. 그 중 한 사람은 자기 암자에서 조용히 지내며 한 번에 엿새씩 단식하면서 자기 자신을 엄격히 단련하고 있고, 다른 한 사람은 병자를 돌보고 있습니다. 두 사람 가운데 누가 더 하느님의 마음에 들겠습니까?"

스승이 대답하였습니다.

"엿새씩 단식하는 그 사람이 제아무리 코를 꿰어 스스로를 공중에 매단다 해도 병자를 돌보아 주는 사람과 비교가 안 된다."

이웃사랑의 실천은 고신극기(苦辛克己)보다 앞섭니다.

누가 내 이웃이냐?

'착한 사마리아인의 사랑' 비유에 등장하는 율법학자는 바리사이파 사람입니다. 때문에 언제나 자신이 옳다는 것을 남 앞에 드러내기를 원하는 사람입니다. 그래서 "그러면 누가 제 이웃입니까?" 하고 예수님에게 되물었습니다. 이 질문에는 본시 예수님의 속을 떠보려는 저의가 숨어 있습니다. 동시에 예수님은 누구를 이웃이라고 생각하는지, 짐짓 알고 싶은 생각도 함께 있는 것 같습니다.

본시 율법상으로는 사랑의 계명이 이스라엘 종족은 물론이요, 동거하는 나그네, 곧 이방인들에게까지 미치는 것이었습니다. 그런데 실천면에서는, 특히 후기 유대교에서는 함께 사는 외국인들 중에서 오직 같은 하느님을 믿고, 할례를 받은 사람들에 한해 사랑의 의무가 있는 것으로 그

한계가 좁아졌습니다. 거기다 당시의 바리사이파들은 이것을 더 좁혔습니다. 외국인은 물론 제외되었고, 이스라엘 사람들 중에서도 율법을 모르는 사람들은 무식하고 잡된 천민처럼 보고 있었기에 제외되었고, 원수에게는 보복정신이 강해서 용서해 주기 힘들었기에 사랑의 의무가 전혀 없는 것으로 간주되었습니다.

여기서 우리 자신의 이웃 개념은 얼마나 넓은 지를 반성해 볼 필요가 있습니다. 핏줄이 다르고, 종교가 다르고, 계층이 다를 때, 혹은 친분이 있느냐 없느냐에 따라서 이웃사랑의 개념과 실천에 차별하고 있지 않습니까? 깊이 반성해 보면, 우리의 개념과 실천 역시 바리사이 못지 않게 대단히 좁다는 것을 깨닫게 됩니다.

복음에서, 예수님은 "누가 나의 이웃입니까?"라는 질문에 다음과 같은 비유로 답하였습니다. 즉, 어떤 사람이 예루살렘에서 예리고로 내려가는 길에 강도를 만났다고 하였습니다. 그런데 이 비유의 서두에서, 예수님은 단지 "어떤 사람이…"라고만 하였습니다. 그의 국적, 종교, 계급, 신분 등 아무 것도 말한 것이 없습니다. 이 점에서, 우리는 인간인 한 모두 사랑의 대상이요 또 그가 누구이든 어떤 사람이든 상관없이 곤경에 처해 있을 때에 이웃사랑의 대상이 된다는 것을 알 수 있습니다.

예수님에게는 상처를 입고 고통 중에 있는 사람이 사람인 한에 있어서는 우리의 이웃이요, 그가 누구이든 관계없이 사랑해야 한다는 데 초점을 맞추고 있는 것입니다. 그리고 이로써 예수님은 하느님의 사랑을 우리의 사랑과 대치시킵니다. 즉, 하느님의 사랑은 인간의 그것에 비해 얼마나 넓고, 또한 하느님의 사랑은 본질에 서 있는데 우리의 사랑은 얼마나 피상적인지도 드러내고 있습니다.

때마침 한 사제가 바로 그 길을 내려가다가 그 사람을 보고는 피해서 지나가 버렸습니다. 또 레위 사람, 즉 역시 사제와 같이 사제족(司祭族)에 속하고 성전에서 봉사하는 사람도 거기까지 왔다가 그 사람을 보고 피해서 지나가 버렸습니다. 이들은 예루살렘 성전에서 제사와 기도를 바치고 예리고에 있는 집으로 돌아가는 길이었습니다. 예리고는 당시 사제들이나 레위 사람들이 사는 고을이었습니다.

왜 두 사람이 강도당한 사람을 보고서도 그냥 피해서 지나가 버렸는지에 대해 예수님은 지적하지 않고 있습니다. 겁이 나서, 같은 화(禍)를 입을까 두려워서, 귀찮게 생각되어서, 혹은 보아하니 자기 친척도 친구도 아니니… 등 여러 가지로 상상할 수 있습니다. 그러나 확실한 것은 자신의 안전을 위해서 곤경에 처한 사람을 외면한 것입니다. 그만큼 그들은 이웃사랑을 갖지 못했습니다.

그들은 하느님에게 제사와 기도를 드리고 돌아가는 길입니다. 그렇다면 사랑이 있고 실천이 있어야 합니다. 그리고 하느님이 가장 원하는 제사는 사랑으로써 자기 자신을 바치는 것입니다. 이러한 정신이 없으면 그 어떤 번제물, 속죄물도 하느님은 원치 않습니다.

예수님은 비유를 들 때에 내용뿐 아니라 용어 선택까지 깊은 의미를 두고 하는데, 왜 이 비유에서 강도당한 사람을 보고도 피해서 지나쳐 버린 사람으로 사제와 레위를 등장시켰을까요? 그냥 어떤 사람이라고 말할 수도 있지 않았을까요?

예수님은 사제와 레위라는, 사제족에 속하는 사람들을 등장시켰고, 그것도 예루살렘에서 예리고로 내려가는 길목에서 일어난 일로 이야기함으로써 그들이 성전에 가서 방금 하느님에게 제사와 기도를 바치고 집으로 돌아가는 길이었음을 연상시키고 있습니다.

예수님이 사제와 레위를 등장시킨 이유는 제사와 기도가 아무리 훌륭

해도 그것에 담긴 정신, 동정, 용서, 자비, 친절 등 사랑이 없으면 아무 소용이 없다는 것을 지적하기 위해서입니다.

야고보 서한에 의하면, 믿음과 행실은 일치해야 하며, 행실이 따르지 않는 믿음은 죽은 믿음이요 소용없다고 하였습니다. 이웃사랑은 참된 믿음의 본질입니다. 우리도 성당에서 기도 바치고 미사성제를 봉헌하지만, 이 비유의 사제나 레위와 같이 실생활에서 사랑을 실천하지 않는 경우가 없는지 반성해 보아야 하겠습니다. 사실 우리는 대부분 믿음과 사랑이 일치하지 못하는 생활을 하고 있다고 뉘우치지 않을 수 없습니다.

참된 크리스찬의 조건

이제 예수님은 비유에서 이웃사랑을 참으로 실천한 사람을 등장시킵니다. 그는 사제나 레위는 물론 아니요, 바리사이 사람도, 율법학자도 아니고 유대인도 아닙니다. 사마리아 사람입니다.

사마리아는 예리고에 사는 사제나 레위에 비하면 가장 먼 곳에서 온 사람입니다. 또 유대인들과 사이가 나쁠 뿐 아니라 상종하지도 않고 오히려 미워하는 사이였습니다. 그리고 '하느님의 선민'으로 자부하고 자신들만이 하느님을 올바르게 섬기고 있다고 자만하는 유대인들로부터 하느님을 잘 섬기지 못하는 족속처럼 멸시받고 있던 사람들입니다.

이런 사마리아 사람 하나가 그 길을 지나다가 강도를 만나 돈도 뺏기고 상처도 크게 입은 사람을 보고서 가엾은 생각이 들어 위로하고 상처를 치료해 주었습니다. 또 자기 나귀에 태워서 여관까지 데려다 주었고, 여관 주인에게 잘 보아 달라고 부탁하면서 모든 경비를 자신이 부담했습니다. 예수님이 이웃사랑을 실천하지 않은 사람으로 사제와 레위를 등장시킨데 반해, 이웃사랑을 실천한 사람으로 사마리아 사람을 등장시킨 것은 참으로 의미심장합니다.

이 말씀을 오늘의 우리에게 적용하면 참된 크리스찬, 즉 어떤 사람이 참으로 하느님을 믿고 그리스도를 따르는 사람이냐 하는 문제에 대한 답입니다. '신자라고 해서 다 신자가 아니다. 사제나 수도자의 신분이 곧 참된 크리스찬인 것도 아니다. 우리가 사제이고 수도자이고 신자일지라도 사랑의 실천이 없으면 우리는 아무 것도 아니다'라는 것을 알려주는 말씀입니다. 반면에, 사랑을 참으로 실천하는 사람이면 그가 사제나 수도자, 신자가 아닐지라도 또 외교인(外敎人)일지라도 하느님을 참으로 섬기는 사람이라는 결론이 나오게 됩니다.

그럼 그 신분이 헛되다는 말이냐 하고 반문할지 모릅니다. 그것은 아닙니다. 오히려 사제나 수도자를 불러 준 하느님의 부르심의 은혜, 특히 당신의 성자를 닮은 사람들이 되게끔 신자로 불러 준 하느님의 사랑과 은총을 생각할 때에 감사할 수밖에 없고 긍지와 자랑을 갖고 살 만한 것입니다. 우리는 그만큼 하느님으로부터 큰사랑과 은총을 받은 사람들입니다. 그러나 바로 이 때문에 누구보다도 앞서서 사랑으로 살 줄 알고, 사랑을 실천하는데 남의 모범이 되어야 합니다. 만일 우리가 사랑을 닦는데 있어서 오히려 믿지 않는 사람들보다도 못하다면, 그것은 우리가 받은, 받고 있는 하느님의 사랑과 은총을 헛되게 하는 것이요 그분의 마음을 상하게 해드리는 것입니다.

우리는 이 점을 깊이 반성해야 합니다. 아울러 교회로서 우리가 살고 있는 이 사회 안에서, 이웃사랑을 증거하고 있느냐 하는 것도 반성해야 합니다. 이 사랑의 증거는 바로 그리스도의 현존의 증거입니다. 우리 서로의 사랑을, 특히 이웃사랑을 통하지 않고서 그 어떤 길로도 그리스도가 우리 안에 살아 계시다는 것을 증거할 수 없습니다.

비유의 마지막 부분에서, 예수님은 강도를 당한 사람에 대해 사제, 레위, 사마리아인 등 세 사람이 취한 태도를 말씀하고는 율법학자에게 다시 질문합니다. "자, 이 세 사람 중에서 강도를 만난 사람의 이웃이 되어 준 사람은 누구였다고 생각하느냐?"

이 질문은 단순히 세 사람 중에서 참으로 이웃사랑을 실천한 사람은 누구인가 라고 알아들을 수도 있습니다. 그 뜻이긴 합니다만, 예수님은 질문을 그렇게 표현하지 않고 "세 사람 중에서 강도를 만난 사람에게 이웃이 되어 준 사람은 누구냐?"고 하였습니다. 즉, 고통 중에 있는 사람의 이웃은 누구냐 하는 것입니다.

율법학자가 "내 이웃은 누구냐"고 말함으로써 '나' 가 중심이 되어 있는데 반해, 예수님의 마지막 질문은 강도를 만난 사람이 중심이 되어 있습니다. 이것은 사랑에 있어서 중요한 차이입니다. 다른 하나는 '나' 를 중심으로 한 사랑이요, 다른 것은 '남'을 중심으로 한 사랑입니다.

참사랑이 후자임은 말할 것도 없습니다. 자기중심적 사랑은 남을 위하는 것도 자신을 위해서 하기 쉽지만, 남이 중심이 된 사랑은 참으로 몰아적인 사랑, 즉 자기 자신을 전적으로 내놓는 사랑입니다. 이 질문에 대하여 율법학자는 이번에도 바로 답합니다.

"그 사람에게 사랑을 베푼 사람입니다."

예수님은 "너도 가서 그렇게 하여라" 라고 말씀합니다. 착한 사마리아인의 사랑은 어떤 의미로는 바로 그리스도의 사랑입니다. 그의 마음은 그리스도의 마음이요, 그가 보인 사랑은 그리스도를 통해서 우리에게 드러나는 하느님의 사랑입니다.

예수가 받은 유혹 세 가지

공관복음을 보면, 마태오·마르코·루가복음 모두 예수님이 광야에서 악마로부터 유혹받았다는 것을 전하고 있습니다. 마르코복음은 짧게 "유혹 받으셨다"고만 전하고, 마태오복음과 루가복음은 그 내용을 상세히 전하고 있습니다. 다만 마태오복음에서 두 번째로 나오는 성전 꼭대기에서의 유혹이 루가복음에서는 마지막 유혹으로 나오는 차이가 있습니다. 여기서는 마태오복음(4,1-11)을 따라서 살펴보겠습니다. 유혹이란 보통 처음에는 본색을 잘 드러내지 않다가 끝에 가서 본색을 드러내는데, 마태오복음이 그런 순서로 유혹을 다루고 있기 때문입니다.

믿음이냐, 인간적 욕구냐

복음의 유혹을 보면, 빵과 영광과 권세에 대한 유혹이라 할 수 있습니다. 이것은 인간이면 누구나 지닌 생리적 욕구, 사회적 인정 욕구, 그리고 지배적 욕구를 이용한 유혹입니다. 보통 우리들은 이런 욕구를 충족시킴으로써 인간의 자기실현, 즉 성공했다고 생각합니다. 그러나 대개의 경우, 그 모든 것을 얻은 다음에는 허탈감에 빠지고 맙니다. 자기실현과는 정반대로 자기상실을 더욱 뼈저리게 느끼기 때문입니다.

인간은 결코 빵과 세속적 영광과 권세 등 썩어 없어질 것을 위해 만들어진 것이 아니라 그 이상의 것, 즉 영원하고 무한한 가치, 불멸의 생명을 위해서 창조되었습니다. 따라서 빵과 영광과 권세를 따르다 보면, 이 본질적인 인간 목적에서 이탈되고 맙니다.

믿음의 입장에서 보면, 인간이 마음속 깊이에서 염원하고 있는 영원하고 무한한 가치, 곧 불멸의 생명은 하느님입니다. 때문에 빵과 영광과 권세만을 따르면 하느님으로부터 떠나게 마련입니다. 이렇게 보면, 유혹이란 언제나 궁극적으로는 하느님을 등지게 하는 것입니다. 하느님을 두고 찬반을 가리게 하는 것, 하느님에게 '예'냐 '아니오'냐 하는 것이 모든 유혹의 본질입니다. 그러기에 예수님이 광야에서 받은 유혹도 본질적으로 하느님에 대해 찬부를 가리게 하는 유혹입니다.

이런 점은 세 번째의 마지막 유혹을 하는 악마의 말에서 확실히 드러납니다. 악마는 예수님을 높은 산으로 데리고 가서 세상의 모든 나라와 그 화려한 모습을 보여주며, "당신이 내 앞에 절하면 이 모든 것을 당신에게 주겠소"라고 말합니다. 이것은 분명히 세상 모든 것을 얻는 대신, 악마에게 자기 자신을 완전히 내주는 것입니다. 달리 말하면, 비록 세상의 모든 것을 얻기는 하지만 악마의 종이 됨으로써 자기 생명을 잃는 것입니다.

이 유혹도 너무나 뚜렷하게 그 본색을 드러내고 있기에 예수님은 "사탄아, 물러가라!"고 일축하고 맙니다. 이런 측면에서 보면, 첫째와 둘째 유혹 역시 결국 노리는 것은 하느님에 대한 선택 여부, 곧 믿음의 여부입니다.

첫째와 둘째 유혹에서 악마는 "당신이 하느님의 아들이거든…" 하면서 말을 겁니다. '하느님의 아들이라는 것을 증명해 보시오'라고 해석될 수 있습니다. 그런데 이것은 누구나 알고 싶은 것입니다. 나도 어렸을 때에는 이 문제가 가장 큰 관심사였습니다. 그래서 예수님이 과연 하느님의 아들인가 의심하면서 복음성경을 여기저기 뒤져보기도 했습니다.

예수님이 그때 돌을 빵으로 만들었다든지, 성전 꼭대기에서 뛰어내렸는데 상처 하나 입지 않았다면 하느님의 아들임이 증명되고 많은 이가 믿고 따르게 되어 참 좋았을 텐데 하는 생각이 들 법합니다. 그러나 자세히 들여다보면, 결국은 하느님을 믿지 못하도록, 그분을 등지고 거스르게 하는 것입니다. 그런 흉악한 속셈이 첫째와 둘째 유혹에서는 잘 보이지 않고 숨어 있기 때문에 첫째와 둘째 유혹이 유혹의 본색을 완전히 드러낸 셋째 것보다 더 음흉하고 무섭다고 말하지 않을 수 없습니다.

이기주의가 죄의 근본

첫 번째 유혹은 "당신이 하느님의 아들이거든 이 돌더러 빵이 되라고 해 보시오"라는 것입니다. 이 유혹은 예수님이 40일간 단식하고 죽도록 허기졌을 때였습니다.

인간이면 누구나 무엇이든 먹고 싶을 때는 돌도 빵으로 보일 만큼 눈이 뒤집힌다고 볼 수 있습니다. 오래 전, 칠레의 안데스산맥에 비행기가 추락하였을 때, 살아 남은 사람들은 죽은 동료 또는 죽어 가는 사람의 고

기를 먹고 살아 남았다고 합니다. 이렇게 보면, 악마의 유혹은 단지 하느님의 아들임을 증명해 보라는 것이 아니고 예수 역시 인간으로서 굶주림을 못 이겨 자신에게 주어진 하느님의 아들로서의 능력을 우선 자기 배를 채우는 데 쓰도록, 다시 말해 예수도 그런 극한상황에서는 누구나 빠지지 않을 수 없는, 남보다 자기 자신을 먼저 생각하는 이기주의에 빠지도록 하는 마음이 숨겨져 있습니다.

남을 구하기 위해 구세주로 오신 예수가 극한상황에서 자기부터 생각하는 이기주의에 빠지고 말면, 비록 그가 우리들에게 많은 도움을 줄 수 있다 해도, 어떤 처지에서도 믿을 수 있고 구원해 주는 메시아는 되지 못합니다.

우리 인간의 '죄'란 무엇입니까? 왜 이 세상에는 죄악과 불행이 가득합니까? 그 근본은 이기주의에 있습니다. 모두가 남보다는 자기를 먼저 생각하고 자기중심적으로 살고 있기 때문에 남을 거스르고 미워하고 해치고 죽이는 죄악이 범람하기에 인간세계는 오늘까지 구원되지 못합니다. 우리는 혹시 자기는 남보다 덜 이기적이라고 생각할 지 모르겠습니다만, 그런 심리가 벌써 남을 깔보고 자기를 앞세우는 자기중심적인 이기주의입니다.

어떤 분이 쓴 책을 보니, 인간은 누구나 자기의 죄를 계산하는 저울과 타인의 죄를 달아보는 저울을 갖고 있는데, 같은 잘못을 두고 남이 한 것은 호되게 비판하거나 적어도 속으로 단죄하면서도, 자기가 한 짓에는 이유를 붙이고 변명을 해서 가볍게 생각한다는 것입니다.

우리 중 누구도 이런 이기심이 없다고 말할 수는 없을 것입니다. 그 때문에 인간의 구원은 이 이기심에서 벗어나는 데서부터 옵니다. 자기 자신 역시 남과 같이 가난하고 불행할지라도 자기보다 남을 먼저 생각할 줄 안다면, 거기서 인간의 구원은 시작될 것입니다.

『상처 입은 치유자』라는 책에 보면, 어느 유대교 랍비가 예언자 엘리야를 찾아와 물었습니다.

"선생님, 메시아는 언제 오십니까?"

"네가 가서 직접 그분께 물어 보아라."

"그분이 어디 계시는데, 제가 그분을 찾아갈 수 있습니까?"

"그분은 저 성문에 가면 계신다."

"성문에 가면 사람이 많은데, 그분을 어떻게 알아봅니까?"

"성문에 가면 많은 병든 거지 떼들이 모여 앉아 있을 것이다. 모두가 상처 입은 사람들이다. 그들은 모두 상처를 감은 붕대를 한꺼번에 풀었다 감았다 하고 있을 것이다. 그런데 그 중 한 사람은 역시 붕대를 풀었다 감았다 하지만, 다른 사람처럼 온몸에 감는 것을 한꺼번에 풀었다 감았다 하지 않고 한 군데씩만 차례로 풀었다 감았다 할 것이다. 그는 어느 순간이든지 남이 나를 필요로 할 때 즉시 가서 도움을 줄 수 있어야지 하고 생각하고 있다. 이 사람이 바로 메시아이다."

참으로 의미심장한 말입니다. 세상의 구원은 이 사람처럼 자신도 남과 같이 상처입고 가난하면서도 자신의 시간과 삶, 존재까지도 남을 위해 바치겠다는 마음에서 시작됩니다. 예수님이 바로 그런 마음의 주인공이었습니다. 그분은 죄를 빼놓고는 우리와 똑같이 되신 분, 유혹까지도 받는 인간, 가난한 인간이 되었습니다. 그러면서도 당신 자신보다는 언제나 남을 더 생각하는 분이었습니다.

악마는 그리스도가 온전히 남을 위해 있는 분이라는 점을 알고 있었기 때문에 맨 먼저 이 점에 대해 공격해 본 것입니다. 예수님은 "누구든지 자기 생명을 얻으려면 잃고 잃으면 얻는다"고 말씀하였습니다. 복음에는 이 말씀이 무려 일곱 번이나 나옵니다. 우리가 이 점을 깨닫는다면, '나를 주는 사랑'에 자기실현, 자기완성이 있다는 것을 깨닫는다면 참으로 생명을 얻을 것입니다. 만일 예수님이 자신의 굶주림 때문에 자신에게 주어진 능력을 먼저 자신을 위해 썼더라면, 그는 결국 자기 생명을 얻으려다가 잃는 사람이 되고 말 것입니다. 그 유혹에 예수가 떨어졌더라면 그를 통해서 이룩하려는 하느님의 구원 계획은 처음부터 좌절되고 말았을 것입니다.

유혹의 본질은 믿음의 시험

다음으로는 인간의 구원과 빵과의 상관관계입니다. 굶주리는 자에게는 무엇보다도 빵이 선결 문제입니다. 성경은 배고픈 사람에게 먹을 것을 주지 않고 '가서 기도나 하시오!' 하는 것이 참사랑인가 하고 여러 가지로 말씀합니다. 참으로 빵 문제는 큰 문제입니다. 그러나 빵 문제가 해결된다고 해서 인간의 모든 문제가 해결되는 것이냐 하면 누구도 그렇지 않다고 말할 것입니다.

예수님도 빵 문제를 결코 소홀히 하지 않았습니다. 필요할 때에 빵의 기적으로 많은 이의 굶주림을 덜어 주었습니다. 그러나 요한복음에 보면, 사람들이 빵의 기적을 체험한 후에 "이 분이야말로 세상에 오시게 된 예언자, 곧 메시아이다" 라고 말하면서 왕으로 삼으려 했습니다. 이때, 예수님은 낌새를 알아차리고 홀로 산으로 피하였는데, 이것은 그분이 누구보다도 빵 문제가 결코 인간의 문제 전부가 아님을 잘 알고 있었기 때문입니다. 그리고 무엇보다도 당신이 이룩하려는 인간과 세계 구원은 죄와 죽음에서의 구출, 참된 자유와 해방, 그리고 불멸의 생명입니다. 그래서 예수님은 "정말 잘 들어 두시오. 당신들이 지금 나를 찾는 것은 내 기적의 뜻을 깨달았기 때문이 아니라 빵을 배불리 먹었기 때문이오. 그러나 썩어 없어질 양식을 얻으려 힘쓰지 말고 영원히 살게 하며 없어지지 않을 양식을 얻도록 힘쓰시오" 라고 말씀합니다.

예수님은 자신을 위해서는 물론이요, 남을 위해서도 돌을 빵으로 만드는 기적을 하라는 악마의 유혹, 빵을 배불리게 먹여 주면 왕으로 모시겠다는 사람들의 유혹에 넘어가지 않았습니다. 그런데 첫 번째 유혹의 말을 깊이 분석해 보면, 이것보다 더 큰 시험의 복병이 숨어 있습니다. 곧 하느님에 대한 믿음을 묻는 것입니다. "예수가 자신을 보낸 그 하느님을 끝내 믿느냐, 안 믿느냐?" 하는 시험입니다.

출애굽기를 보면, 예수가 당한 시련을 이스라엘 민족도 광야에서 당하였습니다. 광야에서 이스라엘 민족은 굶주렸고, 그 때문에 우리를 굶겨 죽이려고 이런 데로 데려 내어 왔느냐고 모세에게 원망하고 대들었습니다. 그러나 모세는 이스라엘 민족을 광야로 인도한 것은 하느님이고, 하느님은 절대로 이 민족을 굶겨 죽이지 않는다는 것을 굳게 믿고 있었습니다. 사도 바오로가 히브리서에서 말씀한 대로, 모세는 믿음으로 이스라엘 백성을 이끌고 이집트를 떠났습니다. 그는 보이지 않는 하느님을 본 듯 행동하였습니다.

예수도 마찬가지입니다. 모세처럼 온 인류를 죄와 죽음의 노예 상태에서 탈출시켜 자유와 해방의 하느님 나라로 인도해 가려는 것입니다. 자신이 이룩해야 할 인류 구원은 결코 일시적으로 굶주림을 면하게 해주는 것이 아닙니다. 의식주를 충족시켜 주는 것만도 아닙니다. 인간을 참으로 죄와 죽음에서 해방시켜 주는 것입니다. 이것은 또 돌을 빵으로 만드는 기적으로 자신이 하느님의 아들임을 증명하여 얻어지는 것도 아닙니다. 인간의 마음이 하느님에게로 돌아갈 때, 회개할 때에 이룩되는 것입니다. 구원은 하느님을 전적으로 믿고 그에게 모든 것을 내맡길 때 이룩됩니다.

두 번째 시험은 더 심각합니다. 여기서는 악마가 성서의 말씀을 들어 시험합니다. 악마는 예수를 거룩한 도시 예루살렘으로 데리고 가서 성전 꼭대기에 세우고 "당신이 하느님의 아들이거든 뛰어내려 보시오. 성서에 '하느님이 천사들을 시켜 너를 시중 들게 하시리니 그들이 손으로 너를 받들어 너의 발이 돌에 부딪히지 않게 하시리라'고 하지 않았소"라고 말했습니다. 이것은 더 한층 깊이 예수가 그렇게 믿는 하느님이 과연 성서에서 말한 대로 어떤 처지에서도 지켜 주는 믿을 만한 분인지 아닌지를 알고 싶다는 유혹입니다.

우리 생각 같으면, 아니 내가 예수라면, 이렇게 거듭 떠보는 악마에게 화가 치밀어서라도 "네 이놈! 내가 하느님의 아들이라는 것을 보여줄 뿐 아니라 하느님은 그렇게 믿을 만한 분임을 네가 말하는 대로 내 행동으로 보여주겠다!" 하고 뛰어내렸을 것 같습니다. 그래서 만인이 보는 앞에서 하느님과 나의 위대함을 보여주고 모두가 경탄하여 하느님의 아들인 나를 믿고 악마를 돌로 쳐죽이도록 만들 수 있지 않겠나 하는 생각이 듭니다.

그런데 예수님은 "주님이신 너의 하느님을 떠보지 말라는 말씀도 성서에 있다"고 하여 우리가 생각하는 것과는 달리 유혹을 물리쳤습니다. 얼핏 이해하기 힘듭니다. 성전 꼭대기에서 뛰어내리고 천사들이 받들어 상처 하나 입지 않는 것을 보여주었으면 명약관화하게 마귀를 물리칠 수 있었을 것 같은데, 다시 말해서, 악마의 교만한 콧대를 납작하게 만들어 줄 수 있었을 텐데 예수는 왜 소극적인 말씀으로 대하였는가 하는 생각이 들 수 있습니다. 우리는 세속의 권력으로부터 시련을 겪을 때, 하느님의 힘 또는 교회의 단결된 힘이 물리쳐 주기를 바랍니다. 우리는 이런 유혹을 과거 여러 번 시련을 겪을 때 당했습니다. 힘에 대한 힘의 과시, 그럼으로써 상대를 굴복시키고 승리의 쾌감을 찾는 유혹을 때로는 지닐 수 있습니다.

그러나 그것은 어디까지나 세속적 의미의 승리와 영광의 길입니다. 뿐 아니라 이 유혹도 깊이 살펴보면, 하느님은 어떤 처지에서도 믿을 만한 분인지 아닌지, 인간 예수가 하느님을 시험해 보는 의도가 덫처럼 숨겨져 있습니다. 예수가 이 유혹에 넘어갔다면 그것은 하느님에게 기적을 강요하는 것입니다. 하느님의 뜻에 순종하는 것이 아니라, 인간 예수의 뜻에 따라 하느님이 행동하도록 강요하는 것이 됩니다.

성경을 보면, 인간에게 죄와 죽음이 들어온 것은 인간 아담이 하느님에게 순종치 않음으로써였습니다. 때문에 구원은 하느님에게 순종함으로써 이룩됩니다. 결코 그 반대가 아닙니다(로마 5,19). 때문에 예수님은 하느님의 뜻에 죽기까지 순종하였습니다. 그럼으로써 우리에게 구원을 가져다주었습니다. 악마는 이것을 미리 내다보고 바로 이것을 저지시키기 위해, 다시 말해서 하느님에 대한 절대 순종의 길을 막기 위해 유혹한 것입니다. 그 때문에 예수님은 성서의 말씀을 인용하면서 이를 물리쳤습니다.

그런데 예루살렘에서 예수님이 이룩하신 구원은 성전 꼭대기에서 뛰어내리는 기상천외의 곡예와도 같은 기적을 보여줌으로써가 아니라 아주 무력한 자로 십자가에 못 박힘으로써입니다. 성전에서 뛰어내리는 기적과 십자가는 대조적입니다. 악마는 예수가 자기의 생각과는 아주 다른 길로 세상을 구하고자 함을 미리 보았던 것 같습니다. 그 때문에 이를 저지시키려고 십자가의 길과는 전혀 반대로 화려한 길을 택하도록 유혹한 것입니다. 그러나 악마는 거기서 포기하지 않았습니다. 끝까지 이것만은 저지하려고 하였습니다. 루가는 이 점에 유념해서 광야의 유혹의 서술 말미에 "악마는 이렇게 여러 가지로 유혹해 본 끝에 다음 기회를 노리면서 예수를 떠나갔다"고 쓰고 있습니다.

악마가 노린 다음 기회란?

마태오복음에 보면, 예수님이 수난을 예고할 때 제자 중에서도 수제자인 시몬 베드로가 이것을 도저히 알아듣지 못하고 "주님, 안 됩니다. 결코 그런 일이 있어서는 안 됩니다"라고 말렸습니다. 그때 예수님은 "사탄아, 물러가라" 하며 호되게 꾸짖었습니다. 예수님은 당신을 처음 시험한 그 악마가 바로 당신 제자인 베드로의 입을 빌려서 당신이 가야 하는 길을 저지시키려 든다고 본 것 같습니다. 그렇지 않고서야 그렇게까지 제자를 '사탄'이라고 질타할 리는 없을 것입니다.

그 유혹은 십자가에 못 박힐 때 유대 지도자들의 입을 통해 다시 나타납니다. 그들은 "이 사람이 남들을 살렸으니, 정말 하느님이 택하신 그리스도라면 어디 자기도 살려 보라지"라고 조롱하였습니다. 함께 못 박힌 죄수 중 하나인 좌도(左盜)도 예수를 모욕하면서 "당신은 그리스도가 아니오? 당신도 살리고 우리도 살려 보시오"라고 말했습니다.

이 대목에서 마태오복음을 보면, 지나가는 사람들이 머리를 흔들며 "성전을 헐고 사흘이면 다시 짓는다던 자야, 네 목숨이나 건져라! 네가 정말 하느님의 아들이거든 어서 십자가에서 내려 와 보아라"라고 조롱하였습니다. 그런 사람들의 조롱과 오만을 물리치기 위해서라도 당장 십자가에서 내려와 주었으면 하는 것이 우리의 생각이기도 합니다. 그러나 예수님은 그대로 돌아가셨습니다. 이렇게 보면 악마가 결정적으로 노린 것은 예수님이 이 길을 가지 못하게 하는 것이었습니다. 예수님이 하느님의 아들로서 사람이 되어 오는 것도 참을 수 없지만, 더욱이 그 사랑을 위해 남김없는 사랑으로 자신을 십자가에 제물로 바치는 것은 도저히 참을 수 없습니다. 하느님의 사랑이 인간의 죄와 죽음, 비참 깊숙이 들어오면 자신의 설 땅이 없다고 악마는 본 것입니다. 그래서 무슨 수를 써서라도 이것만은 저지하려고 했습니다만 결국 실패했습니다. 예수님은 그 예루살렘에서 아버지의 뜻에 따라 고난의 길을 끝까지 갔습니다.

마태오복음에 세 번째로 나오는 유혹은 너무나 악마의 본색을 드러내는 것으로 더 분석할 필요도 없습니다. 보기에 따라서는 그 본색을 아는 한, 누구도 거기에 걸려들지는 않을 것 같습니다. 그러나 이것이 참으로 흔한 세상의 유혹입니다.

우리는 누구나 의식, 무의식중에 하느님보다는 이 세상 재물을, 세상의 권세와 부귀영화를 더 섬기기 쉽습니다. 현세에 사는 우리 인간, 특히 가진 사람들이 가장 빠지기 쉬운 것이 세 번째 유혹입니다. 그리고 여기서부터 모든 죄와 불행이 나옵니다. 이기주의, 물질주의가 우리를 지배하고 사랑할 줄 모르는 비인간화를 초래합니다. 아담과 에와가 범한 그 죄를 오늘도 그대로 되풀이하고 있습니다.

'하늘나라'의 미로

예수의 비유화법

복음을 보면, 예수님이 공생활에 들어가 복음을 전할 때 맨 먼저 한 말씀은 '하늘나라'였고 또 이를 위해 오셨다고 하였는데, '하늘나라'란 무슨 뜻입니까? 우리가 생각하는 천당입니까? 바른 교회입니까?

오늘의 교회 안에서는 '하늘나라', 즉 '하느님의 나라'에 대한 말이 적은 것 같습니다. 신학자들은 열심히 연구하지만 강론이나 교리 교육에서 '하느님의 나라'에 대한 말은 별로 들을 수 없고, 그 때문에 우리들의 신앙생활 속에는 '하느님의 나라'가 아주 희미합니다. 그러나 복음을 잘 읽어보면, 예수님은 거듭 '하느님의 나라'를 비유로, 함축적으로 또는 습관처럼, 다 아는 것처럼 전제하신 양 말씀합니다. 예수님 설교의 중심 테마라 해도 과언이 아닙니다.

마태오복음을 보면, '하느님의 나라'는 "밭에 묻혀 있는 보물에 비길 수 있다. 그 보물을 찾아낸 사람은 그것을 다시 묻어두고 기뻐하며 돌아가서 있는 것을 다 팔아 그 밭을 산다. 하늘나라는 어떤 장사꾼이 좋은 진주를 찾아다니는 것에 비길 수 있다. 그는 값진 진주를 하나 발견하면 돌아가서 있는 것을 다 팔아 그것을 산다"(13,44-46)고 하였습니다. 여기서 뚜렷한 것은 '하느님의 나라'가 무엇인지 모른다 해도 이를 얻기 위해서는 자기가 가진 모든 것을 다 팔아도 아깝지 않을 만큼 값진 것이라는 점입니다.

그러나 예수님은 값진 이 나라가 어디에 있는지 우리에게 애써 설명해 주지 않습니다. 뿐 아니라 이 나라가 우리에게 어떤 이득을 주는지, 우리가 그 나라에 들어가기 위해서는 어떤 조건이 있는지, '천국이 가까웠으니 회개하고 믿으라'고 하였는데, 무엇을 회개하며 믿어야 할 지 깊이 말씀해 주지 않습니다. 복음을 읽어도 '하느님의 나라'는 깊은 인상을 남기면서도 설명하기가 쉽지 않습니다.

도대체 예수님은 체계적이요 조직적인 교리교수법을 모르는 분 같습니다. 일정한 교과목도 없고 우리들이 근본적인 문제라고 보는 것에 대해서 그다지 개의치 않는 것처럼 보입니다. 이런 면에서 보면, 예수님은 확실히 서양적이라기보다 동양적입니다. 그러면서도 복음은 '하느님의 나라'에 대하여 모든 것을 말씀합니다. 다만 우리가 기대하고 예측했던 것과는 아주 다른 것으로 그 모습을 점차 뚜렷이 드러냅니다.

우선 예수님은 여러 가지 비유로 말씀합니다. 예컨대, 마태오복음을 보면, 씨 뿌리는 사람의 비유(13,1-9), 가라지의 비유(13,24-30), 겨자씨의 비유(13,31-32)에 이어, 이 나라를 그물에 비유하면서 "하늘나라는 그물을 쳐서 온갖 것을 끌어올리는 것에 비길 수 있다. 어부들은 그물이 가득 차면

해변에 끌어올려 놓고 앉아서 좋은 것은 추려 그릇에 담고 나쁜 것은 내버린다"(13,47-48)고 하였습니다.

그러나 우리는 이 비유를 들어도 아직 무엇을 믿고 무엇을 해야 할지 모릅니다. 예수님이 이런 비유를 들어 말씀하는 것은 당신의 복음이 우리의 지성을 초월하기 때문입니다. 예수님은 우리가 당신 복음을 받아들일 수 있게끔 마음준비를 시켰어야 했습니다. 우리 정신을 흔들어 일깨우고, 우리가 지닌 선입견이라든지 또는 세상의 근심 걱정에서부터 우리의 정신을 먼저 돌리도록 말입니다.

'어리석은 부자'는 우리의 대변인

예수님은 또 인간들의 현세적 관심사와는 먼 이야기를 말씀하였습니다. 루가복음에 보면, '어리석은 부자'의 비유가 나옵니다.

한 형제가 있었는데, 형이 동생에게 아버지의 유산을 나누어주지 않았습니다. 형제간에 유산 분배를 둘러싸고 싸움이 벌어진 것 같습니다. 그러자 동생 되는 사람이 예수님에게 와서 "선생님, 제 형더러 저에게 아버지의 유산을 나누어주라고 일러주십시오" 하고 청했습니다. 예수님은 대답하기를 "누가 나를 너희의 재판관이나 재산 분배자로 세웠단 말이냐?" 하고는 이내 둘러서 있는 사람들에게 "어떤 탐욕에도 빠져들지 않도록 조심하여라. 사람이 제아무리 부요하다 하더라도 그의 재산이 생명을 보장해 주지는 못한다"(12,13-15)고 하였습니다.

'하느님의 나라'가 무엇인지 이해하고자 하는 분은 이 부분을 잘 읽을 필요가 있습니다. 예수님은 유산 분배에 대한 청을 받고는 누가 옳고 그른지를 판단하지 않았습니다. 당신은 유산 분배 문제에 무관심할 뿐 아니라 오히려 재물에 대한 형제간의 탐욕과 싸움에 역겨움만을 느낀 것 같습니다. 그래서 예수님은 다음과 같은 비유를 말씀합니다.

"어떤 부자가 밭에서 많은 소출을 얻게 되어 '이 곡식을 쌓아 둘 곳이 없으니 어떻게 할까?' 하며 혼자 궁리하다가 '옳지! 좋은 수가 있다. 내 창고를 헐고 더 큰 것을 지어 거기에다 내 모든 곡식과 재산을 넣어 두어야지. 그리고 내 영혼에게 말하리라. 영혼아, 많은 재산을 쌓아 두었으니 너는 이제 몇 년 동안 걱정할 것 없다. 그러니 실컷 쉬고 먹고 마시며 즐겨라' 라고 말했다. 그러나 하느님께서는 '이 어리석은 자야. 바로 오늘 밤 네 영혼이 너에게서 떠나가리라. 그러니 네가 쌓아 둔 것은 누구의 차지가 되겠느냐?'고 하셨다. 이렇게 자기를 위해서는 재산을 모으면서도 하느님께 인색한 사람은 바로 이와 같이 될 것이다."(루가 12,16-21)

이어 예수님은 제자들에게 '무엇을 먹고 무엇을 마실까 등 물질생활을 근심하는 것은 세속에 사는 사람들이 걱정하는 것이다. 하느님의 나라를 구하는 자는 이런 모든 근심걱정을 버려야 한다. 하느님의 나라는 현세적 사물에서는 찾을 수 없다. 다른 곳에 있다'는 뜻의 가르침(루가 12,22-31)을 주고 계십니다. 여기서 우리는 하느님의 나라에 대한 복음 말씀의 핵심 부분을 보게 됩니다.

'하느님의 나라'를 보는 것은 유대 사람들에겐 오랫동안 기다리던 말입니다. 그래서 "언제 이 하느님의 나라가 옵니까"라고 물었습니다. 예수님은 "하느님 나라가 오는 것을 눈으로 볼 수는 없다. 또 '보아라 여기 있다' 혹은 '저기 있다'고 말할 수도 없다. 하느님 나라는 바로 너희 가운데 있다"(루가 17,20)고 했습니다.

세상의 나라들은 볼 수 있습니다. 어디 있는지 지도상으로 지적할 수 있습니다. 예수님 시대에도 많은 나라들이 있었습니다. 그 중에서 로마제국은 최강국이었습니다. 또 로마와 유대와의 민족관계, 노예 문제 등 여러 가지 사회 문제가 있었습니다. 그러나 예수님은 그런 나라 문제는 전혀 모르는 듯 개의치 않고 오직 당신이 말씀하는 '하느님의 나라'에 대해서만 말하고 그것만을 생각합니다.

유산 분배에 대한 건을 예수님에게 청하여 그 판단을 구한 사람은 우리들의 대변인입니다. 우리도 그런 문제가 있으면 예수님에게 똑같이 청했을 것입니다. 그래서 내게 유리한 판단을 내려 주도록 간청했을 것입니다. 그런데 예수님이 이를 거절하면 우리도 놀라지 않을 수 없습니다. 예수님은 불의를 물리치고 정의를 부르짖는 분이 아닙니까? 우리가 불의에 박해를 받고 있는데 예수님이 침묵을 지키다니….

아버지의 유산을 올바르게 분배하는 것은 분명히 정의로운 일이고 당면한 사람에게는 그 이상의 정의가 없을 것입니다. 사실 우리는 그 누구도 이유 없이 다른 사람들로부터 침해당하기를 원치 않습니다. 누가 그냥 이유 없이 뺨을 얻어맞겠습니까? 때리면 멍청하니 얻어맞을지 모르지만, 그래도 속으로는 '왜 나를 때리는가?' 하고 화가 날 것입니다. 자연스러운 일입니다. 그런데 왜 예수님은 그걸 좋지 않은 양 말씀합니까? 재산 분배도 개의치 말고 뺨을 때리면 또 맞으라고 합니까?

또 들에 나는 새들 모양대로 살라고 말하기는 쉽습니다. 예수님은 그렇게 사셨습니까? 살 수 있었을 것입니다. 그분의 소년 시절은 가난했습니다. 그러나 비참할 만큼 찢어지게 가난하지는 않았던 것 같습니다. 공생활 중 제자들이 드실 것을 돌보았습니다. 하지만 거지처럼 남루한 옷을 입고 밥 동냥을 하지는 않았을 것입니다. 또 예언자이면 모든 것을 제자들에게 내맡기고 먹고 마시고 입는 등 실생활과 세속에 관한 일에는 개의치 않는 것도 그리 어려운 일이 아니었을 것입니다.

비유의 지혜를 얻는 즐거움 | 163

그러나 우리 같은 형편이면, 생활 걱정을 내가 안 하면 누가 대신해 줄 사람이 있습니까? 아무도 없습니다. 유산 분배를 형과 함께 고르게 갖게 해달라고 청한 사람은 참으로 우리의 대변인과 같습니다.

예수님은 '누가 나를 너희들의 재산 분배의 판관으로 세웠느냐?' 라고 냉정히 거절했습니다. 여기서 우리는 예수님이 '하느님의 나라'를 말씀하면서 제일 큰 관심사로 '하느님의 나라'에 대한 우리의 기존 관념을 타파하고 있다는 점에 유의해야 합니다.

'하느님의 나라'의 복음은 무엇보다도 예수님 자신입니다. 누구든지 복음에서 예수님을 떠나 무엇을 믿고 행해야 할 지에 대해 뚜렷한 교시를 찾는다면 실패할 것입니다. 복음은 예수님의 모습을 부각시키고 있습니다. 복음이 서술하는 것은 예수님이고 그분의 행적입니다.

행적과 말씀으로 나를 알라

또 예수님은 조직적인 교수방법을 취하지 않았습니다. 말씀할 때, 그 어휘의 뜻이나 정의 등 설명을 해주지 않았습니다. 당신을 드러내고 당신이 모든 사물 위에 초월한 주님임을 밝혀 갑니다. 그래서 병자를 고치고, 풍랑을 진정시키며, 빵을 많게 하는 기적을 행하였습니다. 참된 권위자로서 위엄있게 말씀함으로써 율법학자들의 입을 다물게 하였습니다. 이같이 당신의 믿음과 이에 따르는 생활이 중심 또는 대상임을 드러냈습니다. 그래서 제자를 부를 때에 당신과 함께 있는 것, 함께 사는 것 외에 다른 아무 것도 약속하지 않았습니다.

예수님은 사람들로 하여금 당신이 누구인지 저절로 알게 되기를 원하였습니다. 당신의 행적을 통해서, 다음으로 당신의 교훈을 통해서…. 때로는 당신이 누구인지를 온 세상이 다 아는 것 같이 행하고, 당신의 권위는 증명할 수도 없거니와, 또 어떻게 규정지을 수 없을 만큼 초월한 것으로 행동하였습니다. 때문에 제자들도 예수님이 누구인지 서서히 인식할 수밖에 없었습니다.

마태오복음 8장에 나오는 바다의 풍파를 안정시킨 이야기를 보면, 제자들은 예수님을 따른 첫날부터 '큰 선지자'라는 것을, '힘있는 메시아'임을 알게 되고 또한 그렇게 섬기는 것 같았습니다. 그러나 그들의 신앙은 아직 어두웠습니다. 예수님을 완전히 신뢰할 만큼 믿었으나, 예수님의 무엇에 대하여 믿고 있는지는 그들 스스로도 분명하지 못했습니다. 빵을 많게 하신 기적, 바다를 건너는 이야기(마태 14,22)에서야 비로소 예수님이 누구인지 깨닫기 시작했습니다.

그럼 일반 백성들은 어떻게 예수님을 보았는가? 역시 갈피를 잡을 수 없게 했던 것 같습니다. 여기에 대해서는 요한이 더 잘 알려주고 있습니다. 요한복음을 보면, 전체적으로 '예수는 누구냐?'는 질문을 중심으로 전개되어 가고 있는데, 예수님은 이에 대하여 직접적인 답을 주지 않습니다. 그런 것이 소용없는 줄 알고 있었기 때문입니다. 오히려 당신의 행적과 말씀으로 넉넉히 당신이 누구인지를 드러내 주고 있습니다. 그런데도 유대 사람들은 '너는 누구냐?'고 계속 묻고 있습니다.

또 예수님은 가끔 수수께끼 같은, 알아듣기 힘든 말씀을 하였습니다. 무엇인가 자애스런 말씀이긴 한데, 무슨 뜻인지 쉽게 알아들을 수가 없었습니다. "목마른 사람은 다 나에게 와서 마셔라. 나를 믿는 사람은 성서의 말씀대로 그 속에서 샘솟는 물이 강물처럼 흘러 나올 것이다."(요한 7,37) "고생하며 무거운 짐을 지고 허덕이는 사람은 다 나에게로 오너라. 내가 편히 쉬게 하리라. 나는 마음이 온유하고 겸손하니, 내 멍에를 메고 나에게 배워라. 그러면 너희의 영혼이 안식을 얻을 것이다. 내 멍에는 편하고 내 짐은 가볍다."(마태 11,28-30)

예수님이 주시는 물(생명수)은 무엇입니까? 또 평안은 무엇이며, 쉬게 해주는 것은 무슨 뜻입니까? 동서양을 막론하고, 사람의 행복은 잘 먹고 잘 입고 병고나 기타 근심 걱정이 없는 것입니다. 부귀를 다 갖추고 몸과 마음이 평안할 때 비로소 사람은 행복합니다. 그래서 모두 이것을 소망합니다. 그런데 예수님은 당신을 '믿으라, 따르라'고 하면서도 이런 복을 주겠다고 약속하지 않습니다. 빈곤과 굶주림을 극복하게 해주겠다고 말씀하지도 않습니다. 병자들을 고쳐 주었지만, 당신을 믿는 자는 온갖 질병에서 해방되리라고 하지 않았습니다.

참으로 '하느님의 나라'는 눈으로 볼 수 있는 복을 주는 곳이 아닌 것 같습니다. 물론 그 자체를 눈으로 보지도 못합니다. 그럼 예수님이 우리에게 주는 행복은 무엇이며 어디에 있는가를 살펴봅시다.

자연적 본성적 욕구는 끊어야

"마음이 깨끗한 사람은 행복하다. 그들은 하느님을 뵙게 될 것이다."(마태 5,8) 이 말씀은 진복팔단(眞福八端)에 있는 내용입니다. 예수님은 사회혁명을 일으키지 않았고, 또 지상의 천국, 즉 이 세상 안에 정의의 나라를 세우지도 않았습니다. 당신의 나라는 우리 안에 있고 또 그 때문에 이 세상에 있으나 세상에서 오지 않았습니다. 당신의 복음은 우리의 심령, 우리의 정신을 향하여 말씀해 오는 것입니다.

유대 사람들은 현세의 복음을 찾았습니다. 즉, 로마로부터 해방되고 가나안 땅을 완전히 다시 찾아 다남다복(多男多福)하게 살고, 유대 민족이 온 땅을 지배하는 선민(選民)으로 승리하는 것입니다. 우리도 마찬가지입니다. 은연중에 예수님에게 복을 청합니다. 그러나 예수님이 우리에게 주는 것은 우리의 생각과는 전혀 달리 이런 현세의 복락을 끊는 힘입니다. 참으로 기대에 어긋납니다. 확실히 우리들도 예수님의 복음, 가르침을 유대인들보다 더 낫게 받아들인다고 말할 수 없습니다.

대부분의 우리들은 입으로는 예수님을 믿는다고 말합니다. 그러나 예수님의 복음이나 교회의 교리도 자기 생각과 배치되면 다릅니다. 희생의 요구가 없는 한 따르지만, 희생이 요구되고 더욱이 "나 때문에 모욕을 당하고 박해를 받으며 터무니없는 말로 갖은 비난을 다 받게 되면 너희는 행복하다"(마태 5,11)는 따위의 말씀은 감당해낼 수 없습니다.

사람이 지상의 행복을 추구하는 것은 자연스럽습니다. 누구든 인간이면 그 마음속 깊이에 이런 욕구를 가지게 됩니다. 그래서 현세의 행복 여하에 따라서 가치판단을 하는 것도 자연스럽습니다. 그런데 예수님은 이것과 다른 행복을 말씀합니다. 하느님의 나라에 들어가기 위해서는 이러한 지상의 행복이 잡아당기는 손에서 벗어나야 한다고 말씀합니다. 모든 것을 저버리는 용의가 있어야 하고, 세상 물정뿐 아니라 자기 자신까지도 끊는 마음가짐이 있어야 한다고 합니다.

예수님은 "나를 따르려는 사람은 누구든지 자기를 버리고 제 십자가를 지고 따라야 한다"(마르 8,34)고 말씀합니다. 이 말씀은 복음에 약간 표현을 달리 하면서도 일곱 번이나 나옵니다. 예수님의 제자 되는 도리의 하나로써 중심 사상을 이루고 있습니다.

세상의 재물과 자기 자신까지도 끊으라는 예수님의 말씀은 우리의 본성적 욕구와 정반대로 부딪히는 말이라는 점에서 더욱 충격적입니다. 사실 대부분의 사람들은 나를 포함하여 자기 본성의 욕구의 노예입니다.

예컨대, 금욕은 그리스도의 교훈 중에서 두드러지게 그리스도교적인 것이라고 말할 수 없습니다. 그럼에도 불구하고 예수님이 거듭 이것을 강조하는 것은 인간의 자연적·본성적 욕구가 당신의 가르침을 받아들이는 데 얼마나 장애가 되는지를 잘 알기 때문입니다.

욕구는 탐욕, 성욕, 소유욕 등 원칙적으로는 나쁜 것이 아닙니다. 하느님이 주신 것입니다. 그러나 인간은 자유와 의지, 지혜로써 이것을 다스릴 줄 알아야 합니다. 이것은 인간만의 특권입니다. 그렇지 않으면 인간은 욕구의 노예가 되기 쉽고 동물과 같이 되고 맙니다. 인간이 인간 이하로 자기비하(自己卑下)시키고 맙니다.

과거에는 금욕이 너무 강조되어 모든 욕망을 죄악시했습니다. 그런데 지금은 이것을 수정한다는 것이 도가 넘어서 욕구가 고삐 풀린 말 모양으로 자유분방하게 되었고, 그 때문에 많은 사람들이 욕구불만증에 걸려 있습니다.

복음의 예수님이 욕구를 끊어야 한다고 말씀한 것은 그 자체가 '죄다, 아니다'를 떠나서, 인간이 이 욕구를 초월할 수 있을 때, 해방될 수 있을 때 참된 인간의 자유가 있기 때문입니다. 게다가 이 인간해방은 진복팔단의 마음의 정결, 깨끗한 마음에 이르는 복음을 순순히 받아들이는 첫 단계입니다. 즉, '금욕→자기해방→깨끗한 마음→복음→그리스도와의 일치'입니다. 이것은 무엇보다도 모든 현세적 가치와 자기 자신으로부터의 해방을 말합니다.

그리스도의 윤리강론, 즉 복음의 윤리는 우리를 땅의 예속으로부터 해방시키는 것입니다. 무엇보다도 가장 의당한 유대 또는 가치로부터 해방되어야 합니다. 예를 들면, 자기 자신의 인격적 품위를 지키기 위해 필요한 긍지, 위신, 체면 따위를 버려야 합니다.

마음이 깨끗한 이에게 드러나는 법

마음의 깨끗함은 참된 단절에서 태어나고 꽃이 핍니다. 물론 거짓 단절이 있을 수 있습니다. 돈, 명예, 결혼, 자녀 등을 떠나도 자기 자신을 떠나지 못하면, 바로 그 때문에 더욱 강인하게 자기중심(자기집착)이 될 수 있습니다. 이것은 큰 위험입니다. 사람은 다른 모든 것을 다 끊었기 때문에 더욱 쉽게 자기도 모르게 자기 자신에게 집착해 있을 수 있습니다. 그래서 '외적 단절'이 '내적 교만'을 수반시킬 수 있습니다.

이렇게 본다면 진복팔단에서 말하는 깨끗한 마음, 즉 하느님을 볼 수 있는 마음은 고행극기 또 수덕만이 아닙니다. 수덕한다는 사람들 중에서 은연중 남을 업신여긴다든지 혹은 남을 신랄히 비판하는 사람들을 보게 되는 것도 이 때문입니다.

깨끗한 마음은 거울같이 맑고 모든 아름다운 것을 반영시킵니다. 그에게는 현세의 사물은 물론, 자기 자신까지도 절대적인 가치를 지니지 못했음을 잘 인식합니다. 그의 정신은 언제나 참된 선을 향해 열려 있고, 하느님의 사랑이 그를 충만케 해줍니다.

그렇습니다. '하느님의 나라'는 감추어진 보물과 같아서 깨끗한 마음, 인식하는 눈만이 볼 수 있고, 또 그 가치를 알 수 있습니다. 마태오복음 6장에 나오는 자선과 기도에 대한 가르침, 그리고 단식에 대한 가르침은 덕을 쌓거나 기도 드리거나 재(齋)를 지킬 때, 사람의 이목과 칭찬 등 허영은 피해야 한다는 말씀입니다. 겉꾸밈이 없어야 합니다. 한마디로 우리가 선을 행할 때에는 하느님만 보시면 되는 것이지, 다른 사람의 이목 또는 자기 자신의 만족을 위한 것이어서는 안 된다는 것입니다. 예수님이 요구하는 것은 순수이성으로 이해되는 선도 아니고 머리를 짜내서 만들어 낸 윤리체계도 아닙니다. 당신과 같이 하느님의 자녀로서 정성을 다하여 자기를 바치는 것입니다.

노트르담성당을 지을 때, 이런 이야기가 있다고 합니다. 어떤 조각가가 이 성당의 조각품을 만들고 있는데, 사람들의 눈에 전혀 띄지 않는 곳에 설치할 성상(聖像)을 정성들여 만들고 있는 것을 보고는 사람들이 이상하게 여겨 물었습니다. 그러자 그 조각가는 "사람은 안 보아도 하느님은 보신다" 라고 답했다고 합니다.

허영심과 겉꾸밈을 벗을 뿐 아니라 착한 체 하지 말고 남을 심판도 하지 말아야 합니다. 그리스도의 제자는 이같이 일체의 위선을 떠나야 합니다. 가면, 가식도 버리고 자기 자신까지 버려야 합니다.

체면, 허영, 명예욕, 권력, 금력 등에 지배된 세계, 즉 교만한 사람들은 이것을 알아들을 수 없습니다. 예수님의 말씀을 알아들을 수 있는 사람들은 미천한 사람들입니다. 하느님은 마음이 깨끗한 사람들에게 당신을 드러냅니다. 이런 사람들은 하느님의 뜻을 찾고 주저없이 즐거운 마음으로 그 뜻에 따라 살고 죽습니다. 왜냐하면, 그들 마음속에 빛이 살고 있기 때문입니다. 마음이 깨끗하면 이 빛을 냅니다. 하느님의 뜻을 쉽게 깨닫고 그리스도의 소리를 듣습니다. 고통 중에도 하느님의 평화가 그 영혼 속에 내릴 것입니다.

결국 하느님의 나라는 우리 안에 예수님의 복음, 예수님 자신을 우리가 마음의 문을 열고 받아들일 때, 우리 마음 안에 하느님의 나라가 시작됩니다. 우리 서로가 예수님의 복음정신에서 예수님이 우리를 사랑하듯 서로 사랑할 때 그때 우리 안에 하느님의 나라가 시작되는 것입니다.

'진복팔단'이 가르쳐 준 것들

　마태오복음 5장(3-12)에 나오는 '진복팔단'은 여덟 번이나 되풀이되는 '행복하다'로 시작됩니다. 이것은 하나의 선언이고 약속이며 '여러분에게 구원이 있을 것입니다'라는 의미를 지닌 간곡한 호소입니다. "나 때문에 모욕을 당하고 박해를 받으며 터무니없는 말로 갖은 비난을 다 받게 되면 너희는 행복하다"(5,11)는 말씀까지 포함하면 '진복구단'이라고도 할 수 있습니다. 이 모든 '행복하다'는 말은 구약성경에서 축복, 평화, 행복을 빌며 다른 사람에게 인사하고 축원할 때 사용되었습니다.

　이와 정반대 되는 것이 "당신네 같은 위선자들은 화를 입을 것이다"라고 마태오복음 23장(13-36)에서 율법학자들과 바리사이파 사람들에게 한 예수의 말씀입니다. 진복팔단은 참된 하느님의 백성, 참된 신자의 모습을 계시하고 있고, 이와 상반되는 '화를 입을 것이다'라는 말씀은 거짓 이스라엘과 하느님의 뜻을 거스르는 모든 사람에 대한 심판입니다. 진복팔단은 예수의 완전한 제자가 될 수 있는 방법을 구체적으로 묘사하고 있고, 하늘에 계신 "아버지께서 완전하신 것같이 완전한 사람이 되어라" (마태 5,48) 라는 중대한 발언이 전체를 포괄하는 표제와 같습니다.

마음이 가난한 사람은 행복하다. 하늘나라가 그들의 것이다

예수님은 '가난한 자들에게 기쁜 소식을 전하려고' (이사 61,1) 보냄을 받았습니다. 구약시대 초기와 옛날 계약의 대부분의 시기를 통하여 볼 때, 가난한 사람은 조금도 중요시되지 않았고, 오히려 재산과 부유함이 하느님의 특별한 축복의 표시로 간주되어 왔습니다. 그러나 차츰 간택된 백성의 역사가 흐름에 따라 아무 것도 소유하지 않고 크나큰 가난 속에서 살아가는 사람이 하느님과 특별히 가까운 사람되리라는 것을 삶의 경험으로써 확신을 얻게 되었습니다.

시편에서는 가난한 이를 하느님이 기뻐하는 이, 누구보다도 그분의 사랑을 받기 위해 그분에게 가까운 이의 모습으로 표시되고 있습니다. 이 가난한 이는 자기의 삶과 운명을 새로운 눈으로 볼 줄 아는 사람입니다. 그는 소외감과 위축됨 없이 오히려 지상의 재물을 가지지 않는 것이 영적 부(富)와 하느님 앞에서의 진정한 자유와 겸손과 희망을 안겨 주는 것이 됩니다. 예수님이 말씀하는 '가난한 자들'이란 바로 이런 의미의 사람들입니다.

이들은 자기의 처지를 개탄하지도 않고 난폭한 혁명을 일으키려 들지도 않습니다. 그렇다고 해서 어리석거나 생각이 좁거나 생활의욕이 약한 것도 아닙니다. 마음으로 가난한 이는 그 가난이 영성적(靈性的) 양상을 지니고 있습니다. 즉, 가난의 정신을 가진 사람입니다.

그들은 인간사회에서 자신의 비천한 신분을 하느님과의 관계로 드높일 줄 압니다. 모든 것을 하느님으로부터 기다리고, 정의와 신심을 빙자하여 무엇을 자기 것으로 차지하려 하지 않습니다. 그들의 모든 생활은 자연 생활이든 영적 생활이든 가난하였습니다. 마음으로 가난한 사람들에게는 하느님의 나라가 약속되어 있습니다. 실제로 그들만이 진정으로 이 나라를 부여받을 자격이 있습니다. 아무 것도 손에 가진 것이 없고 모든 것을 하느님으로부터 기다리고 있기 때문입니다.

그들은 지상 재물의 짐으로부터 해방되어 있고, 자신의 교만의 짐으로부터도 해방된 사람들이며, 그 때문에 하느님을 위해 해방된 자유인들입니다. 하느님의 나라를 차지하기를 원하는 사람은 가난의 정신을 가져야 합니다. 오직 그런 사람만이 이 왕국을 완전히 소유할 수 있습니다.

슬퍼하는 사람은 행복하다. 그들은 위로를 받을 것이다

구세주는 가난한 사람들에게 복음을 전하듯이 '부서진 마음을 낫게' 해주고 '슬퍼하는 모든 이가 위로를 받을' 때를 선포합니다(이사 61,1).

슬퍼하는 사람들은 마음으로 가난한 사람들과 흡사합니다. 그들은 모두 고통과 형언할 수 없는 마음속의 근심, 그리고 에이는 듯한 아픔의 소리를 하느님 앞에 바칩니다.

세상에는 눈물도 많고 고통도 많습니다. 인생은 그야말로 고해입니다. 사랑하는 사람을 잃은 슬픔, 재산이나 명예를 잃은 슬픔, 좌절과 운명의 시련으로 말미암은 슬픔, 이 모든 것 뒤에는 하나의 큰 비참이 있습니다. 그것은 사회나 세계가 희망이 없어 보이는 데 대한 슬픔, 나아가 하느님과 그 법이 통하지 않는 데 대한 슬픔 등 모든 슬픔이 내포되어 있습니다. 이것은 깨어 있는 사람, 볼 줄 아는 사람이면 누구나 지닌 슬픔입니다. 이런 사람은 단지 시련에 휩싸인 자신의 운명만을 보지 않고 사회 전체, 인류 전체의 운명과 전 세계의 어지러움과 고통을 봅니다.

그러나 예수의 제자 되는 사람(그리스도 신자)은 슬픈 눈매에 침울한 표정을 짓거나, 고개를 떨어뜨리고 살지 않습니다. 고통을 감내합니다. 슬퍼하여 축 처지지도 않고, 반대로 아무 것도 아닌 양 털어 버리지도 않습니다. 오히려 자신들의 짓눌린 영혼을 하느님을 향하여 열어갑니다.

물론 하느님은 이승에서도 이들을 위로해 줄 것입니다. 왜냐하면, 고대하는 '이스라엘의 구원,' 즉 이스라엘의 위로(루가 2,25)가 해방의 약속을 말하고 있기 때문입니다. 무엇보다도 그날에는 하느님 친히 "그들의 눈에서 모든 눈물을 씻어주실 것입니다. 죽음이 없고 슬픔도 울부짖음도 고통도 없을 것입니다."(묵시 21,4)

온유한 사람은 행복하다. 그들은 땅을 차지할 것이다

시편 37장에도 '보잘것없는 사람은 땅을 차지할 것'이라고 하여 거의 같은 뜻으로 읊고 있습니다. 그럼 누가 이 온유한 사람들입니까? 구약에 있어서 가난한 이들과 온유한 이들은 밀접한 관계를 맺고 있습니다. 그들은 아무 것도 요구하지 않는 가난한 이들입니다. 그러나 하느님의 뜻에 완전히 내맡기고 그분의 선하심 속에서 모든 것을 기다리는 이들입니다. 아무도 억누르거나 착취하지 않으며, 복수하거나 불의한 목적 달성을 꾀하지도 않습니다.

그들은 하느님이 모든 사회적 불평등을 증오하고 남을 억압하는 자, 특히 교만한 모든 자들을 엄격히 심판하리라는 것을 잘 알고 있습니다.

왜냐하면, "죄 없는 사람을 빚돈에 종으로 팔아 넘기고 미투리 한 켤레 값에 가난한 사람을 팔아 넘기며 힘없는 자의 머리를 땅에다 짓이기고 가뜩이나 기를 못 펴는 사람을 길에서 밀쳐내며, 저당물로 잡은 겉옷 위에 뒹굴며 벌금으로 받은 술을 마시기"(아모 2,6-8) 때문입니다. 또한 온유한 사람은 하느님이 "가난한 자들의 재판을 정당하게 해주고 흙에 묻혀 사는 천민의 시비를 바로 가려주리라"(이사 11,4)는 것도 잘 알고 있습니다. 그들은 소박하고 굽혀 있는 이들입니다. 하지만 하느님에게 자신을 온전히 열어드리는 이들입니다.

그럼 이런 사람들이 차지할 땅은 어떤 땅인가? 우선 그 땅은 약속의 땅으로, 유대 백성이 광야를 지나가며 향수의 대상이었던, 하느님 은혜의 선물로 받은 가나안 땅이었습니다. 그러나 그 땅은 우상 숭배와 배신으로 더럽혀졌고, 그후 바빌론제국으로 넘어갔으며, 유배지에서 돌아온 후 새롭게 선물을 받기도 했습니다.

간선(揀選)된 백성의 역사를 통해서 볼 때, 그들은 한번도 그 땅을 진정 자신들의 소유지로 확실히 차지한 적이 없었습니다. 그 땅은 주후(主後) 70년의 대재난 때에 로마인에 의해서 다시 정복되어 그들의 통치하에 들어가고 말았습니다. 이때 하느님과 그의 백성 및 유대도 결정적으로 파괴되고 말았습니다. 그러나 이미 오래 전부터 이 희망은 영성적으로, 즉 영원불멸의 유산을 받는다는 상징으로 해석되어 왔습니다. 그리하여 이 땅에 대한 그리움은 신약을 초월하고 장차 올 하느님 나라에까지 날개를 펴게 됩니다.

어느 사람, 어느 민족이든, 생활공간을 표시하는 나라와 땅을 지니고 있습니다. 율법학자들은 "어떤 나라도 자기 땅이라고 부를 수 없는 사람은 진정한 의미에 있어서 사람이 아니다"라고 말하고 있습니다. 하느님과 그의 백성, 그리고 그 땅, 즉 나라는 단일성을 이루게 될 것이지만 전혀 다른 새로운 양상으로 이루어질 것입니다. 그러나 땅을 차지하게 될 사람들은 정복자나 지배자들이 아닙니다. 겸손되고 비천한 이들, 온유한 이들, 소리 없이 살아가는 사람들일 것입니다.

옳은 일에 주리고 목마른 사람은 행복하다. 그들은 만족할 것이다

이 지상의 굶주림은 우리가 지금 살고 있는 현대처럼 악화된 시기도 없었고, 이처럼 통절하게 느낀 적도 없었을 것입니다. 참으로 굶주림이란 오늘의 인류가 솟구쳐 올리는 비참의 울부짖음입니다. 그러나 복음은 굶주린 사람들이 만족하게 되리라고 약속합니다. 물론 그것은 지금 이루어지는 것이 아니고, 하느님 나라의 재림시에 이루어질 것입니다. 예수님은 이 말씀을 "빵을 많게 하실 때" 당신의 행동으로 더욱 명백히 강조하고 있습니다(마태 14,13-21; 15,32-39). 여기서 중요한 것은 굶주린 사람이 가난하고 온유한 이와 비슷하다는 점입니다.

그들 모두 하느님의 손길 안에 그들의 생명을 온전히 신뢰하여 내놓고 궁핍한 가운데 그분으로부터의 도움만을 기다리는 사람들입니다. 그러나 육체적인 굶주림은 사람들의 배고픔의 일면에 불과합니다. 그보다 더 혹독한 또 다른 굶주림과 목마름이 있습니다. 바로 정신과 마음의 굶주림이며, 하느님이 우리를 창조하신 대로 또한 우리에게 원하시는 대로입니다.

'행복하다'는 바로 이 굶주림에 대해서입니다. 옳은 일에 주리고 목마른 사람들은 분명히 약속대로 만족할 것입니다. 물론 여기서는 법률상의 정의를 말하는 것도 아니고, 일상생활의 정의를 뜻하는 것도 아닙니다.

이것 역시 가끔 결여되어서 때로는 상당한 고통을 느낄 것입니다. 여기서 말하는 '의로움'이란 성경에서 요셉이 의인이었다고 말한 의미로 이해되어야 합니다. 즉, 그것은 하느님 앞에 완전한 인간을 완전케 하는 것이며 완전 그 자체를 의미합니다.

의롭게 되기를 원하는 이는 하느님의 뜻을 전적으로 또한 온전히 이행하려는 열의를 가진 사람입니다. 이 의로움은 인간의 행동에 의해서만 얻을 수 있거나 혹은 하느님의 자비로운 선물만도 아닙니다. 이 점에 관해서는 뒤(마태 6,1; 33-25; 14-30)에서 명백히 밝히고 있습니다만, 가장 근본적으로 중요한 것은 인간이 진정으로 옳은 일에 대한 깊은 원의(願意)를 가지고, 자기 생활을 전적으로 하느님에게로 향하게 하며, 하느님으로부터 적합한 자로 인정받게 하는 의로움을 전 생애에서 가장 큰 재산으로 여기느냐 하는 것입니다.

한 가지 확신할 수 있는 것은 인간의 참된 배불림과 욕망에 대한 실질적이고 깊은 안정감, 그리고 그 해소는 지금 이루어질 수 없고 미래에 실현된다는 점입니다. 그것은 현실도피나 인간의 무기력 또는 소극적인 체념 때문이 아니라 사람이 빵으로만 사는 것이 아니라(마태 4,4)는 아주 단순한 진리의 깨달음 때문입니다.

자비를 베푸는 사람은 행복하다. 그들은 자비를 입을 것이다

예수님은 가난한 이, 온유한 이, 옳은 일에 주리고 목말라 하는 이들에게 하느님의 나라를 약속하고 있습니다. 이들에게는 하나의 공통점이 있습니다. 그들 자신들 안에 꼭 닫혀 있지 않고 자신들의 초라함을 하느님에게 열어 보이는 것입니다. 그들 모두 자신들의 헐벗음, 궁핍과 예속, 허약성, 그리고 질그릇처럼 부서지기 쉬운 생활을 체험하고 있습니다.

자비를 베푸는 이도 이와 같습니다. 그들은 착한 일을 하고, 법보다 자비심을 더 높이 평가하며, 남에 대해 아무런 적개심을 품지 않고 오히려 남의 고통을 덜어 주고 마음의 상처를 어루만져 주는 사람들로서 참된 행복의 소유자라 할 수 있습니다. 이 행위는 부드러운 마음씨와 인정에서만이 아니라, 그들 스스로 하느님의 자비심에 의존하여 있고 그 자비심을 떠나서는 한시도 살아갈 수 없음을 알고 있기 때문입니다.

그들은 남을 죄인으로 판단하지 않으므로 스스로 판단받지 않습니다(마태 7,1). 악을 악으로 갚지 않으므로 오직 선으로만 갚음을 받게 됩니다. 형제를 단죄하지 않으므로 단죄받지 않습니다. 하느님의 용서를 거듭거듭 새로 체험하기 때문에, 자신들에게 불의를 행하는 사람을 용서해 줍니다(마태 6,14 이하 18,35).

특히 이들은 마지막 심판 날에 이 자비심 없이는 감당하기 어렵다는 것을 잘 아는 사람들입니다. 그리하여 가난한 이, 굶주린 이들이 장차 다가올 참된 만족과 차지할 땅을 기대했듯이, 이들의 소망과 향수 또한 마지막 심판의 날에는 하느님의 크나큰 자비심을 향하고 있습니다.

마음이 깨끗한 사람은 행복하다. 그들은 하느님을 뵙게 될 것이다

우리들은 옳은 일에 주리고 목말라 할 뿐 아니라 하느님을 뵙고 싶어 더욱 간절히 주리고 목말라 하고 있습니다. 사실 이 세상 전체와 그 모든 영화(榮華)는 하느님의 아름다움의 가장 미소(微小)한 영상에 불과합니다. 하느님의 흔적은 어디에나 새겨져 있습니다. 태양의 광채 안에, 꽃의 아름다움 속에, 어린아이의 티없이 순수한 얼굴 모습 속에…. 그러나 우리는 하느님 자체를 눈으로 직접 볼 수는 없습니다.

이스라엘의 한 사람이 어느 날 시온산 성전으로 올라가고 있을 때, 하느님을 뵙기를 원하여 "당신이 그리워 목이 탑니다. 언제나 임 계신 데 이르러 당신의 얼굴을 뵈오리까"(시편 42,3) 라고 하였습니다. 모세는 주님에게 "당신의 영광을 내게 보이소서!" 라고 청했습니다.

하느님은 "나의 모든 선한 모습을 네 앞으로 지나가게 하며, 야훼라는 이름으로 너에게 선포하리라. 나는 돌보아 주고 싶은 자는 돌보아 주고 가엾이 여기고 싶은 자는 가엾이 여긴다" "여기 내 옆에 있는 바위 위에 서 있어라. 내 존엄한 모습이 지나갈 때, 너를 이 바위굴에 집어넣고 내가 다 지나기까지 너를 내 손바닥으로 가리리라. 내가 손바닥을 떼면 내 얼굴은 보지 못하겠지만, 내 뒷모습만은 볼 수 있으리라."(출애 33,18-23) 이렇게 모세의 청은 부분적으로만 받아들여졌습니다.

이 지상에서는 하느님을 정관(靜觀)할 수도 없습니다. 영원한 생명 안에서만 가능합니다. 보이지 않고 숨어 계시는 하느님은 우리가 가까이 할 수 없는 빛 속에 살아 계십니다. "그분은 홀로 불멸하시고, 사람이 가까이 갈 수 없는 빛 가운데 계시며 사람이 일찍이 본 일이 없고 또 볼 수도 없는 분입니다."(1디모 6,16)

그러나 그 때에는 하느님의 은총으로 밝혀진 우리의 변모된 눈으로 직접 볼 수 있게 될 것입니다. 물론 모든 이가 다 하느님을 뵐 수는 없고, 오직 마음이 깨끗한 사람만이 가능할 것입니다. 그것은 가장 심오하고 내적인 영혼에게 간직되어 있는 순수성과 맑음을 의미하며, 동시에 빛으로 충만될 수 있는 완전히 투명하고 깨끗한 그릇과 같은 영혼입니다.

마음은 갖가지 죄로 인해 더럽혀지게 됩니다. "입에서 나오는 것은 마음에서 나오는 것인데, 바로 그것이 사람을 더럽힌다. 마음에서 나오는 것은 살인, 간음, 음란, 도둑질, 거짓 증언, 모독과 같은 여러 가지 악한 생각들이다."(마태 15,18-19)

마음이 깨끗한 사람은 선을 행하고, 사랑과 자비의 생각을 하며 하느님과 옳은 일에 대한 향수에 젖게 됩니다. 이 향수는 하느님 자신이 당신을 우리 눈앞에 드러낼 때 형언할 수도 상상할 수도 없는 행복으로 채워질 것입니다.

평화를 위하여 일하는 사람은 행복하다. 그들은 하느님의 아들이 될 것이다

하느님은 평화의 하느님입니다. 우리를 향한 하느님의 생각은 재앙이 아니고 언제나 평화입니다(예레 29,11). 그분 안에 생명의 충만함이 있고, 그분 안에서는 어떠한 모순도 대립도 없습니다. 그러나 우리가 살고 있는 이 세상에는 투쟁과 갈등으로 인한 아우성이 만연합니다. 일치의 조화가 깨지고, 평화가 무너져 있습니다. 이것은 친절, 관용, 양보의 정신이 있느냐 없느냐의 문제만이 아닙니다.

평화란 훨씬 차원이 높은 선이며, 궁극적으로 정의와 진리처럼 구원의 은총으로 사람들이 전달해야 할 의무를 가진 신적(神的)인 선입니다. 그러기에 우리는 하느님을 내포하는 평화를 향하여 노력해야 합니다. 그 평화가 있는 곳에는 언제나 인간 상호간에 또한 하느님과의 관계에 있어서 화평합니다. 그렇지 않으면 부모와 자식 사이, 부부 사이에 불화가 생기고, 한 지붕 밑에 살고 있는 가족이라도 원수가 되는 예가 많습니다(마태 10,35).

평화를 전해 주고, 싸우는 사람들을 화해시키며, 미움의 불을 끄고 갈라진 자들을 맺어 주는 사람들은 참으로 행복한 이들입니다. 일상에서 화해시킬 수 있는 아주 단순한 태도, 행동, 말, 그리고 하느님으로 꽉 차 있는 마음은 참으로 중요합니다. 사리사욕을 떠나 순수한 지향으로 모든 인간 사이와 민족간에 평화를 심어주려는 집념에 사로잡힌 이는 행복한 사람이고, 특히 하느님과 사람들 사이에 평화를 건설하는 사람은 행복한 사람입니다. 이것은 사도적 사명 중에서도 특히 중요한 우리의 의무입니다. 사도 바오로의 말씀대로 "하느님께서는 그리스도를 내세워 우리를 당신과 화해하게 해주셨고 또 사람들을 당신과 화해시키는 임무를 우리에게 주셨습니다."(2고린 5,18-21)

이 임무는 모든 신자들에게 해당됩니다. 하느님과 자기 사이에 평화를 누리는 사람은 많은 말이 필요 없고, 다른 사람들을 이 평화에로 쉽게 안내하는 길잡이가 되는 것입니다. 이런 사람은 마지막 날에 가서 '하느님의 아들'이라 불리움을 받을 것이고, 사실상 하느님의 아들이 됩니다.

예수님은 하느님 나라가 임할 때의 생활을 묘사하기 위해서, 땅을 차지한다든지, 배불리게 될 것이라든지, 하느님을 보게 되고 또한 하느님 아들이 된다는 등 언제나 새로운 표현을 합니다. 구약에서는 천사와 다른 하늘의 존재들을 '하느님의 아들'이라 부르고 사람을 '하느님의 아들'이라고 말하는 것은 극히 드물었습니다. 그것은 지체 높은 사람들, 특히 이스라엘 왕들에게 주어진 예외적 특권이었습니다. 또한 장차 오실 메시아를 일컬었습니다.

"너는 내 아들, 나 오늘 너를 낳았다."(시편 2,7)

예수님의 성세 때에 성부는 이렇게 말씀하였습니다.

"너는 내가 사랑하는 아들."(루가 3,22)

이 메시아가 하느님의 아들 되는 품위는 유일한 것이고 비길 데 없는 것입니다. 그러나 여기서 우리가 다루고 있는 '하느님의 아들'이 되는 품

비유의 지혜를 얻는 즐거움 | 181

위는 다른 이들에게 공통된 구원의 은총으로써, 영원에 있어 부여될 것입니다. 하느님의 아들이 된다는 것은 하느님이 우리들을 선택하고 당신에게로 불러 주는 선물 중에서도 가장 아름답고 훌륭한 선물입니다. 그것은 하느님과의 완전한 일치를 말하고, 아버지와 아들 사이의 인격적 사랑을 말하며, 만물의 주재자에게 친밀한 측근이 되는 것이고, 실로 거룩하신 하느님과의 혈연관계를 뜻합니다.

이 미래에 대한 약속은 지금부터 실현되어 가고 있습니다. 비록 아직 완전하지는 않지만 사도 요한이 그 서간에서 "아버지께서 우리에게 베푸신 사랑이 얼마나 큰지 생각해 보십시오. 하느님의 그 큰사랑으로 우리는 하느님의 자녀라고 불리게 되었습니다"(1요한 3,1) 라고 말씀한 것은 지금 이 시간에도 참되고 현실적입니다.

옳은 일을 하다가 박해를 받는 사람은 행복하다. 하늘나라가 그들의 것이다

어느 시대든지, 사람들끼리의 원한과 인종간의 적대행위, 소유욕으로 말미암은 박해는 항상 있었습니다. 그럼 '옳은 일을 하다가' 박해를 받을 수 있을까? 여기서는 바로 하느님의 의로움을 뜻하고, 우리가 이를 주리고 목말라 하며, 예수님을 따르는 데 있어서 자기의 전 생애를 하느님에게 온전히 내맡겨 드리는 명확한 방향 전환과 완전한 순수성을 의미합니다. 이 의로움은 다른 이들에게 반감보다 자극을 줄 수 있고 '미움의 불'을 지르기보다 감격시켜 주는 것이 되어야 합니다.

그러나 예수님은 복음적 의미에서 가장 큰 의로움이라 할지라도 그것이 원한과 적대심을 품게 할 수도 있음을 아시고 또 증명하고 있습니다. 그 때문에 세례자 요한이 투옥되고 죽음에 내맡겨졌고(마태 14,3-12), 예수님 자신도 그것을 지상생활에서 체험했습니다. 제자들도 마찬가지였습니다. 하지만 그들은 행복한 사람들입니다.

지금 '낮춤'을 받으면 어느 날 '올림'을 받을 것입니다. 옳은 일로 말미암아 박해를 당하고 모욕으로 고통을 받는 자에게는 하느님의 나라가 주어질 것입니다. 이 지상에 사는 동안에는 조금도 추측할 수 없지만 하느님이 우리들에게 주신 약속은 너무나 명확하고 견고하기 때문에 우리는 주님의 말씀을 완전히 신뢰해야 합니다. 비록 우리가 의로움을 추구하다가 지치고 실망할 때도 많지만 모든 것은 이 약속으로 인해 밝혀지고 회복될 것이다.

나 때문에 모욕을 당하고 박해를 받으며 터무니없는 말로 갖은 비난을 다 받게 되면 너희는 행복하다. 기뻐하고 즐거워하여라. 너희가 받을 큰 상이 하늘에 마련되어 있다. 옛 예언자들도 너희에 앞서 같은 박해를 받았다

'옳은 일을 하다가 박해받는 사람'과 '나 때문에 박해받는 사람'은 서로 연결되어 있습니다. 왜냐하면, 진정한 의미의 옳은 일이란 예수님의 가르침을 따르고 예수님의 뒤를 따라 걸어가는 사람 외에는 도달할 수 없기 때문입니다. 그분 때문에 박해를 받는 사람은 바로 옳은 일 때문에 박해를 받는 사람인 것입니다.

구약과 예수님의 가르침 사이에는 심연(深淵)이 있을 수 없고, 오히려 완전한 일치를 이루고 있습니다. 바리사이들과 율법학자들도 구약의 의로움과 그들 자신이 가르치는 의로움을 예수님이 가르치는 의로움에 엇갈리게 만들 수는 없었습니다.

원한과 적대 감정의 형태는 다양합니다. 모욕, 온갖 종류의 중상모략

등 실로 온갖 '악'을 덧붙일 수 있습니다. 그러나 그 어느 것도 거짓과 꾸며낸 것들입니다. 예수님은 대제관 앞에 서 계실 때에도 온갖 모욕과 조롱을 받았고, 십자가에 매달렸을 때에도 조롱과 모욕을 받았습니다. 그렇다면 그 제자 되는 우리들은 이를 새삼 놀랍게 생각하지 않을 것은 당연합니다. 그것으로 말미암아 근심, 걱정, 불만, 쓰라림과 분노의 원인이 되지 않고 오히려 기쁨과 즐거움의 이유가 되어야 합니다. 물론 모욕과 굴욕 자체 때문이 아니라 '하늘에서 받을 큰 상' 때문입니다.

예수님은 결코 내세를 위해서 헐값의 위로를 주지 않습니다. 그러나 이 지상에서는 상을 기대하지 말라고 숨김없이 말씀합니다. 제자들도 스승과 같이 이 지상에서는 악의 권세와 거짓과 적대심을 가진 자들에게 넘겨질 것이라 했습니다.

그럼 '하늘에서 받을 큰 상'은 무엇입니까?

그것은 진복팔단에서 거듭 약속된 것입니다. 즉, 하느님 자신을 얻고, 그분의 영광스러운 지배에 참여하며, 하느님을 뵙고, 땅을 차지하며, 하느님의 아들이 되는 것입니다. 예수님의 제자들은 확실히 내다볼 수 없는 미래를 바라볼 것이 아니고 과거, 즉 신앙의 선열들의 역사를 되돌아보고서 마음 준비를 해야 했습니다. 왜냐하면, 박해의 법칙은 "옛 예언자들도 너희에 앞서 같은 박해를 받았다"라는 말씀 그대로 잘 드러나 있기 때문입니다.

과거에 있어서 박해자는 누구였습니까? 제자들의 선조들이라고 할 수 있는 사람들로서, 예언자들의 말에 반대하고 모욕을 준 선조들입니다. 고통에 가득찬 예언자 예레미야의 모습이 이를 웅변적으로 증명하고 있습니다. 이같은 박해자들의 후예들이 예수님을 재판에 붙여 복수하고 또한 그 제자들을 미워하게 되는 것은 '조상들이 시작한 일을 마저 하는'

것입니다(마태 23,32). 이것은 유대인들 편에서 일으킬 박해를 두고 말한 것입니다. 먼저 이들은 이제 싹트기 시작한 복음의 씨를 아주 질식시켜 없애 버릴 작정을 하고 있었습니다. 그리고 이것은 복음 선포에 있어서 교회가 겪은, 특히 사도 바오로가 겪은 첫 시련이었습니다. 동시에 이러한 박해의 법칙은 2천년의 교회사를 통해 알 수 있듯이 언제 어디서든 공통된다는 것을 알 수 있습니다. 한국 천주교회의 역사가 두드러진 박해의 역사입니다.

그리스도의 제자들인 사도들과, 우리 순교선열들은 예수의 이름 때문에 모욕을 당할 때 말할 수 없이 큰 고통 중에서도 마음의 기쁨을 잃지 않았습니다. 우리도 박해를 받게 되면 그들과 같이 고통 중에서도 기쁨을 잃지 않을지 각자 생각해 보아야 할 것입니다.

존재의 흔적을 찾는 여행

당신은 언제나 저와 함께 계신다고 하셨습니다.
그런데 가장 고통스러웠던 순간에 왜 한 사람의 발자국뿐입니까?
제가 주님을 가장 필요로 했을 때
왜 저를 홀로 내버려두셨습니까?
"사랑하는 아들아, 나는 결코 너를 버려둔 적이 없다.
발자국이 하나인 것은 네가 고통스럽고
힘겨워 할 때마다 너를 업고 다녔기 때문이다."

보지 못했으므로 없다고 말할 수 있을까

푸코의 새로운 발견

샤를르 드 푸코라는 분이 있습니다. 예수의 작은형제회 또는 자매회의 정신적 창립자로서, 아직 성인 품에 오르지는 않았으나 교황 바오로 6세가 '만인의 형제'라고 부를 만큼 모든 이의 형제처럼 사랑이 많은 분입니다. 사하라 사막에서 은수 생활을 하며 가장 복음적 가난 속에서 깊은 관상 생활을 한 분입니다.

그러나 이분은 처음부터 믿음이 열심한 분은 아니었습니다. 젊었을 때에는 군인으로 하느님을 떠나 대단히 교만하고 방탕한 생활을 했습니다. 그러다가 어느 날 형언할 수 없는 '내적 공허'를 느꼈고, 그 결과 회개하였습니다. 파리에 성 아우구스틴 성당이 있는데, 그 곳에서 고해성사를 보며 회개했다고 합니다. 이분이 쓴 편지에 이런 말이 있습니다.

"나는 하느님의 현존을 믿는 순간에 나의 생애 전부를 바치는 수도성소를 깨달았다."

한때 젊은 혈기에 하느님 없이도 살 수 있다고 생각하여 탕자와 같이 방탕한 생활을 하던 사람이었습니다. 그런데 회개하여 하느님의 현존을 믿는 그 순간에 자기는 그 하느님을 떠나서는 도저히 살 수 없음을 깨닫고, 동시에 하느님에게 자신의 모든 것을 바치며 사는 수도생활로 부르시는 하느님의 소리를 마음의 귀로 들은 것입니다.

나는 이 말을 처음 대했을 때에 큰 충격을 받았습니다. 그리고 "나 역시 하느님을 믿는다고 하지만 이렇게 생애를 바치는 성소를 깨달은 바가 있는가?"라고 반성하였습니다. 그리고 나뿐 아니라 하느님을 믿고 산다는 많은 사람이 그렇다고 보는데, 그 차이는 어디서 오는가 하고 생각했습니다.

확실히 우리가 믿는다는 것은 건성이고, 푸코에 있어서는 신대륙 발견처럼 자기의 삶 전체를 바꾸는 큰 발견이었을 것입니다. 마치 복음에 나오는 '하늘 나라의 비유'에서, 누가 밭에 묻혀 있는 보물을 발견했을 때, 그것을 다시 묻어 두고 기뻐하며 돌아가서 가진 모든 것을 팔아 그 밭을 산 것처럼(마태 13,14), 푸코 역시 하느님의 현존을 믿었을 때에 그것은 자기의 모든 것을 바칠 만한 값진 것이었습니다. 이와 비슷한 극적 변화는 사도 바오로의 개종에서도 볼 수 있습니다.

우리의 순교선열 역시 같은 믿음에 살았습니다. 이분들도 하느님을 믿지 않는다고 한마디만 하면 살 수 있었으나 그렇게 하지 않았습니다. 그들은 자기가 믿음을 고수할 때, 그것이 어떤 고통을 자초하는 것인지를 잘 알았습니다. 가진 모든 것을 빼앗기고, 온갖 고문을 이겨내야 하며, 드디어는 목숨까지 빼앗긴다는 것을 잘 알았습니다. 그런데도 그들은 이 믿음을 지켰습니다. 그렇다면 이분들이 그렇게 목숨을 바치며 믿은 하느님은 누구입니까? 하느님은 어떤 분이었기에 우리 순교선열들은 모진 박해와 시련 속에서도 그분을 버리지 않았습니까?

하느님은 실로 그들에게 있어서 모든 것이었습니다. 바로 생명 자체였습니다. 성경에서 세상의 모든 것을 얻는다 해도 생명을 잃으면 무슨 소용이냐고 한 바로 그 생명이었습니다.

보지 못해도 존재하는 것들

어떤 이는 하느님이 계시다는 것을 어떻게 믿는가 라고 마음속으로 의문을 제기할 것입니다. 그렇습니다. 이 문제는 인류 역사만큼 오랜 의문이요, 누구나 한번쯤 가져 보는 의문입니다. 누가 이 문제로 논쟁을 시작한다면 끝이 없을 것입니다. 왜냐하면, '있다는 사람'도 '없다는 사람'도 '있다, 없다'를 과학적인 방법으로 증명할 수 없기 때문입니다.

하느님은 믿음의 대상이지, 과학적인 의미의 지식의 대상이 아닙니다. 머리로써보다 마음으로 알고 믿는 것이 믿음입니다. 그렇더라도 믿음은 결코 맹목적인 것이 아닙니다. 우리의 지성과 이치에 부합됩니다.

일반적으로 하느님의 존재를 부인하거나 믿을 수 없다고 주장하는 사람들은 '하느님을 볼 수 없다'는 데에 근거를 두고 있습니다. "네가 보았느냐?"라고 말합니다. 사실 하느님을 본 사람은 아무도 없습니다. 성경에서도 "일찍이 하느님을 본 사람은 없다"(요한 1,18)고 말하고 있습니다. 하느님의 말씀을 듣고, 하느님이 보낸 사자(使者)를 만나고, 하느님이 행하신 기적을 보고, 또 사람의 모습으로 나타난 것은 보았지만 하느님을 하느님의 본성 그대로 본 사람은 아무도 없습니다.

그러나 보지 못했다고 해서 하느님이 존재하지 않는다고 결론을 내릴 수는 없습니다. '보지 못하니까 존재하지 않는다'는 말은 얼핏 듣기에 그럴싸해 보이지만, 논리적으로는 맞지 않습니다. 세상에는 우리가 보지 못하지만, 결과를 보고 그 원인이 존재한다고 확신할 수 있는 것이 얼마든지 있습니다.

예를 들면, 우리는 4대조, 5대 조상을 뵈온 일이 없을 것입니다. 그러나 우리가 있기 위해서는 4, 5대조가 계셨다는 것을 의심하지 않습니다. 또 여기 지금 내 앞에 마이크가 있습니다. 누가 이 마이크를 만든 사람을 본 일이 있습니까? 아무도 없습니다. 그러나 못 보았다고 해서 마이크를 만든 이가 '있는지 없는지 모른다'고 할 수는 없습니다.

지금 이 시간, 우리 나라와 세계의 여러 방송국에서 보내는 많은 소리와 사진이 전파를 타고 공중 속을 왔다갔다합니다. 라디오와 텔레비전에 잡히는 소리나 사진이 바로 그것입니다. 우리 눈에 보이지 않고, 귀에 들리지 않습니다. 하지만 분명히 있습니다. 라디오나 텔레비전의 채널을 맞추면 즉시 확인할 수 있고, 또한 소리나 사진을 보내는 사람을 전혀 보지 못하지만 누군가가 있어서 그것을 보낸다는 것은 조금도 의심하지 않습니다.

과학자들은 자연 속에 볼륨이 너무 커서 인간은 들을 수 없는데, 동물의 귀에는 들리는 소리가 있다는 것을 밝히고 있습니다. 인간은 19~20킬로사이클까지 들을 수 있습니다. 개, 박쥐, 돌고래가 들을 수 있는 소리를 우리가 듣지 못하는 것은 그 소리가 너무 크기 때문입니다. 그러나 우리 귀에 들리지 않는다고 해서 이런 동물의 소리가 없다고 부인할 수는 없습니다.

이와 같이 세상에는 우리 눈으로 보지 못해도 존재하는 것이 얼마든지 있습니다. 특히 어떤 결과를 보고서 그 원인을 보지는 못해도 쉽게 추리하는 것이 상식입니다.

알면 알수록 신비로운 세상

뿐더러 인간은 참으로 신비스럽습니다. 어떤 책에 보니까, 인체의 적혈구에서 어떤 형이 가장 이상적일까 하고 수학자들이 전자계산기를 이용하여 며칠 동안 연구해 보았더니, 그 답은 이미 인체 안에 있는 적혈구와 같은 것이었답니다.

흔히 '자연의 조화'라고 말하지만, 자연에는 인간의 인지(認知)로는 도저히 알 수 없는 초월적 지혜가 있다는 의미로 말할 때에만 맞는 표현입니다. 자연을 우연과 같이 생각한다면 전혀 이치에 맞지 않는 말입니다. 예를 들어, 생각하는 인간의 능력은 오늘날 자연과학을 발달시켜 우주 신비의 베일을 하나하나 벗겨가고 있습니다. 그러나 천문학자들은 그 신비를 알면 알수록 더욱 신비롭다고 말합니다.

우선 인간이 달나라에 갔다고 자랑하지만, 그것은 끝이 있는지 없는지 모를 우주의 광대함에 비할 때, 사람이 태평양을 건너기 위해 겨우 발을 하나 담근 것이나 같다고 합니다. 때문에 인간의 우주 탐색은 언제 끝날지 알 수 없다고 합니다.

우주 탐색이 끝나지 않는 것은 단지 우주가 무변광대하기 때문만이 아닙니다. 우주의 무수한 은하계와 그 속에 있는 무수한 별들은 무질서하게 있는 것이 아니라, 말할 수 없이 오묘한 질서 속에 운행하고 있습니다. 자연과학자들과 천문학자들은 그 이치와 원리 원칙을 발견하고, 이를 바탕으로 또 새로운 원리를 발견해 가면서 연구하는데, 기묘한 이치가 우주에 가득 차 있기 때문에 우주 탐구 역시 언제 끝날지 모른다는 것입니다. 그런가 하면, 물질의 원소를 연구하는 물리학자들은 원자 같은 가장 작은 물질도 얼마나 신비로운지 그 속에는 굉장한 에너지가 담겨 있을 뿐 아니라 그 자체가 소우주를 이루고 있으며, 분해를 거듭해도 끝이 없다고 합니다.

대우주는 너무나 커서 상상할 수 없을 만큼 광대무변하기에 그 끝을 알 수 없다는 것은 이해할 수 있지만, 원자같이 물질 중에서도 가장 작은 원소에 불과한 것의 끝을 알 수 없다는 것은 참으로 모를 일입니다(물질이기에 본성상 한도가 있고, 따라서 끝이 있어야 합니다). 이 역시 그 속에 오묘하기 이를 데 없는 이치가 끝없이 담겨져 있기 때문에 탐구에 끝이 없는 것입니다. 생각하면 생각할수록 놀라움을 금치 못합니다. 그러기에 어떤 사람은 "네가 신이 없다"고 말하는 그 혓바닥의 기능의 오묘함이 곧 신이 있다는 것을 증명한다고 하였습니다.

하느님을 믿지 않는다. 그러나 보고 있다

성서의 창세기를 보면, 하늘과 땅, 세상 모든 것이 하느님에 의해 창조되었다 하고, 특히 요한복음은 "한 처음, 천지가 창조되기 전부터 말씀이 계셨다. 말씀은 하느님과 함께 계셨고 하느님과 똑같은 분이셨다. … 모든 것은 말씀을 통하여 생겨났고, 이 말씀 없이 생겨난 것이 하나도 없다"고 하였습니다. 여기서 '말씀'은 그리스말로 '로고스(logos)'입니다. 이 말을 완전히 번역하기는 힘들지만, '하느님의 지혜, 창조의 예지, 그 신묘한 이치'를 뜻합니다.

참으로 세상 만물은 하느님의 예지에 의해 창조되었고, 지금도 그 예지가 다스리고 있다고 말할 때, 우리는 만물의 생명이 왜 이다지도 신비스럽게 되어 있는지를 이해할 수 있습니다. 즉, 하느님의 예지가 그들을 만들고, 그 예지가 그들을 지금도 지탱하고 있으며 모든 존재 안에 하느님 창조의 지혜가 숨겨져 있는 것입니다. 또 그 하느님의 지혜는 끝이 없기 때문에 그것으로 만들어지고 그 지혜를 담고 있는 우주만물과 물질을 아무리 연구해도 끝이 없는 것이 아닌가 생각합니다.

그러기에 인간의 지능이 최고로 발달한 오늘날, 많은 것을 탐구하여 많은 것을 알게 되었지만, 탐구하면 할수록 존재와 생명의 신비는 더욱 깊어집니다. 때문에 나는 과학이 더욱 발달하기를 기대합니다. 왜냐하면, 과학이 발달해서 많은 것을 알면 알수록 창조주 하느님이 당신의 피조물을 통해 드러내는 신비가 얼마나 한없이 깊은 지를 더욱 깨닫게 될 것이라고 믿기 때문입니다.

뉴턴이나 아인슈타인은 과학자이면서 동시에 하느님을 깊이 믿는 사람들이었고, 오늘도 과학자들 중 많은 이가 역시 믿음이 깊은 사람들입니다. 유명한 미생물학자인 파브르는 "나는 하느님을 믿지 않는다. 나는 하느님을 보고 있다"고 말하였습니다. 미생물 속의 생명의 신비를 보고 하느님 없이는 도저히 이런 생명의 신비가 있을 수 없다고 믿었기 때문입니다.

시인 구상은 '말씀의 실상'이란 시에서 이렇게 노래하고 있습니다.

영혼의 눈에 끼었던
無明의 백태가 벗겨지며
나를 에워싼 萬有一切가
말씀임을 깨닫습니다.

노상 무심히 보아오던
손가락이 열 개인 것도
異跡에나 접하듯
새삼 놀라웁고

창밖 울타리 한구석
새로 피는 개나리꽃도
復活의 示範을 보듯
사뭇 황홀합니다.

蒼蒼한 우주, 虛漠의 바다에
모래알보다도 작은 내가
말씀의 신령한 그 은혜로
이렇게 오물거리고 있음을
상상도 아니요, 象徵도 아닌
實相으로 깨닫습니다.

 이 시에는 동양의 전통에 깊이 내재되어 있고 우리 문학에 풍부히 표현되어 있는 인간과 자연과의 조화, 그리고 자연을 통해 하느님의 현존에 눈뜨는 신앙의 안목이 들어 있습니다.
 앞에서 인간은 신비스럽다고 했는데, 사실 오늘날도 철학뿐 아니라 심리학 인류학, 사회학, 생물학, 생리학, 해부학, 의학 등 여러 학문을 통하여 인간이 무엇인지를 계속 연구하고 있습니다만 아직 인간이 무엇인지 그 본질에 대해 말하지 못하고 있습니다.

이스라엘의 유명한 철학자 마르틴 부버(Martin Buber)가 쓴 『인간은 무엇인가?』라는 책에는 유대교의 개혁파 중 하나인 '하시디즘(Hasidism)'의 위대한 스승인 랍비 부남은 제자들에게 "나는 아담, 곧 '인간'이란 제목으로 책을 쓰려고 하였다. 그러나 깊이 생각한 끝에 그 책을 쓰지 않기로 했다"고 말했다는 이야기가 있습니다. 인간이 무엇인지 알 것 같으면서도 깊이 생각해 보면 모르기 때문입니다.

참으로 모순입니다. 인간은 자신이 아닌 다른 것에 대해서는 아는 것이 많습니다. 그런데 자신에 대해서는 모릅니다. 자신이 무엇인지 모르고, 따라서 인생의 의미에 대해서도 모릅니다. 왜 그렇습니까? 하느님이 인간 속에 당신의 신비를 가장 깊이 새겨 주었기 때문입니다.

이보다 더 큰사랑은 없다

　우리가 기도를 위해 하느님 앞에 앉았을 때, 마주보고 앉은 그 하느님은 어떤 분입니까? 하느님의 말씀을 담은 성경에 나타난 하느님은 어떤 분이십니까? 그리고 하느님에 관한 가장 기본적 진리는 무엇입니까?
　사랑입니다. 신구약 성경 전체가 말하는 내용을 요약하면 이 한마디로 귀착됩니다. 하느님이 우리를 얼마나 사랑하시며, 얼마나 큰사랑으로 우리를 창조하셨고, 얼마나 큰사랑으로 우리를 구하시는지를 말해 주는 책이 성경입니다.

자연이 아름다운 까닭

　그러나 창세기의 천지창조를 보면, '사랑'이라는 말이 없습니다. 그렇더라도 창조 자체가 하느님 사랑의 표현임은 분명합니다. 하늘과 땅, 해와 달, 하늘의 별들, 땅의 모든 생물, 아름다운 산천, 들의 꽃, 이 모든 것이 하느님의 사랑을 가장 크고 뚜렷하게 드러낸다고 볼 수 있습니다. 우리가 보는 일상의 자연, 봄의 진달래 동산, 여름철의 녹음, 가을의 단풍, 그리고 겨울의 설경 또는 아침 해, 저녁 노을, 밤하늘의 별들이 얼마나 아름답습니까?

10여 년 전, 몇 분의 신부님들, 신학생들과 함께 설악산을 등반하였습니다. 누구나 경험하는 것이지만, 설악산은 참으로 아름답습니다. 내가 간 날, 마침 정상에서 설악산 전체가 잘 보였습니다. 우리는 그 아름다움을 통하여 하느님을 찬미하게 됩니다.

'크시도다. 주 하느님!'

언젠가, 겨울에 눈이 많이 온 후에 수원 '말씀의 집'에 가서 뒷산을 산책 삼아 올라갔는데, 눈 위에 어느 피정자가 쓴 '크시도다. 주 하느님!'이란 글귀가 있었습니다. 설경의 아름다움을 통하여 하느님의 현존을 더욱 느꼈기 때문일 것입니다.

예수회의 창립자 성 이냐시오는 저녁에 로마본부의 옥상을 산책하다가 맑은 하늘에 가득히 빛나는 별들을 보고는 하느님 현존을 깊이 느낀 나머지, 눈물을 주르르 흘렸다는 이야기가 전해지고 있습니다. 또 한번은 뜰을 산책하다가 정원의 꽃이 너무나 강하게 하느님의 현존을 말하는 것 같이 느껴져, 짚고 있던 단장으로 땅바닥을 탁 치면서 "잠잠해라. 그렇지 않아도 내가 알고 있다"고 꽃들을 꾸짖듯이 말했다고 합니다.

로마에 가면, 미켈란젤로의 작품이 여럿 있습니다. 바티칸에도 있고 로마 시내에도 있습니다. 베드로성당에 있는 '피에타상'도 그 중의 하나입니다. 또 하나 유명한 것은 '모세상'입니다. 대리석으로 깎은 '모세상'은 걸작 중의 걸작입니다. 미켈란젤로 자신이 보기에도 살아 있는 것만 같아서 한번은 그 상의 뺨을 탁 치며 "말하라, 모세야!"라고 소리질렀다고 합니다.

이렇게 불완전한 인간도 자신이 만든 작품의 미에 도취되는데, 하물며 모든 아름다움과 선의 근원이신 하느님이야 당신의 정성을 다 쏟아 우주만물을 창조하셨을 것이 아니겠습니까? 더구나 당신의 모습을 따라서 만든 인간, 모든 피조물의 지배자로 세우기 위해 만든 인간을 보고 "보시니 좋더라!" 하였을 때, 그것은 미켈란젤로가 자기 작품을 보고 좋았다고 느낀 것과는 비교할 수 없을 것입니다.

만물이 다 각각 나름대로 어느 정도 하느님의 모습을 반영하고 있겠으나, 그 중에서도 인간이 하느님의 모습대로 만들어졌다는 것은 성서가 말하고 있는 대로입니다. 자기 의식을 할 줄 알고 의식적으로 사랑할 줄 아는 것은 하느님이 창조한 피조물 중에서 인간만이 할 수 있습니다.

천지창조 6일의 의미

성서의 창세기는 '창조'를 6일 안에 이룩한 것으로 서술하고 있습니다. 그러나 그것을 우리가 아는 6일로 해석하는 이는 아무도 없습니다. 우주물리학자들은 우주가 형성된 것은 적어도 1백50억 년이라 봅니다. 이른바 빅 뱅(대폭발)에서 시작되었다고 합니다. 그 대폭발이 있고서 1백50억 년이라는 세월을 거치면서 우리가 보는 천체가 형성되었고, 그 안에 태양계가 생기고, 그 안에 해와 달, 지구가 형성되고, 지구 안에 육지와 바다가 생겨나고, 바다에서 생물이 생기고, 그것이 진화 발전하여 인간에 이릅니다.

교회는 우주의 진화발전, 생명의 진화에 대해 창조주 하느님의 손길이 있는 한 반대하지 않습니다. 그리고 우주와 생물의 신비를 볼 때, 창조의 절정인 우리 인간 자신을 볼 때, 우리는 창조주 하느님의 손길을 부인할 수 없습니다. 하느님 없이 인간이 탐구해도 그 비밀을 다 벗길 수 없는 천체나 생명의 신비가 있습니다.

여기서 내가 말하고 싶은 것은 1백50억 년이란 오랜 세월과 그 안에 이루어진 모든 자연활동은 인간을 낳기 위해서였다는 점입니다. 즉, 하느님이 우주만물을 창조하신 것은 인간을 만들기 위해서이고, 그 인간을 통하여 당신의 영광을 드러내기 위해서입니다.

사랑이신 하느님은 '나'를 사랑에서 지으셨고 하느님은 나의 존재의 바탕인 것입니다. 그래서 성 아우구스틴은 "주여, 당신은 나를 사랑하셨기에 나를 지으셨습니다"라고 했고, 시편 139장에서는 "당신은 오장육부 만들어 주시고 어머니 뱃속에 나를 빚어 주셨으니 내가 있다는 놀라움, 하신 일의 놀라움, 이 모든 신비들, 그저 당신께 감사합니다"(13-14) 라고 적고 있습니다.

'내가 있다는 놀라움, 하신 일의 놀라움.'

여러분은 자기 자신이 있다는 사실에 대해 놀라움을 느껴 본 일이 있습니까? 우리는 눈으로 볼 수 있고, 귀로 들을 수 있고, 입으로 말할 수 있다는 것을 당연한 것으로 생각합니다. 그러나 볼 수 없거나 들을 수 없는 맹인, 농아와 비교해서 생각하면 참으로 감사하다는 것을 아니 느낄 수 없습니다. 참으로 '하신 일의 놀라움' '내가 있다는 놀라움'을 거듭 실감하지 않을 수 없습니다.

여기서 우리는 하느님과 나 사이의 관계가 예사로운 관계가 아님을 깨닫게 됩니다. 하느님은 나의 신원(identities)의 근원입니다. 하느님은 사람을 당신 모습에 따라 창조하였기에 한 사람 한 사람이 모두 고유의 존재,

유일무이한 존재입니다. 세계 인구가 60억이지만, 단 한 명도 똑같지 않습니다. 모든 세포가 고유합니다.

너는 하느님 없이 무엇이냐

그럼 모든 인간이 당신 모습을 따라 창조되었으면서 동시에 모두에게 고유의 퍼스낼리티를 준 하느님은 누구입니까? 전에 어느 수도자가 쓴 시를 읽은 적이 있습니다.

"수도자야, 너는 하느님 없이 무엇이냐?"

물론 하느님 없이 수도자는 아무 것도 아닙니다. 나는 이 시를 읽으면서 "사람아, 너는 하느님 없이 무엇이냐?"라고 생각해 보았습니다. 하느님 없이 나는 아무 것도 아닙니다. 우리는 한 순간도 하느님을 떠나서는 있을 수 없습니다. 한 순간도 하느님이 우리를 잊은 일도 없습니다. 그런 이유 때문에 우리는 하느님에게 사로잡혀 있다고 할 수 있고, 어떤 이는 부자연스러움을 느끼는 것인지도 모릅니다.

지난날, 우리의 교리교육은 하느님을 조지 오웰의 소설 『1984』에 나오는 대형(大兄)처럼 모든 것을 감시하는 '무서운 하느님'이라는 인상을 준 것이 사실입니다. 사르트르가 쓴 『말』이라는 작품을 보면, 사르트르는 어릴 때 죄랄 것도 없는 장난을 치다가 갑자기 '하느님이 보신다!'는 생각이 들어서 그로부터 하느님은 두려움과 공포의 하느님이었고, 그것으로 하느님과의 관계가 나빠졌다고 고백하고 있습니다. 또 성서의 욥기를 보면, 어디를 가도 그 면전을 벗어날 수 없는 하느님의 현존 앞에 두려움을 감추지 못하는 표현이 있습니다.

"사람이 무엇인데, 당신께서는 그를 대단히 여기십니까? 어찌하여 그에게 신경을 쓰십니까? 어찌하여 아침마다 그를 찾으시고 잠시도 쉬지 않고 그에게 시련을 주십니까? 끝내 나에게서 눈을 떼시지 않으시렵니까? 침 삼킬 동안도 버려 두시지 않으시렵니까?"(욥 7,17-19)

이 말은 하느님이 욥을 남달리 시험할 때, 그 고통의 절정에서 한 말입니다. 욥은 나중에 가서 다시 하느님에게 신뢰와 믿음으로 돌아섭니다. 하느님은 결코 우리를 어디서든 감시하는 의미의 하느님이 아닙니다. 우리는 어디를 가도 그분의 면전에서 벗어날 수 없고, 어디서든 그분의 손이 나를 잡지만, 그것은 그분의 사랑의 손길에 잡혀 있는 것입니다. 때문에 사도 요한은 "하느님은 사랑이시다"(1요한 4,16) 라고 했고, 어떤 분은 "하느님은 사랑이시다. 그 때문에 사랑으로밖에는 당신을 알려줄 수밖에 없다"고 하였습니다.

모성애보다 더 큰사랑

언젠가 들은 이야기입니다만, 미국의 어느 젊은 어머니는 세 살 난 아기가 트럭에 치여 차바퀴에 다리가 깔린 모습을 보고는 미친 듯이 달려가서, 어디서 힘이 났는지 그 육중한 트럭을 번쩍 들어 아기를 구해냈다고 합니다. 그런데 아기를 끌어내고, 그 어머니가 손을 놓는 순간에 척추가 부러졌답니다. 참으로 어머니 사랑이 어떠한 지를 알 수 있습니다. 무거운 트럭을 들 수 있는 힘은 절대로 연약한 여성의 육체적 힘이 아닙니다. 그것은 진정 모성애가 지닌 정신적 힘입니다.

또 암컷 쥐 한 마리를 실험했는데, 며칠을 굶긴 뒤에 음식을 놓고 그 둘레에 불을 질렀답니다. 그렇지만 불이 무서워서 좀처럼 근접하지 않는 것이었습니다. 혹시 하여 수컷을 그 자리에 두어 보았지만 역시 움직이지 않았다고 합니다. 그런데 이번에는 새끼를 불 속에 넣었더니 그 즉시 달려가서 새끼를 구해내더랍니다.

인간이든 동물이든 모성애는 위대합니다. 어머니의 자식에 대한 사랑은 참으로 인간의 사랑 중에서 가장 큰 것일 것입니다. 우리가 각자 생각해 보아도 어머니보다 더 크게, 더 변함없는 마음으로 나를 사랑하는 사람은 없을 것입니다.

그러나 하느님의 사랑은 이보다 훨씬 더 큽니다. 때문에 이사야 예언서를 보면 "여인이 자기의 젖먹이를 어찌 잊으랴! 자기가 낳은 아이를 어찌 가엾게 여기지 않으랴! 어미는 혹시 잊을지 몰라도 나는 결코 너를 잊지 아니 하리라"(49,15), "산들이 밀려나고 언덕이 무너져도 나의 사랑은 결코 너를 떠나지 않는다"(54,10)고 하였습니다. 구약의 아가서를 보면 "사랑은 죽음처럼 강한 것"(8,6)이라고 했는데, 바로 어떤 재난이나 절망적 상황에서도 우리를 떠나지 않는 하느님 사랑을 두고 한 말씀입니다. 그래서 예언서인 애가서에서는 "주 야훼의 사랑 다함 없고 그 자비 가실 줄 몰라라"(3,22) 라고 했고, 고린토전서는 '사랑의 찬가'에서 "사랑은 가실 줄을 모릅니다"(13,8) 라고 노래하고 있습니다.

참으로 하느님은 인간을 극진히 사랑하십니다. 하느님은 사랑이시고 사랑으로밖에 당신을 드러낼 수 없습니다. 시편 136장의 말씀대로 그분의 사랑은 참으로 영원합니다.

사실 우리는 하느님의 사랑을 받을 어떤 자격도 없습니다. 그러나 하느님은 사랑 자체이고 우리를 사랑에서 창조하였기 때문에 우리를 사랑하지 않을 수 없습니다. 그리고 우리가 이것을 믿고 산다면 우리는 어떤 처지에서도 실망하지 않을 것입니다.

당신은 언제나 그곳에

요한복음을 보면, 세례자 요한의 두 제자가 예수님의 뒤를 따라가서 예수님과 하룻밤을 함께 지냈고, 그 중의 하나인 안드레아가 형 시몬 베드로에게 가서 "우리가 찾던 메시아를 만났소"(1,41) 라고 말하고는 형을 예수님에게 데리고 가는 내용이 나옵니다.

여기서 두 사람이 누구냐 하면, 한 사람은 안드레아이고, 다른 한 사람에 대해서는 누구라고 말이 없습니다. 아주 소상히 썼을 뿐 아니라 "때는 네 시쯤이었다"고 정확하게 쓴 것을 보면 요한복음의 저자 자신, 곧 사도 요한 자신이 아닌가 생각합니다. 주해서(註解書)를 찾아보았으나 확실한 답이 없습니다.

예수님은 당신의 뒤를 따르는 두 사람을 돌아보고 "너희가 바라는 것이 무엇이냐?" 라고 물었습니다. 이 말씀은 요한복음에서 예수님이 처음으로 한 말씀입니다. 생각해 보면, 이 복음을 쓴 요한으로서는 예수님의 말씀 중 다른 것도 많이 생각났을 것입니다. 요한복음 끝에는 "예수께서는 이 밖에도 여러 가지 일을 하셨다. 그 하신 일들을 낱낱이 다 기록하자면 기록된 책은 이 세상을 가득히 채우고도 남을 것이라고 생각된다" (21,25)고 적혀 있습니다. 이처럼 요한이 복음을 쓸 때에 예수님의 말씀을 많이 기억하고 있었을 터인데, 어째서 이 말씀을 예수님의 첫째 말씀으로 썼을까 하고 상상해 봅니다. 이것은 순전히 나의 상상입니다만, 뜻깊다는 생각이 듭니다.

"너희가 바라는 것이 무엇이냐?"

예수님은 두 사람의 마음을 이미 읽으신 것입니다. 그들의 마음속 깊이에서 찾고 있는 것을 이미 알고 계십니다. 그런데 예수님은 왜 이런 질문을 하셨습니까? 그것은 그들 스스로가 자신들이 원하는 것이 무엇인지 마음속 깊이 지닌 것을 스스로 표현함으로써 그것을 얻을 수 있도록 하기 위해서입니다.

이 질문은 참으로 인간의 모든 것을 아시는 분이 던진 질문이기에 인간의 마음 깊은 곳을 울리는 질문입니다. 그리고 바로 우리에게도 던지는 주님의 질문입니다. 우리는 지금 무엇을 바랍니까? 진지하게 생각해 보아야 합니다. 그리고 자신에게가 아니라 예수님에게 진심으로 답해야 합니다.

복음에서, 두 제자는 아주 단순하고 소박하게 답합니다.

"랍비, 묵고 계시는 데가 어딘지 알고 싶습니다."

생각했던 것보다는 너무나 싱겁고 단순한 소리같이 들립니다. 우리 생각에는 그보다 더 거창한 답을 했더라면 하는 생각이 있습니다. 마태오 복음에 나오는 부자 청년처럼 "선생님, 제가 무슨 선한 일을 해야 영원한 생명을 얻겠습니까?" (19,16), 율법학자처럼 "율법서에서 어느 계명이 가장 큰 계명입니까?"(22,36). 아니면 제자들처럼 "언제 하느님 나라를 이루시렵니까?" 등 말입니다. 그러나 두 제자의 답은 단순하였습니다.

'선생님, 묵고 계시는 데가 어딘지 알고 싶습니다'는 단순히 집 주소를 물은 것이 아닙니다. 계시는 곳을 알고 싶은 것은 사실이지만, 그분과 함께 있고 싶어서입니다. 복음사가 요한이 이 대목을 말한 것은 앞서 지적한 대로 두 제자가 예수님을 만나고, 예수님과 함께 하룻밤을 지낸 것이 아주 중요하기 때문입니다. 예수님을 만나고 예수님과 함께 있다는 것은 우리에게도 결정적인 의미를 가집니다.

예수님은 제자들의 물음에 "와서 보라"고 답하였습니다. 우리도 주님이 어디 계시는지 알고 싶습니다. 그리고 와서 보라는 주님의 답을 듣고 싶습니다. 그런데 주님은 어디 계십니까? 교리는 주님이 아니 계시는 데 없이 곳곳에 다 계신다고 가르칩니다. 그 말씀은 옳습니다. 그러나 동시에 너무나 막연합니다. 우리 각자에게 무관한 하느님같이 보입니다. 물론 성인들의 이야기를 보면, 그들은 하느님의 현존을 어디서나 느꼈습니다. 하지만 우리에게는 그렇게 느끼기가 쉽지 않습니다.

주님은 어디 계십니까? 성당의 성체 안에 계십니다. 그래서 같은 기도를 바쳐도 성당에 가서 하는 것이 훨씬 더 주님의 현존 앞에서 바치는 것 같습니다. 그러나 '성체 안에 계시다'는 말은 주님이 어디 계시는지 알고 싶은 우리의 물음에 대한 답은 아닌 것 같습니다.

주님은 또 "단 두세 사람이라도 내 이름으로 모인 곳에는 나도 함께 있겠다"(마태 18,20) 라고 하였습니다. 이것도 사실입니다. 주님은 사도들에게 "내가 세상 끝날까지 항상 너희와 함께 있겠다"(마태 28,20) 라고 하였습니다. 그래서 주님은 교회 안에 계십니다. 교회는 그분의 몸이고 그분은 교회의 머리입니다. 하지만 이 역시 주님이 어디 계시는지 알고 싶은 우리의 물음에 대한 답은 못 됩니다.

언젠가 고 김정수 신부님의 유고집에 실려 있는 이야기를 읽은 적이 있습니다. 어떤 사람이 꿈속에서 예수님과 함께 바닷가를 거닐고 있었습니다. 바다 위의 드넓은 하늘에는 그가 살아온 생애의 모든 장면들이 하나하나 낱낱이 펼쳐지고 있었습니다. 그는 그 장면에서 모래 위에 새겨진 두 사람의 발자국을 보았습니다. 자신의 것과 예수님의 것이었습니다. 그런데 장면에 따라서는 자신의 생애 가운데 오직 한 사람만의 발자국이 찍혀 있는 것을 여러 차례 발견하였습니다. 곰곰이 생각해 보니, 그때는 아주 힘들고 고통스러운 순간이었습니다. 그는 예수님에게 물었습니다.

"주여, 주께서는 언제나 저와 함께 계신다고 말씀하셨습니다. 그런데 저의 생애 중 가장 고통스러웠던 순간에는 한 사람의 발자국이 있습니다. 제가 주님을 가장 필요로 했을 때, 주께서는 왜 저를 홀로 내버려 두셨는지 이해할 수 없습니다."

그러자 예수님은 이렇게 답하였습니다.

"사랑하는 아들아, 나는 결코 너를 버려 둔 적이 없다. 네가 단 한 사람만의 발자국을 발견한 것은 네가 고통스럽고 힘겨워 할 때마다 내가 너를 업고 다녔기 때문이니라."

출애굽기에 보면, 모세가 호렙산에서 불 붙은 떨기 속에 계시는 하느님을 처음 만났을 때, 하느님은 당신에게로 오려는 모세를 부르시며 "모세야, 모세야! 이리로 가까이 오지 말아라. 네가 서 있는 곳은 거룩한 땅이다"(3,4-5) 라고 하였습니다. 네가 있는 곳, 즉 내가 있는 곳이 거룩한 곳이다. 지금 여기 주님이 나와 함께 계시다는 말씀입니다. 이렇게 보면 우리가 있는 곳에, 내 안에 주님은 계십니다.

우리는 하느님의 현존 앞에, 현존 안에 있음이 분명합니다. 내가 그분 안에 숨쉬고 움직이고 살고 있다면, 내가 살아 있다는 자체가 주님의 현존을 증명하는 것이 됩니다. 그러나 2차대전중 나치에 저항하다가 처형된 독일의 신학자 본 회퍼는 "우리는 하느님 앞에, 하느님 안에 있다. 그러면서 하느님 없이 있다"고 하였습니다.

그럼 우리는 어디서 주님을 만납니까? 그곳은 우리의 마음속입니다. 마르코복음을 보면, 예수님은 사도들을 뽑으시기 전에 산에 올라가서 마음에 두었던 사람들을 부르셨다고 하였습니다. 루가복음에서도 같은 이야기를 전하면서, 예수님이 산에 올라가 밤새워 기도하셨다고 하였습니다. 산은 '하느님을 만나는 곳'이라는 성서적 의미가 있습니다. 산은 자연에서도 가장 조용한 곳입니다. 속세를 떠난 높은 곳, 생각만으로도 하느님의 현존을 더 가까이 느낄 수 있는 곳입니다. 이처럼 하느님을 만날 수 있는 우리의 산은 바로 우리의 마음입니다. 기도하는 마음속 깊이에서 하느님을 만날 수 있습니다.

성 아우구스틴은 '주님은 나보다 나에게 더 가까이 계신다'고 하였습니다. 그러면 우리 생각에 "와서 보라"는 주님의 말씀은 필요 없이 느껴질 지도 모르겠습니다. 그러나 우리가 우리의 마음속에 현존하는 하느님을 참으로 깨닫고 만나려면 길고도 오랜 '마음의 나그네길', '마음의 순례길'을 가야 합니다.

사실 성 아우구스틴은 주님을 만나기까지 오랜 세월 동안 방황하고 방랑도 한 분입니다. 그분은 참으로 주님을 찾았고, 어디 계시는지 알고 싶어했습니다. 그러나 마침내 주님을 만났을 때에는 육신의 마음속이었습니다. 뿐더러 주님은 이미 오래 전부터 자기 안에 와 계셨음을 알고는 고백록에서 이렇게 쓰고 있습니다.

늦게야 님을 사랑하였습니다.
이렇듯 오랜, 이렇듯 새로운 아름다움이시여,
늦게야 당신을 사랑했나이다.
내 안에 님이 계시거늘,
나는 밖에서, 나 밖에서 님을 찾아
당신의 아리따운 피조물 속으로 더러운 몸을 쑤셔 넣었사오니!
님은 나와 같이 계시건만,
나는 님과 같이 아니 있었나이다.
당신 안에 있잖으면 존재조차 없을 것들이
이 몸을 붙들고 님에게서 멀리했나이다.

옛날에 '예수성심 신심의 사도'라고 불리울 만큼 예수성심 공경을 온 세상에 전파하고 다닌 마태오 신부라는 외국인이 있었습니다. 이분은 내가 소신학교 다닐 때, 신부님들의 피정 지도를 해주고 학생들에게도 여러 가지로 좋은 말씀을 들려준 분이었습니다.

이분은 어디로 갈 때마다 기차표를 사면 두 장을 사야 할 만큼 주님의 현존을 깊이 느끼고 있던 분이었습니다. 프랑스에 계실 때에는 그 때문에 기차를 잘못 탔는데, 그 대신 죽을 위험에서 구출된 기적 같은 체험을 한 분입니다. 이처럼 주님을 모시고 있다는 것은 주님과 같이 생각하고 산다는 것입니다. 곧 그분이 사랑하신 그 사랑으로 우리도 남을 사랑하는 것입니다.

'너, 어디 있느냐'는 질문

'너 어디 있느냐?' 이 물음은 성서의 창세기에 나오는 말입니다. 인류의 원조 아담이 하느님의 명을 거슬러 범죄한 다음, 부끄럽고 두려워 하느님의 얼굴을 피하여 숨어 있었을 때, 하느님이 먼저 그들을 찾으며 "아담아, 너 어디 있느냐?"(3,9) 라고 묻는 말씀입니다.

그분의 자비로운 부르심

이 물음은 잘못을 문책하는 물음이면서, 동시에 잘못을 저지르고 숨어 있는 아담과 에와를 구하기 위하여 하느님이 찾고 부르는 소리이기도 합니다. 왜냐하면, 죄 짓고 숨어 있다고 해서 그대로 내버려둔다면, 그들은 하느님과의 관계가 완전히 단절되고 말 것이요, 그러면 영영 죽고 말 것이기 때문입니다. 찾아내어 벌을 줄 것은 주더라도 그들을 당신과의 단절된 관계에서 구원하기 위해서였습니다.

믿음에서 보면, 하느님은 존재와 생명의 원천입니다. 모든 존재와 생명이 하느님으로부터 왔습니다. 따라서 그분 안에서만 참된 삶을 얻고, 그 분을 떠나면 영원히 죽습니다. 아담과 에와가 죄 때문에 부끄럽고 두려워서 숨어 있을 때, 하느님도 모른 척하면 그들은 결국 죽고 맙니다. 그러기에 하느님 편에서 먼저 그들을 찾아 나섰습니다. 결국 '너 어디 있느냐?'라는 말씀은 죄에 대한 문책이면서, 그 이상으로 그들을 구원하고자 하는, 당신 품으로 다시 받아들이고자 하는 하느님의 자비로운 부르심입니다.

아마도 많은 이들이 어릴 때에 이와 비슷한 경험을 했을 것입니다. 누구랑 싸웠다든지, 그래서 새 옷을 망쳐 버렸다든지, 부모님이 시킨 심부름을 하지 않았다든지 해서 집에 들어가자니 아버지한테 단단히 꾸중을 들을 것 같으니까 들어가지 못하고 대문 밖에 숨다시피 몸을 움츠리곤 하였습니다. 그러나 아버지는 "요놈이…!" 하시면서도 어둑어둑할 때까지 들어오지 않으면 걱정되어 드디어 찾아 나섭니다.

"아무개야, 너 어디 있느냐?"

이럴 때, 우리는 잘못한 것 때문에 꾸중도 듣고 회초리 매도 맞습니다. 그러나 아버지로서는 자식을 다만 벌을 주기 위해서 찾는 것만이 아닙니다. 잘못을 저질렀으니, 응당 그에 대한 벌을 주어야겠지만, 그렇다고 밖에 버려둘 수 없다는 사랑의 마음에서 자식을 찾아 나서는 것입니다. 이같이 하느님이 아담을 부르며 "너, 어디 있느냐?"고 찾고 묻는 것도 문책만이 아니고 구원하고자 하는 자비와 용서의 의미가 더 큽니다.

여기서 아담은 사람이라는 뜻입니다. 다시 말해서 '사람아, 너 어디 있느냐'라는 말로 해석될 수 있습니다. 이 물음은 오늘 이 시간, 우리들 한 사람 한 사람 모두의 마음속에도 울린다고 볼 수 있습니다. 왜냐하면, 이 물음은 창세기에서도 볼 수 있듯이 어디에 있는가 하는 물리적 장소를 묻는 것이 아니고, 인간과 하느님과의 관계에서 인간의 실존상황을 묻는 것이기 때문입니다. 다시 말해, 인간이 인간답게 살고 있는지, 참된 가치관을 지니고 바른 길을 가고 있는지, 하느님이 양심을 통하여 거듭거듭 묻는 것입니다. 또한 하느님은 "아담아, 너 어디 있느냐?"의 물음으로 에와를 빼고 아담만을 찾은 것이 아닙니다. 아담과 에와는 부부로서 한 몸과 같으므로 아담을 통해서 에와도 함께 찾는 것입니다.

인간성 회복의 시작

성서를 보면, 인간은 죄를 범함으로써 하느님과의 관계를 끊을 뿐 아니라 서로의 관계에도 깊은 상처를 줍니다. 아담은 찾는 하느님에게 "당신이 저에게 짝지어 준 여자가 그 나무에서 열매를 따 주기에 먹었을 따름입니다" 라고 답함으로써 탓을 전부 남에게 돌립니다. "당신이 짝지어 준 …"이라고 말함으로써 하느님께 탓을 돌리고, 또 "여자가 … 열매를 따 주기에 먹었을 따름이다" 라고 말함으로써 여자 에와에게 탓을 돌립니다. 에와는 다시 뱀에게 탓을 돌립니다. 이것이 인간의 심리입니다. 우리도 자기의 잘못을 남에게 돌리곤 합니다.

이와 같이 죄는 모두와의 관계를 단절시킵니다. 하느님과 인간과의 관계, 인간 상호간의 관계, 또 인간과 세상 피조물과의 관계가 모두 상처를 입습니다. 따라서 이 모든 것을 아시는 하느님이 "어디 있느냐?"고 물으실 때에는 이런 죄에 대한 문책과 아울러 깨어진 모든 관계를 다시 회복하기 위해서입니다.

"너, 어디 있느냐?"의 물음이 담긴 창세기로부터 시작되는 신구약 성경은 바로 하느님 편에서 먼저 인간을 찾아 나섬으로써 깨어진 모든 관계를 회복시키고 화해시키기를 원하는 하느님의 업적을 말해 주는 것입니다. 결국 "너, 어디 있느냐?" 라는 물음은 참인간의 회복, 하느님이 당신의 모습대로 창조한 그 인간으로 인간을 다시 찾는 일의 시작입니다. 바로 인간성 회복의 시작입니다. 그래야만 인간과 하느님과의 관계, 또 인간 모두의 상호 관계가 올바로 서고, 모든 인간이 각자 구원을 얻고 세상도 평화를 누릴 수 있습니다.

먼저 이 물음은 인간의 삶에 대한 근원적 질문입니다. 우리는 이런 의미로써, 인간의 삶을 확인해 보는 것이 참으로 필요합니다. 인생 길을 인생 항로라고도 하는데, 배가 목적지에 도달하기 위해서 현재의 위치를 끊임없이 확인해야 하는 것과 같습니다.

'혼미 속에 있다'는 답변

내가 이것을 문제삼는 이유는, 요즘 우리의 삶이 이러한 근원적 의미의 가치관을 뚜렷이 지니고 사는 것인지, 혹은 그야말로 되는 대로 사는 것인지 대단히 불투명해 보이기 때문입니다. 신문 보도를 보면, 우리는 도대체 어떤 가치관에 사는지, 우리가 살고 있는 이 사회의 가치관은 무엇인지 참으로 암담해집니다.

내가 보기에 우리를 지배하고, 또 우리가 의식, 무의식 중에 따르고 있는 가치관은 내적인 것이 아니라 외적인 것, 물질적인 것으로 보입니다. 구체적으로 돈, 권력, 향락 등 외적인 것이 인생의 목표인 것처럼 생각하고 이를 얻기 위해서 물불을 가리지 않고 자신의 이익만 찾아서 뛰고 있는 것같이 보입니다. 이런 것을 '얻느냐, 못 얻느냐'에 인생의 의미, 삶의 행복, 나아가 우리 사회와 나라 전체의 발전까지 좌우되는 것인 양 생각하고, 이것을 향해 줄 서 있는 것처럼 보입니다.

물론 나는 경제적으로 잘 사는 것이 나쁘다고 생각하지는 않습니다. 그러나 돈을 많이 버는 것이 인생의 목표가 될 수는 없습니다. 이런 물질적 가치를 한 사회, 한 국가, 한 민족이 발전의 지상목표로 삼는다고 해서 참으로 인간적이고 정신적인 가치로서의 풍요로운 사회가 되지는 않습니다. 돈이 많으면 돈으로 향락을 사기 쉽고, 이기주의가 되기 쉽고, 따라서 타락과 부패의 자유가 늘어날 것입니다. 결코 윤리적 가치가 향상되고 자유가 늘어난다는 보장이 없습니다. 뿐더러 그것을 위해 인간의 기본권 존중을 비롯하여 인간의 존엄성 자체까지 무시했을 때, 과연 그런 정신적·윤리적 공백 속에서, 인간부재 속에서 경제발전 자체가 제대로 성취될 수 있을지도 의심스럽습니다.

한 나라의 국력은 결코 부의 축적에 있지 않습니다. 모든 국민이 마음으로 그 나라를 사랑하고, 그 나라를 지키고 발전시키는 데 뜻을 모을 때에 있습니다. 그러기 위해서는 우리 모두, 그 중에서도 가난한 이, 약한 이, 일반서민이 나라의 고마움을 느낄 수 있을 만큼 그들의 정당한 권익이 나라로부터 옹호되어야 합니다. 그리고 언제나 참된 것과 사회정의는 반드시 이룩된다는 것을 확신할 수 있어야 합니다. 한마디로 인간성이 회복되어야 경제도 발전하고 나라도 부강해질 수 있습니다.

그러나 오늘 우리의 현실은 그렇지 못합니다. "너, 어디 있느냐"의 물음을 나라 전체에 던진다면 불행히도 "혼미 속에 있다"고 말하지 않을 수 없습니다. 우리는 지금 갈림길에 서 있는 것이 분명합니다. 흥망을 가르는 갈림길입니다. 지금처럼 우리 국민 모두가 자기중심적으로 안이하게 살고, 정치인, 경제인, 공직자, 노동자 등이 저마다 자기 편한 대로 살다가 모두 망하는 구렁으로 떨어질 것인가, 아니면 모두 각성하고 힘을 모아 다시금 일어설 것인가?

우리는 마음의 비리를 청산해야 합니다. 우리의 고질적 병폐인 한탕주의, 돈을 벌기 위해서는 수단방법을 가리지 않는 몰양심적·비양심적인 탐욕, 황금만능주의, 정치인들 사이에 악과 같이 뿌리내리고 있는 당리당략, 그리고 우리의 마음을 쥐고 흔들게 하는 도덕불감증 등이 청산되지 않고서는 결코 새로운 미래를 건설할 수 없을 것입니다.

참으로 우리 모두가 자신의 과거의 비리, 스스로의 부정과 비리를 청산하고 새 사람으로 거듭 태어나야 합니다. 정직과 성실이 개개인의 삶과 사회의 정신적 기틀이 되고, 그래서 양심이 회복되고 도덕이 회복되고, 신뢰가 회복되어야 합니다. 지금은 21세기라는 세기사(世紀史)의 새 장을 여는 시점이기에 더욱 여기에 주력해야 합니다. 종교인들, 특히 그리스도교 신자들은 누구보다도 솔선수범해야 할 것입니다.

'창조'는 아직 잠들지 않았다

'인생고'라고 하면, 우리는 가난, 질병, 근심 걱정, 죽음 등 고통을 떠올립니다. 그러나 근원적으로 보면, 고통이란 다른 것이 아닙니다. 사랑할래야 사랑할 사람도 없고 사랑받을 수 없는 고독, 자기폐쇄, 고립이 바로 고통입니다.

사랑하는 사람과 함께 있으면 모든 것이 기쁘고 즐겁습니다. 아픈 것도 배고픈 것도 없습니다. 사랑의 극치에서 함께 죽으면, 그래도 행복할 것만 같습니다. 사랑은 죽음보다 강합니다. 생명을 죽일 수도 없습니다. 아니, 오히려 생명을 낳고 기르고 보호합니다. 따라서 고통에 신음하는 사람을 신앙의 입장에서 도와주려면 그를 먼저 자기 자신 밖으로 끌어내야 합니다.

병자는 누구에게 자기를 털어놓고 이야기하고 싶어합니다. 자기 이야기를 들어줄 사람을 요구합니다. 그런데 의사도 간호사도 바쁘고 방문객도 없습니다. 그만큼 그에게 있어서 외로운 것은 병보다도 고독입니다. 이때 하느님이 '너를 창조하셨다'는 말씀은 인간을 자기 밖으로 끌어내 줍니다. 왜냐하면, 이 말에는 '너 아닌 다른 분이 계시다' '너를 만들었으니 너보다 더 위대한 분이시다' '너를 만드셨으니 너를 아신다' '너를 만드셨으니 무슨 목적이 있을 것이다' '너를 만드셨으니 너는 언제나 그분에게 속해 있다' 등의 의미가 담겨 있기 때문입니다. 그래서 이 말씀은 인간의 마음과 생각, 그 눈을 자기 밖으로 돌리게 해줍니다.

여기서 우리는 '하느님이 너를 만드셨다'는 의미를 묵상해 볼 필요가 있습니다. 이 말씀에는 '계시'에 있어서 '창조, 낙원, 천국'의 세 가지 신비를 포함하고 있는데, 먼저 '창조'에 대해 살펴보기로 하겠습니다.

인간 실존의 참다운 의미

하느님의 창조 행위는 여러 가지 차원에서 묵상할 수 있습니다. 첫째로 이 세상에서의 우리 자신의 실존을 말해줍니다. 하느님은 계시를 통하여 다음과 같은 뜻의 말씀을 합니다.

'나는 너를 창조했다. 네가 생활하고 체험하는 그 구체적 상황 속에 너를 창조했다. 너는 나의 권능에 속해 있다. 나는 너에게 너 스스로를 있는 그대로 주었다. 너의 삶에는 많은 희망이 주어져 있는가 하면, 또 많은 위험도 주어져 있다. 너는 스스로에 대한 긍지를 지니고, 동시에 허약함을 면치 못한다. 너는 무슨 일을 완성시킬 힘을 가졌고, 동시에 무능을 체험한다. 너는 곤경과 피로와 패배를 체험하고, 동시에 나는 너에게 끊임없는 소망을 주었다. 건강, 완전무결, 부유, 영광, 인정, 의미로써 충족된 인생, 따뜻한 인정, 우정, 사랑, 포용, 너 안에 느낄 수 있는 모든 가능성과 너의 마음을 압박하는 한계를 함께 주었다. 이 모든 것은 너를 위한 나의 은혜이다. 나의 영원한 사랑에서 너에게 선사한 너의 창조된 본성이다.

나는 내 뜻을 너 자신을 통해서 드러내 보였다. 너의 실존적 형태, 너의 순간적 상황, 너의 변하는 의식상태를 통하여, 그리고 너의 기쁨과 고통, 성공과 실패, 건강과 질병, 일상생활의 사소한 기쁨과 죽기까지 괴롭고 몸서리치는 권태를 통하여, 나는 나의 뜻을 너에게 알려주었다. 너의 일생의 어떠한 일도 중립적이거나 '이래도 그만, 저래도 그만' 할 것은 없다. 너의 존재는 있는 그대로 경외스러운 것이다. 왜냐하면, 그것은 바로 나의 은혜이며 너에 대한 나의 사랑의 심화이기 때문이다. 너 스스로의 생활에 대하여 관심을 가져라. 그리고 생활을 주어진 그대로 받아들이면서 그것을 나에게 있는 그대로 바쳐라.'

이 말에 대해 고통중에 있는 사람이 즉시 "네, 그렇게 하겠습니다!"라고 한다면, 이것은 그 뜻을 충분히 알아듣지 못했기 때문일 것입니다. 그렇다면 그를 위로한 것이 아니라 제정신을 잃게 만든 것입니다.

하느님의 손에서 주어진 그대로 자기 자신을 받아들인다는 것은 하나의 확고한 결심, 결정을 뜻합니다. 만일 내가 나의 생(生)을 너무 단순하게 받아들이고, 내가 체험하는 '의미 없는 삶'도 하느님의 은혜(의미 자체)이어야 한다고 생각하면서, 이에 대하여 아무런 저항을 느끼지 못한다면, 그것은 하느님의 '이해할 수 없는 실체'를 체험하지 못했다는 것을 뜻합니다. 또한 하느님 앞에 서 있지 않다는 것을 뜻하는 것입니다. 왜냐하면, 파악할 수 있고 쉽게 내 것을 만들 수 있는 신은 '참된 신', 곧 하느님이 아니기 때문입니다.

예컨대, 우리가 힘을 다하고 마음을 다하여 누군가를 진심으로 사랑한다고 합시다. 그때 우리는 자신이 체험하는 곤경과 근심 걱정에 가득 찬 삶과 그 운명을 사랑하는 사람도 함께 갖기를 원할 수 있습니까? 사랑하지 않을 때는 가능합니다. 그러나 진심으로 사랑하면 그런 것을 소망할 수는 없을 것입니다. 그 사람이 내 입장이 되어서 고생을 진탕 하면 좋을 텐데 하는 생각은 하지 못할 것입니다. 그럼에도 불구하고 하느님은 우리에게 우리 자신을 당신의 은혜, 선물로 알도록 요구합니다. 참으로 알아들을 수 없는 일입니다.

우리가 어둡고 캄캄한 인생을 살면서 하느님의 은총으로 깨닫고 체험하기 위해서는 평생 하느님을 향하여 살아가야 합니다. 매일매일 시간마다 우리를 존재케 하고 살아 있게 하신 그 알아들을 수 없는 하느님의 뜻 속에 들어가야 합니다.

그런데 이 일은 간단하지 않습니다. 우리는 하느님으로부터 창조되었지만, 천사들처럼 중개자 없이 하느님의 손에서 직접 나온 것이 아니기 때문입니다. 창조에 있어서, 하느님과 우리와의 관계는 부모와 세상을 통해서입니다. 하느님은 이 세상을 통하여 당신을 우리에게 주고 있습니다. 이것이 창조의 둘째 차원입니다.

인간은 왜 내일을 꿈꾸는가

인간을 '만물의 영장'이라고 합니다. 잘 생각해 보면, 인간이 우주 안에서 차지하는 자리는 아슬아슬할 만큼 높은 자리입니다. 인간은 우주만물의 정상(頂上)이고, 수십 억 년의 생성 과정을 거친 창조 과정의 산물입니다. 그의 족보를 돌이켜 보면, 끝없이 깊은 바닥에까지 이르고 있습니다. 먼저 인간이 태어난 곳은 가정입니다. 가정은 그를 육체적으로 뿐 아니라 정신적으로도 형성시켰습니다. 그리고 가정은 역사적으로 오랜 세월을 두고 이룩된 단일문화, 단일가족, 그리고 사회를 떠나서는 생각할 수 없습니다. 이 사회는 다시 인류 전체의 역사적 발전과정 속에 짜여져 있습니다. 그래서 우리 개개인 안에는 우리 자신이 의식하지는 못하지만 인류가 수만 년 전에 겪은 체험을 내포하고 있는 것입니다.

인류의 역사 또는 인간 생성의 역사는 적어도 1백만 년을 헤아린다고 합니다. 이것은 인간 이전의 생명체의 발전·진화와 연결되어 있고, 이 생명의 역사는 적어도 20억 년으로 소급해 올라갑니다. 그리고 이 생명의 역사가 시작되기까지에는 다시 해와 달, 별과 지구가 생겨나서 가능했고, 이것은 또 물질원소로부터 우주의 생성 발전까지를 전제하고 있는데, 적어도 약 1백억 년이 걸렸을 것으로 봅니다. 이렇게 보면, 인간은 '원소적(元素的) 재료 → 우주 → 지구 → 생명'이란 발전과정을 거친 것입니다. 즉, 인간은 온갖 투쟁, 비참, 고난을 지녔으면서 동시에 모든 희망과 기대와 발전의 가능성을 지니고 우주의 정상에 선 것입니다. 오늘 우리가 아무리 노력해도 다 헤아릴 수 없는 그런 시간, 멀고 먼 옛날로부터 시작하여, 아무리 파헤쳐도 다 알아낼 수 없는 심연에서 일어나기 시작한 발전의 끝에 인간이 서 있는 것입니다.

결국 모든 우주는 생명을 향해 발전하고, 생명은 의식을 향해 진화하고, 의식은 정신적 존재인 인간으로 향해 나가고 있습니다. 여기서 '정신'이란 본래 절대자와의 일치를 위한 존재의 동력입니다. 이렇게 보면, 모든 존재의 발전은 전진뿐 아니라 위로 하느님을 향해 올라가고 있습니다. 즉, '원소 → 우주 생성 → 생명 → 의식적 존재 → 정신을 지닌 인간 → 절대자와의 일치'인 것입니다. 다시 말해서, 인간은 자기의 운명 속에 하느님에게로 돌아가는 충동을 지니고 있으며, 이것의 달성은 인간만의 완성이 아니라 모든 우주를 하느님의 생명 안으로 이끌어 가고 있습니다. 인간생활의 고통과 죽음까지도 우주적인 의미를 지니고 있는 것입니다. 여기서 우리는 인생이 왜 끊임없는 꿈, 미래를 향한 꿈인지를 이해할 수 있습니다.

우리는 마음속 깊이에 우주 발전의 강력한 충동을 지니고 있습니다. 그리고 이 충동은 '꿈, 욕구, 희망, 동요, 불안' 등으로 나타납니다. 다시 말해서, 인간은 우주만물 발전의 내적 충동을 자기 안에 체험하고 있기에 이미 얻은 것, 현실에 만족하지 못하고 언제나 미래로 전진하는 것입니다. 참으로 인간은 한없는 욕망의 주인공입니다. 무엇인가 보다 나은 자기, 즉 보다 완전하고, 보다 행복하고, 보다 영원한 자기를 동경하고 있습니다.

자연과학에서도 같은 말을 합니다. 인간의 생성 과정은 아직 종결되지 않았으며, 오히려 인간은 이제 자기발전의 문턱에 들어서 있다는 것입니다. 인간을 포함하여 중간 크기의 동물류의 수명은 5천만 년이므로 오늘의 발전에서 볼 수 있는 급속한 진화를 계산에 넣더라도 인간은 아직 몇 백만 년의 미래를 지니고 있다는 것입니다. 뿐 아니라 인간이 보다 인간다워지는 발전의 가능성, 즉 자기창조의 가능성은 측정할 수 없다고 합니다. 결국 모든 존재는 이미 완성된 존재, 혹은 생성이 종결된 존재로 볼 것이 아니라 미래에 대한 풍부한 가능성을 지니고 있는 존재로 파악해야 합니다.

인간에게 있어서 내일을 향한 힘과 의지, 그 꿈이 없으면 자기 안의 생명이 메말라질 뿐 아니라 우주 전체의 발전이 중단됩니다. 우주는 인간을 통하여 인간 안에서 자체의 완성을 이룩해 가고 있습니다. 이같이 전 우주가 인간을 포함한 하나의 생성과 발전체입니다.

하느님이 이런 힘을 우주에 주셨습니다. 그래서 서서히 발전하면서 인간으로 발전하고, 인간의 의식, 그 정신과 결의를 통해서 하느님에게로 영원한 영광으로 승화되어 갑니다. 여기에 창조의 셋째 차원을 볼 수 있습니다. 우리는 앞으로 나가면서 위로 승화되려는 충동 속에 하느님을 깨닫게 됩니다.

지금도 계속되는 '창조 행위'

이렇게 우주 안에서의 인간의 위치를 묵상할 때, 우리는 인생의 측량할 수 없는 가치를 예감하지 않을 수 없습니다. 우리 안에 무엇이 측량할 수 없는 가치입니까? 바로 '하느님의 계시'입니다. 우리 속에 하느님의 생명을 간직하고 있습니다.

우리는 하느님이 인간을 무(無)에서 창조하셨다고 말합니다. 이것은 다만 우주 창조에 있어서 하느님이 아무런 재료도 안 썼다는 소극적인 표현입니다. 보다 적극적으로 말하면, 하느님은 우리를 다른 아무 것도 아닌, 바로 당신 자신이 우리를 창조하였습니다. 거기에는 당신 외에 다른 모형이 있지 않았습니다. 당신이 그 원형입니다. 당신 외에 다른 원리가 없고, 당신 외에 다른 무엇에서도 영향을 입지 않았으며, 오직 당신의 창조 능력으로 만드셨습니다. 따라서 모든 피조물은 하느님의 뜻으로 살고 그 반영으로써 삽니다. 이 신비를 이해하려면 신비 중에서도 가장 깊은 신비인 하느님과 기타 생명활동을 묵상해야 합니다.

계시에 의하면, 하느님은 삼위일체입니다. 하느님은 홀로 외로운 분이 아닙니다. 천주성체로는 오직 하나이신 천주입니다. 삼위(三位)란 '나'의식을 가진 분이 셋이고, '너'라고 부를 수 있는 분이 셋이란 뜻입니다. 즉,

성부, 성자, 성령입니다. 여기서 성부는 영원히 성자를 낳고(당신을 주며), 성자는 영원히 낳으심을 받고(성부의 주심에 답한다), 이 영원한 사랑을 주고받는 관계가 성령입니다.

하느님에게는 정지(停止)가 없습니다. '정(靜)'이 '동(動)'이요, '동'이 곧 '정'입니다. 피조물로서의 우리는 본질적으로 삼위일체의 영원한 진행, 곧 사랑의 주고받음에 긴밀히 연결되어 있습니다. 요한복음에 의하면, 모든 피조물은 '제2위 성자' 말씀을 통하여 창조되었습니다. 말씀이신 성자는 성부의 완전한 반영입니다. 하느님의 모습 자체이고 완전한 원형입니다. 그래서 이것을 따라 그 모상인 유한한 존재의 창조가 가능한 것입니다.

모든 피조물은 제2위 성자의 모습을 각각 그 한도 내에서 표시하고 있습니다. 이렇게 창조주 하느님과 인간과의 관계가 밀접함을 생각할 때, 하느님은 세계를 그 시작에 있어서 창조하시고 손을 뗀 것이 아닙니다. 전 우주와 모든 피조물은 하느님의 계속적인 창조 행위, 그 뜻에 의하여 존재하고 생성합니다.

'신학, 창조, 보존, 협력'이란 단어는 창조 행위에 대하여 다만 관점을 달리해서 보는 것뿐입니다. 하느님의 창조 행위는 지속되고 있습니다. 그래서 창조는 과거의 일만이 아니라 현재에도 진행되며 움직이는 우리 안에서도 진행되고 있습니다. 여기에 하느님의 현존을 말할 수 있는 것입니다.

"태초에 하느님은 천지를 창조하시니" 라는 말씀은 우리가 살고 있는 지금 이 시간에도 해당됩니다. 하느님의 뜻을 떠나서는 모든 것이 '무'로 돌아갑니다. 그렇다면 우리는 철 따라 피고 지는 꽃, 자라는 초목, 산과 들, 출렁거리는 바다, 밤하늘의 별의 움직임 등 온 천지에서 하느님의 힘의 충만, 하느님의 현존을 묵상할 수 있습니다. 무엇보다도 우리 자신이 숨쉬고 움직이고 있습니다. 모든 피조물은 물질이든 정신이든, 그 존재에 있어서 하느님과의 직접적인 관계에 있습니다.

정신의 특성은 하느님에 대한 이 직접적 관계를 스스로 의식하고 행동화 생활화하는 데 있습니다. 하느님 편에서 우리에게 가까이 계실 뿐 아니라 우리 자신들도 이를 의식하고 발견해야 합니다. 이것이 인간 안의 정신적 요소, 곧 영혼입니다. 영혼을 통해서 우리는 모든 사물, 우주의 근원이신 하느님에게 이르게 됩니다. 이것이야말로 인간의 위대한 품위인 것입니다.

인간은 하느님, 즉 제2위 성자에서 용솟음치듯 나온 세계를, 성자를 인식하고 사랑함으로써 다시 하느님에게로 인도해 가는 일을 맡았습니다. 세계를 자신 안에 모으고, 이를 하느님 안에 궁극적인 완성으로 이끌어 가야 합니다.

누가 '낙원'을 사라지게 했는가

성서의 창세기를 보면, 인간은 본시 낙원에 살았습니다. 낙원은 문자 그대로 기쁨과 평화, 행복으로 가득 찬 세계였습니다. 그곳에는 아름다운 꽃, 초목이 우거진 산과 언덕이 있고, 아름답고 시원한 물이 들판을 굽이쳐 흐르고 있었습니다.

인간은 이 아름다운 자연과 하나 되어 생을 만끽하고 있었습니다. 맹수를 포함하여 모든 동물과 친했습니다. 서늘한 때에 동산을 거닐면서 벗과 같이 이야기하는 하느님의 음성도 직접 들을 수 있었습니다. 흔히 '에덴동산'이라고도 하는데, 온 세상이 다 그러했다고 볼 수 있습니다. 확실히 인간은 다른 세상에 살고 있었습니다.

그런데 이 세상의 다른 점은 어디에 있다고 생각합니까? 자연의 아름다움입니까? 그런 곳은 지금도 지구상에 있습니다. 자연이란 아름답기도 하지만 때로는 대단히 두려운 것이기도 합니다. 태초에도 그랬을 것입니다. 왜냐하면, 아직 인간이 자연을 정복하지 못했기 때문입니다. 여기서 우리는 '세상'이란 무엇인지를 생각해 볼 필요가 있습니다.

세상은 두 가지로 구성되어 있다고 말할 수 있습니다. 하나는 자연이고, 다른 하나는 인간의 의식입니다. 자연은 산천초목뿐 아니라 온갖 사물, 인간, 그리고 여러 가지가 일어나는 곳이고, 의식은 인간의 마음가짐, 생각, 의식구조, 의식상태입니다. 그러므로 우리가 세상이라고 말해도 그것은 이미 성립되어 있는 것이 아닙니다. 객관적 여건과 더불어, 우리의 주관적 생각으로 형성되고 또 형성되어 가는 것입니다. 왜냐하면, 사람은 같은 여건의 세상이라도 마음이나 생각 여하에 따라서 전혀 달리 체험할 수 있습니다. 예를 들어, 사랑하는 사람은 사랑하는 사람과의 관계에 있어 세상을 전혀 달리 체험합니다. 사랑하면 온 세상이 아름다운 장밋빛으로 보입니다. 세상과 인생의 새로운 의미를 발견합니다. 모든 것이 밝게만 보입니다.

이와 비슷한 것이 '천국'이라고 하는 낙원에서 있었습니다. 보다 더 깊게 체험할 수 있었습니다. 평화와 사랑이 인간의 생활 전체를 지배하고 있었으며, 근본적인 것으로는 아버지같이 자애로운 하느님을 이웃을 직접 대하듯이 어디서나 만날 수 있었습니다. 그러기에 창세기에서는 "서늘한 때에 동산을 거니시는 하느님의 음성을 들을 수 있었다"고 적고 있습니다. 그들은 하느님의 품속에 살고 있는 체험을 지니고 있었던 것입니다.

독일의 철학자 과르디니 신부는 '낙원의 인간'에 대해서 이렇게 쓰고 있습니다. "하느님의 손에서 인간을 생각해 보자. 그는 생명에 가득 차 있었고 자유스럽고 기쁨에 차 있었고 건전했다. 그의 마음에는 거짓, 욕정, 반항, 폭력의 그림자도 없었다. 그 안의 모든 것은 다 하느님을 향해 열려 있었다. 세상을 만드신 창조주와 순결한 조화를 이루고 있었다. 그는 하느님의 빛으로 투명체와 같이 밝게 빛나고 있었다. 그 사랑으로 숨쉬고 그의 가르침에 순종했다. … 그럼 이런 인간이었다면, 그가 보고 느끼고 행하는 데서 어떤 세계가 성립될 수 있겠는가? 바로 낙원이다."

'낙원'이란 다른 것이 아니고, 하느님의 모습으로 된 인간이 그 모습대로 살고 그 모습을 더욱 더 완성시켜 가면서 하느님을 사랑하고 그분에게 순종하며 온 세상을 끊임없이 하느님에게로 이끌어 갈 때에 생겨납니다. 이렇게 보면, '낙원'이란 달리 만들어졌던 어떤 세상이라기보다는 인간이 하느님과의 친밀한 관계 속에 달리 살았던 세상입니다.

세상은 같은 세상입니다. 오히려 지금보다 더 위험한 세상이었을 수 있습니다. 다만 여기에는 과성은혜(過性恩惠), 즉 사욕편정(邪慾偏情)이 없고, 지혜가 밝고, 고통이 없고, 죽지 않는 은혜를 누렸습니다. 이것은 인간의 본능적인 욕구를 완전히 채워 주는 것입니다. 이 네 가지의 은혜에 대해서 살펴보기로 하겠습니다.

첫째로 사욕편정이 없었습니다. '낙원의 인간'은 내적으로 균형이 잡혀 있고 완전했습니다. 소망과 성숙 사이에 갈등이 없었습니다. 낙원의 인간도 인간인 이상 동경과 소망이 있었을 것입니다. 그러나 그들은 인간의 모든 소망의 충족인 하느님을 아주 가까이 직접 체험하고 있었습니다. 그들은 어떤 소망도 결코 헛되지 않다는 신념에 살고 있었습니다. 꿈과 동경을 많이 가졌지만, 그 꿈과 동경의 성취가 바로 목전에 있는 것으로 보았습니다. 결국 그들은 사욕편정에 사로잡힐 수 없었습니다.

둘째로 지혜가 밝았습니다. 양적 지식은 필연코 적었을 것입니다. 이제 막 인간의식이 눈뜨기 시작한 때였으므로 오늘의 인간처럼 오랜 연구와 체험을 통해서 가진 지식은 없었을 것입니다. 아마도 아담이 오늘의 세상에 나온다면 깜짝 놀라 기절할 것입니다. 그러나 질적으로는 우리보다 더 깊이가 있었습니다. 그들이 가진 밝은 지혜로 얻은 지식, 그것은 양적으로는 적었겠지만 질적으로는 모든 존재의 원천이신 하느님으로부터 얻은 것입니다. 그들은 세계를 하느님의 투명체로, 하느님의 빛으로 가득 찬 것으로 보았습니다. 모든 사물을 통해 그 근원을 보았고 모든 사물 안에서 하느님을 보았습니다.

셋째로 고통이 없었습니다. 이것 역시 병이나 아픔, 육체적 고통이 없는 마술세계 또는 요지경같이 생각할 것이 아닙니다. 고등동물일수록 아픔에 대하여 예민합니다. 특히 인간에게 있어서 그렇습니다. 인간은 육체적 힘으로 보아서는 모든 동물에 뒤집니다. 그런데도 인간은 자신을 자연환경에 적응시키지 않고 오히려 자연을 정복하며 자연환경을 자기에게 적응시켰습니다. 그러므로 인간이 살아나려면 아픔을 알아야 합니다. 그래서 아픔이 없게 만들어 가야 합니다.

인간이 지속적으로 하느님을 직접 체험하면, 그리고 하느님 안에 완전히 도취되어 들어가 있으면 그때에는 아픔이 아픔이 아닙니다. 고통을 느끼지 못합니다. 예를 들어, 사랑하는 사람이 사랑하는 사람과 완전히 하나가 되면 그때 자신에게 비록 고통이 있다 해도 행복이 고통보다 더 클 것입니다.

'낙원'에서 인간에게 고통이 없는 것은 아마도 다른 것이 아니었고 인간이 하느님의 사랑 속에 완전히 감추어 있다는 것을 알았기 때문이었을 것입니다. 이것은 다른 심적 고통에도 같습니다. 성인들, 특히 아씨시의 성 프란치스코를 보면, 아주 기막힌 고통 중에서 나뭇가지 두 개를 주어 바이올린 키듯이 노래하고 춤추었습니다. 우리 순교자들도 웃으면서 형장에 나가고 칼을 받았습니다.

넷째로 죽지 않는 은혜가 있었습니다. 이것 역시 생물학적인 생명이 끝없이 살 수 있었다는 이야기가 아닙니다. 생물학적인 생명은 발전과정에 있습니다. 처음에는 힘차게 발전해서 점점 섬세해지다가 다음에는 무너지고 부서집니다. 생명 발전에의 끝은 죽음, 종말입니다. '낙원의 인간' 역시 하느님과의 직접적인 관계, 그 친밀한 관계에 있어서 죽음이 아니었습니다. 인간은 하느님의 능력으로 임종과 동시에 완전한 생명으로 즉시 넘어가는 상태, 영화(靈化)된 육신으로 부활하여 천국에 들어갈 수 있었을 것입니다. 이렇게 '낙원'은 인간이 자연세계 속에 살면서도 하느님과 직접적으로 친밀한 관계를 맺고 있는 곳이었습니다.

하느님은 인간을 현세에서 복되게 살다가 영세에 들어갈 수 있도록 창조하였습니다. 그런데 이런 상태가 없어졌습니다. 이젠 인생이란 탄생과 고통과 죽음으로밖에 보이지 않는 비참한 것이 되었습니다. 누가 이렇게 만들었습니까? 바로 인간입니다. 인간이 교만한 마음에서 자기 힘으로 모든 것을 다 할 수 있다고 믿고, 하느님과 같이 될 수 있다고 믿고는 하느님은 필요 없다고 생각했기 때문입니다.

에와와 아담이 범한 교만한 죄가 오늘도 되풀이되고 있는 것입니다. 지성인들 중에서, 특히 권력과 금력을 최고로 숭상하는 사람들, 무신론적 공산주의자들이 그러합니다. 결국 인간이 스스로 하느님을 거부함으로써 인간은 자연 속에 가장 아름다운 것, 가장 본질적인 것, 가장 생활한 것을 파괴해 버렸습니다. 왜냐하면, 이 모든 것의 원천이요 자기 존재의 원천인 하느님과의 직접적인 관계를 끊었으니 아기가 어머니의 젖줄을 끊은 것과 같습니다. 그 결과, 인간은 고아와 같이 되고 슬픔과 고통, 죽음을 면치 못하게 되었습니다.

그러나 하느님은 사랑이십니다. 그것은 인간의 모든 소망 중에서 가장 큰 것이 '사랑하고 사랑받고 싶은 것'이라는 점에서 짐작할 수 있습니다. 인간은 하느님을 거절하지만, 하느님 편에서는 이 상태를 내버려두지 못합니다. 그러나 하느님으로서는 인간이 자초하는 고통을 막을 수는 없었습니다. 인간에게는 자유의지가 있고, 이것을 남용하면 자승자박(自繩自縛)하는 결과가 되기 때문입니다. 결국 하느님은 다른 방도가 없는 속수무책의 상태에서 당신이 인간의 고통과 죽음 속으로 들어왔습니다. 바로 그리스도의 탄생입니다.

하느님이 무엇이 답답해서 그렇게 했겠습니까? 사랑 외에는 다른 이유가 없습니다. 맹목적입니다. 한계도 없습니다. 참사랑은 끝없이 사랑하고 자기 전부를 내줍니다. 자기 것을 내놓을 수 없다는 '유보(留保)'가 있다면 그것은 불완전한 사랑입니다. 참된 사랑은 사랑하는 사람을 위해 자기를 송두리째 열어 주고 내줍니다. 여기서 우리는 사랑을 위해 살도록 불리움을 받은 사람들이 왜 청빈, 정결, 순명의 길을 닦아야 하는 지를 알 수 있습니다. 청빈, 정결, 순명의 궁극적인 이유는 남을 위해 자기 안을 텅 비워 두는 것입니다. 자신의 생활 중심이 '나'가 아니고 사랑하는 이웃이 되어야 하기 때문입니다.

바로 이렇게까지 인간을 사랑하는 분이기 때문에 하느님은 스스로 사람이 되어 오셨습니다. 하느님이 인간으로 강생하신 것이 예수 그리스도입니다. 그리고 그리스도는 강생, 구속, 부활함으로써 새로운 창조를 시작하였습니다. 우리에게 낙원의 문을 열어 주었고, 우리 안에 천국이 시작되게 하였습니다. 그래서 예수님의 공생활의 첫 말씀이 천국이고, 하느님의 나라가 가까워 왔으니 회개하라는 말씀이었습니다.

모든 이와 모든 것을 위하여

그리스도의 '자기비움'을 거듭 묵상해야 합니다.
그분은 높은 분이었지만 낮아지고
부(富)한 분이었지만 우리를 위해 가난한 자 되었는데
나는 거꾸로 낮은 자가 높이 오르고
가난한 자가 부하게 되어 주님과
반대로 살게 되었구나 하는 생각을 자주 합니다.

21세기 사제의 빛깔

마음이 열려있는 사제

　21세기를 흔히 '세계화·정보화 시대'라고 말합니다. 21세기에는 지금까지 우리가 갖고 있는 민족이나 국가에 대한 개념의 변화도 올 것입니다. 새로운 통신매체, 컴퓨터와 같은 것을 통하여 나라와 나라 사이의 거리가 좁혀져서 민족과 인종의 차이와 국경, 사회계급 따위의 장벽이 허물어지고, 모든 이가 쉽게 오가며 살 수 있는 시대로 점차 변화되어 갈 것입니다. 이에 따라 윤리관의 변화, 종교에 대한 인식 변화 등으로 우리 자신에게도 큰 혼돈이 올 수 있을 것입니다. 무엇보다도 시간과 공간의 개념이 모호해지는 데서 많은 변화와 발전, 또 새로운 문제들이 있을 것입니다.
　이런 시대의 사제는 어떤 사람이어야 합니까? 하나의 세계, 정보화 시대에 걸맞는 지식도 있어야 하고, 최소한 '컴맹'은 면해야 할 것입니다. 그러나 무엇보다도 사제는 마음이 열려 있어야 합니다. 온 세계의 모든 이를 향하여 열려 있고, 특히 어느 시대, 어느 세계에서나 있는 가난한 이, 고통받는 이, 소외된 이, 약한 이들에게 열려 있어야 합니다.

여기서 '열린 마음'이란 예수님의 마음을 간직하는 것입니다. 사도 바오로는 "그리스도 예수께서 지니셨던 마음을 여러분의 마음으로 간직하십시오"(필립 2,5)라고 말씀하였습니다. 그리스도의 사제는 그리스도를 닮은 사람이 되어야 하고, 참사랑으로 모든 이를 위하여 자신을 바칠 때 참 사제가 됩니다.

21세기에는 그 어느 때보다도 예수님을 닮은 사제를 요구할 것입니다. 21세기의 인간은 분명 물질적으로는 지금보다 잘 살겠지만, 정신적으로는 더욱 빈곤할 것이기 때문입니다. 그러므로 예수님과 같이 자신의 모든 것을 아낌없이 주는 사제, 모든 이의 벗이 되고 형제 되어 인간 구원의 십자가를 질 줄 알고 자신을 밥으로 내어줄 줄 아는 사제이어야 합니다. 예수님이 야곱의 우물가에서 사마리아 여인에게 영원히 목마르지 않는 생명의 물이 되어 준 것처럼, 주님과 함께 인간의 마음의 목마름을 풀어 주는 샘터가 되어야 합니다.

한국은 '성직자들의 천국'

사실 사제의 품위란 참으로 엄청납니다. 살아 계신 하느님의 아들, 그리스도의 이름으로 그리스도의 권한을 행사하는 사제이기에 세상에는 사제 말고 높은 품위의 사람이 없습니다. 그래서 내가 신학생일 때에는 사제를 '다른 그리스도(Alter Christus)'라고 불렀습니다. 그때에는 성체를 만질 수 있는 것이 부제품을 받을 때였는데, 부제품 받고 성체강복시 성체현시를 위해 감실 문을 열 때 너무나 황송해서 마음도 손도 떨렸습니다. 사제 되어 첫 미사를 드릴 때에는 더욱 흥분할 수밖에 없었습니다.

아씨시의 성 프란치스코는 "내가 길에서 사제와 천사를 만나면, 천사 앞에서는 그냥 모자를 벗고 절하겠지만, 사제 앞에서는 모자를 벗을 뿐 아니라 땅에 꿇어 엎드려 그 손에 친구하며 절할 것이다"라고 하였습니다. 그것은 사제인 인간에 대해서가 아니라 사제의 인격 속에 그리스도가 현존하기 때문입니다. 이 논리대로라면, 사제는 성모 마리아보다도 더 높습니다. 왜냐하면, 성모 마리아는 천주의 모친 되지만, 미사 때 '이는 내 몸이다'라고 할 수 없고, 고백성사 때 '나는 … 너의 죄를 사한다' 라고 그리스도의 이름으로 할 수 없기 때문입니다.

그러나 사람이 신분이 높아지고 막중한 권능을 행사할 수 있게 되면 두렵고 떨리는 마음도 들지만, 반대로 교만해질 수도 있습니다. 교회 안에서 사제들은 이 권능 때문에 권위주의에 흘러서, 이른바 성직자 위주의 '교권주의(敎權主義)'를 낳았고, 이에 반하는 평신도들의 '반교권주의(反敎權主義)'를 낳아서 긴장과 갈등을 조장시킨 경우가 적지 않았습니다. 프랑스의 경우에는 아주 심각했습니다.

우리 나라에도 이 문제가 없지는 않습니다. 때때로 외국 사람들이 우리 나라에 와서 교회를 돌아보고 내게 소감을 전할 때 '한국 교회는 대단히 성직자 위주의 교회'라는 것입니다. 내가 보기에도 아직은 '반교권주의'가 강하지 않습니다. 그러나 미국 교포사회에서는 '반교권주의'가 시작되고 있다고 합니다.

우리 나라에서는 분명 '교권주의'가 강한데, 그럼에도 불구하고 평신도들의 교회 참여는 활발합니다. 사실 우리 나라 평신도들 만큼 교회에 헌신적으로 봉사하고, 시간적으로나 경제적으로 관대하며, 성직자를 존경하는 평신도는 세계에서 거의 없다 해도 과언이 아닙니다. 때문에 한국이야말로 '성직자들의 천국'이라 해도 무방할 것입니다.

우리 나라에서는 비신자들마저 사제를 존경하고 신부가 사회적으로 받는 신뢰도가 높다고 신문에 보도된 일도 있었습니다. 교통순경도 신부인 줄 알면 봐주는 편이라고 합니다. 그래서 전보다 신부들이 로만 칼라를 잘 하게 되었다는 말도 있습니다.

가정부 없는 프랑스 성직자들

그러나 유럽에서, 특히 '가톨릭의 나라' '교회의 장녀'라고 불리는 프랑스에서는 사제라고 해서 특권을 누릴 수 없고 대접도 없습니다.

한국 천주교 200주년 기념행사가 있었던 1984년, 조선교구 2대 교구장을 지낸 앵베르 주교님의 고향인 액상 프로방스의 대성당에서 앵베르 주교님의 시성(施聖) 감사미사가 있어서 갔습니다. 그곳 대주교관에서 묵었는데, 주교관은 교구청을 겸하고 있었고, 연세는 좀 들었지만 수녀님 세 분이 주교관의 살림을 돌보고 있었습니다. 그곳 대주교님은, 자신은 참으로 행운아라고 했었습니다. 왜냐하면, 수녀님들이 살림을 맡아 주고 식사를 마련해 주는 주교는 프랑스에서 몇 사람 안 되고 대부분은 아무도 돌보는 이 없이 혼자서 산다고 하였습니다.

그 뒤, 조선교구 5대 교구장을 지낸 다블뤼 주교님의 고향인 프랑스 북부 아미옹에 갔을 때도 그곳 주교님은 점심식사만 교구청 직원들과 함께 하고 아침·저녁 식사는 혼자 해먹는다고 했습니다. 나보다 연세가 많은 분인지라 "혼자서 힘들지 않느냐?"고 했더니, 전혀 힘들지 않다고 했습니다. 아마도 젊었을 때부터 그런 생활에 익숙해 있었던 것 같았습니다. 주교들의 생활이 이러하니까, 사제들도 마찬가지였습니다. 어떤 의미로는 더 가난하게 산다고 볼 수 있습니다.

한번은 리옹 근처의 어느 변두리 본당에 한국 프라도 형제회 소속의 신부님이 2년간 있은 일이 있어서 그곳을 방문한 일이 있었습니다. 그곳에는 4~5명의 신부들이 함께 살고 공동사목을 하고 있었는데, 역시 가정부는 없었고 신부들이 교대 식사 준비를 하였습니다. 내가 간 날, 한 신부가 식사를 마련하여 음식 솜씨가 뛰어나다고 할 만큼 맛있게 먹은 기억이 있습니다.

그때 나는 신부들의 생활비를 물어 보았습니다. 8년 전이니까, 지금은 달라졌겠지만, 그때의 리옹교구는 교구장으로부터 시작하여 모든 사제들이 똑같은 액수의 생활비로 살고 1인당 용돈으로 월 1천7백 프랑을 받는다고 했습니다. 우리 나라 돈으로 환산하면 당시 17만원 정도였습니다. 프랑스 국민소득이 1만 달러를 훨씬 넘고 있었고, 우리는 6~7천 달러 정도였을 때였습니다.

이렇게 보면, 프랑스는 우리보다 잘사는 나라였지만 사제생활은 우리보다 훨씬 가난하였습니다. 그래서 나는 "프랑스에 사제 성소가 적은 이유 중 하나로 사제들이 너무나 가난하게 사는 것도 들지 않습니까?" 라고 물었습니다. 그랬더니 그곳 신부들은 이구동성으로 "절대로 아니다" 라고 하면서, 오히려 "만일 사제의 수입이 좋고 경제적으로 잘 산다고 해서, 그것 때문에 사제를 지망한다면 올바른 성소가 아니지 않느냐?"고 반문하였습니다. 물론 옳은 말씀입니다.

그런데 우리 나라의 많은 신부들은 성소가 많으려면 신부의 생활모습이 사회적으로 궁해 보여서는 안 되고, 적어도 '중상(中上)' 정도는 되어 보여야 한다고 생각하는 것 같습니다. 그러나 앞으로 우리 나라도 가정부를 구하기 힘들 것입니다. 이미 파출부를 고용하는 경우가 늘어나고 있습니다. 일본이나 대만에서는 대부분 가정부가 없습니다.

우리 나라도 21세기에는 사제들이 가정부 없이 혼자 밥을 해먹어야 할 것입니다. 사제가 되면 독신생활이 은총이면서 동시에 큰 십자가이기도 한데, 큰 십자가를 지고 가정부 없이 혼자 밥을 해먹어야 할 처지에서도 성소가 지금처럼 많을지 궁금합니다.

사제의 영성은 '피리'

일본· 대만은 경제적으로 부유한 나라이지만 사제생활은 반비례로 가난합니다. 성소도 적고 장래가 어둡게 보입니다. 반면에 우리 나라는 아직은 사제를 위한 '천국'입니다. 성직자들은 대체로 존경받고 물질생활도 넉넉한 편입니다. 이것은 좋은 일이요 은혜이지만, 동시에 영적으로는 사제 자신을 위해 위험이기도 합니다. 안이해질 위험이 많고, 권위주의적일 수 있고, 그만큼 복음정신에서 멀어질 위험도 있습니다.

나는 가끔 나 자신이 어렸을 때 초가삼간에 살다가 지금은 호화스런 집에 살면서 내가 얼마나 생각이 변했는지, 지금은 화장실이 딸려 있지 않은 방에서 자게 되면 그것마저 큰 불편으로 느낍니다. 본시 태어날 때에는 가난한 옹기장수 집에서 태어났는데, 오늘은 추기경까지 되어 대접받다 보니, 편한 것만 찾고 대접받는 것만 원하고 특권 누리기를 원하고…. 예수님의 복음정신과는 아주 반대되는 상황에 놓여 있습니다.

사제는 분명히 '다른 그리스도'로서 예수님을 감히 대리할 수 있는 권능을 가진 지위에 오른 것은 사실이지만, 바로 그 때문에 그리스도의 겸손, 비우심, 사랑을 본받는 사제가 되어야 합니다. 우리는 "그리스도 예수는 본시 하느님과 본질이 같은 분이셨지만"으로 시작하여 "오히려 당신의 것을 다 내어놓고"(필립 2,6)로 이어지는 그리스도의 '자기비움'을 거듭 묵상해야 합니다.

나는 이 대목을 읽을 때마다, 그분은 높은 분이었지만 낮아지고, 부한 분이었지만 우리를 위해 가난한 자 되었는데, 나는 거꾸로 낮은 자가 높이 오르고 가난한 자가 부하게 되어 주님과 반대로 살게 되었구나 하는 생각을 자주 합니다. 우리가 '나를 비우는 것'을 깊이 깨닫는다면, 많은 것을 배울 것이고, 또 살 줄 안다면 우리 나라 교회는 영적으로 말할 수 없이 깊고 부하여질 것입니다.

어떤 재속회에서는 그들의 영성을 '피리'에 비유하고 있습니다. 피리는 속이 비어 있어야 피리 부는 이가 소리를 원하는 대로 낼 수 있다는 뜻이 담겨 있습니다. 우리도 자신을 비워야만 주님이 당신의 말씀을 더욱 힘차게 전하고 당신의 노래를 더욱 아름답게 부를 것입니다.

평신도가 바라는 사제상

나는 확신합니다. 예수님을 본받아 복음적 청빈과 순명, 정결의 길을 가기 위하여 사랑으로 우리 자신을 날로 비울수록 그리스도와 함께 사는 사람이 될 것입니다. 우리는 사제로서 살아가면서 늘 생명과 죽음, 축복과 저주 사이의 선택을 요구받고 있습니다. 물론 대부분의 사람들은 죽음과 저주 대신 생명과 축복을 원할 것입니다.

그렇다면 항상 편한 쪽을 택하지 말고 어려운 쪽을 택하십시오. 넓은 길이 아니고 좁은 길을 택하십시오. 봉사받는 쪽을 택하지 말고 봉사하는 쪽을 택하십시오. 그리고 항상 그리스도를 닮아서 복음적 가난과 순명의 길을 택하고 날로 더욱 자신을 버리고 십자가를 지십시오. 왜냐하면, 그것이 생명의 길이기 때문입니다. 참고로 평신도가 바라는 사제상을 보면 다음과 같습니다.

1. 침묵 속에 그리스도의 향기가 나는 사제
2. 기도하는 사제
3. 힘없고 약한 자를 돌보며, 그들의 고통을 나누고 사회정의를 위해 열심히 일하는 사제
4. 검소하며 물질에 신경을 안 쓰고 공금에 명확한 사제
5. 청소년과 친하게 대화를 나누며 교리교육에 힘쓰는 사제
6. 겸손하며 남의 말에 귀를 기울이고 그의 말을 끝까지 들어주는 사제
7. 웃어른뿐 아니라 누구에게나 말과 행동에 예의 차릴 줄 아는 사제
8. 본당 내 각종 단체를 만들고 사리에 맞지 않는 독선을 피우지 않으며 평신도와 함께 본당을 이끌어 나가는 사제
9. 교구장 및 장상에게 순명하며 동료 사제들과 원만한 사제
10. 신도들에게 알맞은 강론을 성실히 하는 사제
11. 고백성사는 경건하고 예절답게 집행하는 사제
12. 고백성사를 성심껏 주는 사제
13. 친척이나 친한 교우에게만 매여 그 사람들의 말만 듣고 움직이지 않는 사제
14. 후배 사제의 양성에 마음쓰며 생활하는 사제
15. 죽기까지 사제의 성직에 충실한 사제

기도하는 사제가 보고 싶다

오래 전에 『그리스도라 부르는 예수』라는 책에서 읽은 이야기입니다. 남미의 어느 신부가 사제들의 연수회 석상에서 그룹토의 중 한 말인데, "지금 생각해 보니, 나는 사제직을 자유로이 선택했다는 것을 깨달았다. 그런데 다시 생각해 보니, 오늘날까지 한 번도 그리스도를 따를 것을 선택한 일은 없었다"는 것입니다.

이 글을 읽고, 나 자신은 어땠을까 하는 생각을 하였습니다. 나도 분명히 신부라는 사제직을 자유로이 선택하였습니다. 그러나 사제직을 선택할 때 예수님을 따르겠다고 함께 생각했는가 하면 의심이 갑니다. 비록 그후에 예수님을 따르겠다는 생각이 들었다고 해도 오늘까지 뚜렷하게 그리스도를 따르지 못하고 있는 것을 보면, 나 역시 똑같은 문제를 가진 사람이 아닌가 생각됩니다. 그런데 이것이 사제생활이라면 분명히 불행한 일입니다.

사제는 등대지기이기에…

사제는 그리스도의 사제요, 그리스도를 따르지 않고서는 참된 의미의 사제일 수 없습니다. 그리스도를 따르는 것은 모든 신자들의 길입니다. 그렇다면 '다른 그리스도'라 불리는 사제로서 그리스도를 따르는 것은 그 누구보다도 가장 본질적 의미를 지녀야 합니다.

사제는 누구보다 그리스도를 닮아야 하는 사람이기에 누구보다 복음적인 삶을 살아야 합니다. 사제가 되기 위해 하느님의 부르심에 '네!'라고 응답했을 때부터 그 안에는 그리스도의 삶 전체를 받아들이겠다는 뜻이 포함되어 있어야 합니다. 여기서 사제가 왜 독신생활을 해야 하는지, 순명을 해야 하는지, 그리고 보다 청빈의 삶을 살아야 하는지를 알 수 있습니다.

그러나 우리 자신의 삶을 돌이켜 볼 때, 그 누구도 사제로서의 삶을 충실히 살고 있다고 장담할 수 없고, 그리스도의 사제로서 그리스도를 닮은 삶을 살고 있다고 자신할 수 없습니다. 뿐더러 우리 역시 물질주의, 이기주의로 전도된 가치관과 육신의 안락을 추구하는 유혹으로 가득 찬 이 세상을 살아가야 합니다.

이런 가운데, 때로는 기쁨과 보람을 느끼는 때도 없지 않지만, 때로는 평화보다는 불안을 느끼는 때가 적지 않고 삶의 방향 감각이 흔들리는 경우도 없지 않습니다. 사제의 삶 안에는 신자들과의 믿음과 사랑 속에 일치되는 기쁨의 시간이 있으면서, 동시에 주교나 동료 사제, 신자들로부터 이해 받지 못하는 고독한 시간도 있습니다. 사제 역시 인간이기에 산전수전을 겪기 마련입니다. 자신의 존재 전체를 바쳐 끊임없이 희망의 등불을 밝히고 서 있어야 하는 사제의 삶이지만, 칠흑같이 어둡고 풍랑이 센 바다를 지키는 등대지기의 그것처럼 외롭고 힘들 때가 적지 않은 것입니다. 우리는 사제로서의 삶이 이렇게 계속되어서는 안 된다는 것을 잘 압니다. 세상과 같이 자기 성취를 구하고, 또는 남들로부터 인정받는 것으로, 우리가 안고 있는 문제가 해결될 수 없다는 것도 압니다.

사제는 존재 자체부터 그리스도에게 속한 사람들입니다. 그리스도를 떠나서는 존재의 의미와 가치를 찾을 수 없고, 어떤 문제의 해결도 얻을 수 없는 사람들입니다. 철두철미 그리스도에 속하고, 말과 행동으로 그리스도를 증거하고, 몸과 삶 전체로써 그리스도를 드러내야 하는 사람들입니다.

사제생활의 모든 것이 의미있기 위해서는 사제 안에서도 세례자 요한처럼 그리스도는 점점 커져야 하고 사제는 점점 작아져야 합니다. 그러기에 기도의 도움이 참으로 필요합니다. 기도 없이 사제는 하느님 안에 살 수 없고, 그 안에 살지 못하면 미사성제나 성사 거행을 직무상 수행하는 기계와 같은 인간으로 떨어질 수 있습니다.

가지지 않은 것은 줄 수 없다

기도는 어떻게 하는가? 오래 전, 나는 신부이면서 미사경본과 성체조배, 묵주기도 등을 의무적으로 하는 것 외에 달리 기도해 본 일이 없다가 프랑스 루르드 성지에서 기도를 생활화하는 평신도들을 만나 물어 본 일이 있습니다. 그들은 세속 한가운데서 복음적 청빈과 정결과 순명을 사는 사람들로서 '기도 없이는 자신들의 성소를 절대로 살 수 없다'는 확신을 가진 사람들이었습니다.

그들이 하는 기도는 '염경기도, 묵상기도'도 아니고 그냥 하느님 앞에 나아가 있는, 하느님과 마주보는 기도였습니다. 나는 그들에게 염경기도, 묵상기도도 아닌 기도가 가능한 지를 물었습니다. 그랬더니 홍콩에서 온 뽈린이라는 분이 "기도는 기도함으로써 압니다" 라고 말해주었습니다. 그렇습니다. 기도가 무엇인지 알려면 기도함으로써 알 수 있습니다. 담배를 끊는 가장 좋은 방법은 담배를 끊는 것입니다. 기도에서 제일 좋은 방법은 기도하는 것입니다. 물론 기도에도 여러 방법론이 있고, 그것을 아는 것도 기도에 도움이 될 것이지만, 기도하지 않으면 기도는 모르는 것이 됩니다. 때문에 사제는 무조건 기도해야 합니다.

어떤 분은 기도가 다른 것인가, 사제의 일상생활의 모든 것이 기도일 수 있지 않는가 라고 생각하는 이가 있을 것입니다. 어떤 의미로는 옳은 말입니다. 사제가 무엇을 하든, 하느님의 영광을 위해서 행하고, 그분이 모든 것을 섭리하고 다스리심을 믿고 그분의 뜻이 이루어지소서 라고 한다면, 사제의 모든 생활은 기도가 될 수 있습니다. 그러나 우리는 이런 지향을 지니고 하지 않는다는 것을 잘 압니다.

사제가 하는 모든 일에 있어서, 기도하는 마음이 함께 있기 위해서는 기도만의 시간이 매일 한 시간 정도, 아니 적어도 반시간은 있어야 합니다. 그것은 미사봉헌, 성무일도와 묵주기도 외에 주님의 성체 앞에서 또는 자기 방에서 주님과 마주 앉는 침묵 속의 기도 시간을 말하는 것입니다. 사제들이 바쁜 일상생활이긴 하지만, 시간을 내서 하루의 한 시간, 최소한 반시간씩 기도할 줄 안다면 사제 자신의 삶은 분명히 그리스도 안에 사는 삶이 되고, 그의 사목은 확실히 신자들을 내적으로 깊이 이끄는 것이 될 것입니다. '누구도 가지지 않은 것은 줄 수 없다'는 라틴어 격언대로 사제 자신의 신앙이 내면화되어 있지 않으면 신자들에게 생활한 신앙교육을 줄 수 없습니다.

『상처 입은 치유자』의 저자 나웬 신부가 마더 데레사 수녀에게, 사제 생활을 잘 하려면 어떻게 하는 것이 좋겠느냐는 조언을 청한 적이 있었습니다. 이때 데레사 수녀는 "당신은 주님을 공경하는 데 하루의 한 시간을 보내시오. 그리고 당신이 잘못된 것으로 알고 있는 것은 결코 하지 마시오. 그러면 당신은 괜찮을 것입니다" 라고 말했답니다.

참으로 기도하는 사제는 기도를 통해 그리스도를 닮게 되고 그 모습과 존재가 사목적인 것이 될 것입니다. 하루의 한 시간이면, 하루 24시간의 4.16퍼센트밖에 되지 않습니다. 하루 24시간은 하느님이 우리에게 준 시간입니다. 그런데도 우리는 4퍼센트 약간 넘는 한 시간도 하느님에게 되돌려 드리는 데 대단히 인색합니다.

왜 기도를 잘못하는가? 우리 모두가 경험하는 것이지만, 주님 앞에 나아가 있는 시간이 '천년이 하루 같고, 하루가 천년 같기 때문'인지 대단히 빨리 지나갔다고 느낄 때가 극히 드물고 너무나 지루합니다. 5분이 30분 같고, 10분이 한 시간쯤 지루하게 느껴지고, 그래서 한 시간, 반시간도 덜 지루하게끔 성가나 독서, 염경기도 등 다양하게 짜면서도 '아직도…' 하고 시계를 보고 또 봅니다.

참으로 인간이란 얼마나 약한지 모릅니다. 수난 전날 밤, 예수님이 게쎄마니 동산에서 피땀을 흘리며 기도하다가 돌아와 제자들이 자고 있는 것을 보고는 "너희는 단 한 시간도 깨어 있을 수 없단 말이냐?"(마르 14,38)라고 꾸짖은 말씀이 그대로 오늘 우리에게 적용됩니다.

기도에 있어서 하느님은 사랑이시고, 그분은 나를 한없는 사랑으로 사랑한다는 것을 마음으로 믿고 시작하면 좋습니다. 기도를 어렵게 생각지 말고, 그냥 하느님 앞에 나아가 있는 마음, 기다리는 마음이면 족합니다. '하루의 한 시간은 하느님의 시간이다. 그분에게 드린다' 고 생각하고 '어차피 나는 대부분 하루의 한 시간 정도는 낭비하고 있으니까 그 낭비를 하느님 앞에서 해보겠다'는 마음으로 분심 중에 보내더라도 매일 한 시간을 기도한다면 큰 은혜를 입을 것입니다. 어떤 분은 기도를 가리켜 '기다림'이라고 표현합니다. 주님 앞에 나가 마음의 문을 열고 "주여, 말씀하소서!" 하고 기다려야 한다는 것입니다.

고독 속의 기도가 갖는 매력

기도는 하느님과의 대화, 친교이기도 합니다. 우리는 지금까지 일방적으로 하느님에게 청원하고 말씀드렸어도 한 번도 제대로 하느님이 내게 하려는 말씀에 귀를 기울여 본 일이 없습니다. 기회조차 드려 본 일이 거의 없습니다. 때문에 우리의 기도는 일방적이고, 따라서 도무지 깊어질 수 없습니다. 이런 의미에서 "주여 말씀하소서!" 하고 기다리는 자세는 참으로 중요합니다. 여기서 기다리기만 하면 하느님이 우리에게 말씀해 오시느냐 하는 문제를 생각할 수 있습니다.

물론 인간과 인간 사이의 대화 같은 것을 기대한다면 아무 것도 얻지 못할 것입니다. 그러나 하느님은 분명히 내 마음을 통하여 말씀합니다. 침묵의 기도를 매일같이 해보면 얼른 알 수 있습니다.

무엇보다도 하느님은 밤의 이슬을 내려 대지를 적셔 주듯이, 우리의 마음을 적셔 줍니다. 일 주일이나 열흘을 두고 대조해 보면 그 차이를 알 수 있습니다. 기도 중 대부분의 시간을 분심으로 보냈다고 할지라도 기도하면서 지낸 열흘과, 기도 없이 지낸 열흘의 차이는 밤에 이슬이나 비가 내려 알맞게 젖은 땅과, 가뭄이 들어서 메마르고 갈라진 땅의 차이처럼 분명하게 느껴질 것입니다.

하느님은 우리가 생각하는 방식으로 말씀하지는 않습니다. 그러나 그 이상으로 더욱 깊게 마음속에 말씀합니다. 무엇보다도 하느님이 말씀해 오는 것을 기다리면서, 내가 바라는 것을 답으로 줄 것이라고 기다린다면 결코 참된 기도의 자세가 아닙니다. 기다림의 자세는 빈 마음이어야 합니다. 하느님이 내게 무엇을 주시든지, 그것이 어렵고 고통스러운 일이라도 받아들이겠다는 전적으로 '열린 마음'이어야 합니다. 그것은 성모 마리아가 구세주 잉태의 전갈을 천사로부터 받고 "주님의 뜻대로 내게 이루어지소서" 하며 자신을 완전히 하느님의 손에 내맡긴 자세입니다. 원하는 것이 있으면 오직 하느님뿐이어야 합니다.

마더 데레사처럼 오직 하느님으로 족하다는 생각으로 하느님 앞에 자신을 완전히 열고 나와 있는 자세가 참기도입니다. 그러려면 진정 혼자 있을 줄 알아야 합니다. 본 회퍼는 "그대가 자기 자신과 혼자 있을 줄 모르면, 그것은 그리스도의 초대를 거절하는 것이다"라고 말했습니다. 기도 속에 혼자 있을 줄 모르는 사람은 그리스도와 함께 있을 줄 모르는 사람이라는 뜻입니다.

교우들 앞에서 기도하는 본당신부

많은 성자들이 고독 속의 기도, 특히 사막에서의 기도를 통하여 하느님과 깊은 친분을 맺고 누구보다도 그리스도를 닮은 사람이 되었습니다. 그래서 사제생활에서도 고독과 침묵 속의 기도는 참으로 필요합니다. 이런 의미에서, 어떤 이는 우리 각자 '자기 사막'을 가질 줄 알아야 한다는 말을 하였습니다. 그 사막은 자기 방의 한 모서리일 수 있습니다. 그 자리에서 매일 주님과 마주 앉을 줄 알면 말입니다.

언젠가, 어느 신부가 신부는 특히 본당신부는 교우들이 보는 데서 기도할 줄 알아야 한다고 내게 말했습니다. 예수님은 기도할 때에 아무도 보지 않는 골방에 들어가서 기도하라고 했는데, 남이 보는 앞에서 기도해야 한다고 하니 무슨 뜻이냐고 물었습니다.

그 신부가 말하는 취지는, 교우들이 성당에 갔을 때 신부가 제대 앞에서 기도하는 모습을 자주 보면 그것으로 교우들은 감명을 받고 그 공동체는 점차 기도하는 공동체로 변화되며, 그리스도 안에 성화되어 갈 것이기 때문이라고 하였습니다. 결국 그분의 견해는 교우들에게 보이기 위해 기도하는 것이 아니라, 사제가 자주 성당에서 기도하면 자연히 그 모습을 교우들이 보게 될 것이고, 그러면 그것이 주는 감화의 힘은 대단히 크다는 뜻이었습니다. 나는 사목자로서 뜻깊은 말이고 우리 모두에게 필요하다고 생각합니다.

어느 주교님이 쓴 책에서 '주교는 교구 안에서 기도하는 교회의 좌장(座長)이어야 한다'는 말씀을 강조한 대목을 읽은 적이 있습니다. 주교는 자기 교구에서 기도하는 교회의 주례자이기에 누구보다도 자기 교구에서 기도하는 사람이 되어야 한다는 뜻입니다. 나는 나 자신이 그렇다고 자인할 수는 없습니다. 늘 부족하다고 생각합니다. 그런데 주교와 같이 사제, 특히 본당신부들은 그 본당공동체의 기도의 장이 되어야 하고 그 공동체를 기도하는 공동체로 만들면 얼마나 좋겠는가 생각해 봅니다.

수도자의 '인간적 완성'을 위하여

이 땅의 수녀들이 동시 파업한다면

35년 전인가, 대구에서 가톨릭신문 전신인 가톨릭시보사 사장신부로 있을 때, 대주교님의 명을 받고 포항 송정에 있는 예수성심시녀회를 방문한 적이 있었습니다. 방문 목적은 첫 서원을 포함하여 유기(有期) 종신서원 수녀들을 면접하는 것이었습니다.

당시 이곳 수녀들은 교회 안에서 기성 수녀회에 비해 지식이나 자질로나 좀 뒤떨어지는 '2등 수녀' 같이 여겨지고 있었습니다. 나 자신도 영성에 있어서 좀 뒤지지 않는가 하는 생각을 갖고 있었습니다. 그래서 면접할 때에 30여 명을 만났는데, 거의 모든 이에게 '왜 성심시녀회에 입회했는가? 이 수녀회의 수녀가 되면 교회 안에서 좀 낮은 대접, 2등 수녀 취급을 받는다는 것을 알고 왔는가?' 하는 것을 질문했습니다.

면접받는 수녀들의 학력 수준은 들쑥날쑥이었습니다. 다른 수녀회는 보통 고졸 이상만을 받는데, 성심시녀회에서는 학력과 관계없이 누구든지 수녀회의 판단에 따라서 그 이하도 받았습니다. 물론 전문대학 졸업 이상의 사람도 있었습니다.

이틀에 걸쳐 면접한 결과, 나는 성심시녀회는 교회 내의 선입견과는 전혀 달리 수도자로서의 영성과 자질을 갖춘 분들이라는 것을 확인할 수 있었습니다. 면접 수녀들의 답은 하나같이 남들이 '2등 수녀'로 보든 말든 개의치 않으며, 오로지 성심의 시녀로서 가난한 이, 불쌍한 이를 위해 봉사하는 수도자가 되기 위해서 들어왔다는 것입니다. 어떤 이는 언제나 가장 버림받은 이들을 위해 봉사하는 삶을 살고 싶었는데, 오직 성심시녀회만이 그런 영성과 삶을 살고 있기 때문에 왔다고 했습니다. 한마디로, 나는 예수님의 뒤를 따르며 뒷바라지를 했던 복음의 여인을 닮은, 오늘의 교회가 필요로 하는 주님의 사랑과 자비의 정신에 사는 이들을 만났다는 기쁨을 갖고 돌아왔습니다.

사실 나는 이 땅의 모든 수녀들에 대하여 존경과 사랑과 감사의 마음을 갖고 있습니다. 모두 자매 같고 젊은 수녀들의 경우 딸과 같은 정을 느낍니다. '농담 반, 진담 반'으로, 만일 우리 나라 수녀들이 일제히 동시 파업이라도 한다면 한국 교회는 기능이 마비될 것이라고 말합니다. 그만큼 수녀들이 차지하는 교회 내의 비중은 매우 큽니다.

나는 가끔 이런 말을 합니다. 우리 교회는 '평신도들의 성화를 통해서 수도자들의 성화가 있을 것이고, 이들의 성화를 통해서 성직자들의 성화가 있게 될 것 같다'고 말입니다. 우리 나라 평신도들은 많은 이가 평범한 가운데 열심하고 헌신적입니다. 많은 이들은 사제의 모범이 될 만큼 깊은 믿음의 생활, 사랑과 봉사의 생활을 하고 있습니다. 이에 따라 수도

자도 영성적으로 깊어 가고 있습니다. 특히 수녀들이 그렇습니다.

수도자를 제도적 신분으로 볼 때

그럼에도 불구하고 한국 교회는 분명히 더욱 복음화되고 사회 속에서 누룩의 구실을 하고 있다고 말할 수 있을 지는 대단히 의심스럽습니다. 나는 수도자들이 복음삼덕(福音三德)을 사는지 의심스럽다고 말하는 것이 아닙니다. 수도자들은 분명히 복음삼덕을 삽니다. 그러나 복음의 향기가 그만큼 나는가에 대해서는 확신할 수 없습니다. 예를 들어, 수도자들은 수도회 회헌과 규칙에 따라 복음적 청빈을 살고 있습니다. 그런데 그 때문에 가난한 사람들과 얼마나 가까운가? 가난한 사람들이 수도자들을 자신과 같다고 생각하는가 하면 절대로 그렇지 않습니다.

우선 신분에 있어서 다릅니다. 가난한 사람들은 수도자들을 자신들과 같은 사람 또는 가까운 사람들이라고 보지 않습니다. 가난한 사람들만이 아니라 일반 평신도들 역시 수도자는 신분상 자신들과 다르다고 봅니다. 이것은 당연한 말이고 그래야만 합니다. 그런데 신분상 다른 것이 복음의 권고를 따라 살기 때문에 다른 것이냐 하는 물음을 갖게 됩니다.

「교회헌장」 44항을 보면, 수도자는 신자로서 복음삼덕을 스스로 받아들여 전적으로 하느님에게 봉헌된 사람입니다. 「수도생활 쇄신교령」에도 근본 취지는 같습니다. 그러면서 신분이라는 표현이 있습니다. 문제는 표현이 아니라 우리의 인식입니다. 즉, 수도자는 성직자와 평신도 사이의 중간 신분이라고 생각하든지, 성직자에 준하는 신분, 나아가 성직자라고 할 때 사제와 수도자의 통칭으로 생각하고 있습니다.

나는 여기서 수도자가 성직자도 아니면서 왜 성직자인 것 같이 하느냐를 문제삼는 것이 아닙니다. 문제의 초점은 교회 내에서 수도자를 제도적 신분으로 더 파악하고 있다는 것입니다. 그것은 분명 「교회헌장」이나 「수도생활 쇄신교령」에 입각해서 봐도 초점이 틀린 것이고, 그로써 수도생활의 본질이 파악되지 않을 염려가 큽니다.

수도자는 그 신분에 맞는 수도복을 입고 그 신분에 맞는 행동을 하는 등 신분상 큰 문제는 없습니다. 뿐 아니라 우리 나라의 수도자들은 대체로 신분상 훌륭한 수도자들입니다. 그러나 수도자가 신분으로 의식된 가운데, 즉 '교권주의'에 준하는 '수도이즘'에 빠짐으로써 수도생활의 본질인 복음생활이 흐려져 있지 않느냐 하는 것입니다.

참으로 인간적인 것

'예수의 작은 자매들의 우애회' 설립자인 마들렌 수녀는 자신의 수기에서 "보다 인간적이 되면 될수록 보다 더 수도자가 된다"고 적고 있습니다. 그런데 실제로 상당수의 수도자들은 인간적인 것과 수도생활과의 갈등 문제로 고심하지 않는지 모르겠습니다. 갈등은 있어야 하고, 어쩌면 우리는 보다 더 좋은 수도자가 되려는 인간적인 욕망을 끊어야 합니다. 여기서 인간적인 것은 무엇이며, 그것은 나쁜 것인가 하는 것을 생각해 보지 않을 수 없습니다.

오래 전에, 어느 소년원을 방문한 적이 있었습니다. 그날 내가 소년들에게 말할 때, 그들의 얼굴은 잘 훈련된 근엄한 모습이었을 뿐 소년답고 인간다운 얼굴이 아니었습니다. 그러나 원장신부님이 그들과 노래할 때의 얼굴은 참으로 순진한 소년들의 얼굴, 사람의 얼굴이었습니다. 그들을 더욱 인간답게 만들 때, 그것이 곧 교화(教化)입니다.

여기서 우리는 하느님이신 분이 사람이 되어 오셨다는 것을 상기하게 됩니다. 「사목헌장」 22항을 보면 "혈육을 취하신 말씀의 신비를 떠나서는 인간의 신비가 참되게 밝혀지지 않는다"고 한 다음, "성자께서는 당신의 화신, 즉 육화로 어떤 의미에서 당신을 모든 사람과 일치시키신 것이다. 인간의 손으로 일하시고, 인간의 지력(智力)으로 생각하시고, 인간의 의지로 행동하시고, 인간의 마음으로 사랑하셨다"고 하였습니다.

그리스도는 우리와 똑같은 인간이 되었고 진정으로 인간을, 그 중에서도 가난하고 약한 인간, 고통받는 인간, 소외된 인간, 죄인들을 사랑하였고 어울렸습니다. 이런 그리스도를 따르는 것이 복음적 삶입니다. 그리고 이 삶은 그리스도를 닮게 하면서 우리를 더욱 인간다운 인간으로 만듭니다. 수도자의 생활이 우리의 인간다움에 도움을 주고 있는지, 아니면 반인간, 비인간으로 만들고 있지 않는지 의심스럽습니다.

언젠가 달동네에 들어가 사는 국제가톨릭형제회(AFI)의 한 사람을 만나 그곳에 사는 사람들의 이야기를 들은 적이 있었습니다. 그곳 사람들은 가난하지만 자부심이 강했고, 기쁨과 슬픔을 이웃과 함께 나누는 삶을 살고 있었습니다. 그러면서 남편의 주벽(酒癖) 때문에 자식까지 버리고 도망친 여자, 신부가 가정 방문했을 때 아무 것도 대접하지 못한 일 때문에 남편과 다투고 3년째 성당에 안 나간다는 여교우의 이야기를 들으면서 실로 오랜만에 사람들의 살아가는 이야기를 듣는 것 같았습니다. 그리고 내가 얼마나 주교, 추기경이란 신분 때문에 인간의 실생활과 멀리 떨어져 있는가를 생각하지 않을 수 없었습니다. 수도자도 어쩌면 이와 비슷한 입장에 있지 않을까 생각합니다.

여기서 우리는 떼제 공동체의 수사님들을 생각해 보아야 하겠습니다. 그들은 몇 명 되지 않으면서도 큰 영향을 주고 있습니다. 불과 서너 사람에 지나지 않으면서, 어떻게 복음정신과 기도에서 영향을 줄 수 있습니까? 그들은 수도원이 없습니다. 지금 사는 집은 살레시오회 소유 건물입니다. 그들은 실제로 사람들과 함께 사람들 가운데 삽니다. 그러면서 아주 단순하고 소박한 복음적 청빈에 삽니다.

한마디로 그들은 가진 것이 없습니다. 시설도 없고, 집도 없고, 운영할 무엇도 없습니다. 이런 데서 더 자율을 느끼고, 더 모든 이에게 형제와 같이 될 수 있고, 더 사랑으로 봉사하지 않는가 생각해 봅니다. 바로 이 점에서 우리는 많은 생각을 해야 합니다.

사람들과 함께, 사람들 가운데

우리는 경제발전에 따라 생활환경이 많이 달라졌고 아주 편한 삶을 살고 있습니다. 수녀원의 건물도 커지고 현대화되었습니다. 까를로 까레또 이런 말을 했습니다.

"편하고 안락한 생활양식, 이것은 현대의 그리스도인들에게 가장 큰 유혹이다. 왜냐하면, 안락과 편의를 추구하면 할수록 그리스도로부터 멀어진다. 물질적으로 편안하고 넉넉한 처지에서 주님이 겪으신 말구유의 가난, 나자렛의 가난, 복음선교중에 머리 둘 곳도 없으셨던 가난, 그리고 마침내 물질적으로만이 아니라 인간 존엄성까지 가진 모든 것을 빼앗긴 십자가의 가난을 마음속 깊이 깨달을 수 없기 때문이다."

이분은 자신이 문명사회를 떠나 사막으로 간 중요한 이유 중 하나가 "편안하고 안락한 생활양식이 인간을 영적으로 병들게 하고 죽이고 있기 때문"이라고 말하고 있습니다. 이분은 결코 인간이 적빈(赤貧)의 가난으로 궁핍해야 된다고 말하지 않습니다. 그 대신 진리는 중세(中世)에 있다고 하면서, 너무 부유하지도 가난하지도 말아야 한다고 말합니다.

나는 수도자들이 갖고 있는 것이 너무 많고, 집이 크고 운영해야 할 것이 있다고 해서 수도생활을 잘못하는 것이 아닌가 하는 말을 하는 것이 아닙니다. 사도 바오로가 '가진 자는 가지지 않은 것처럼' 살라고 권고하였듯이, 우리도 마음의 자유를 얻을 길이 없는가를 생각해 보자는 것입니다. 다시금 복음의 그리스도를 보자는 것입니다.

그분은 사람이 되셨고 사람들과 함께 계셨으며, 그들과 희로애락을 나누었습니다. 그 중에서 가난한 자, 고통받는 자, 보잘것없는 이들과 가까이 계셨고 그들 중의 하나가 되다시피 하였습니다. 그리고 끝내는 모든 이를 위해 당신을 바쳤습니다. 참으로 봉사받으러 오지 않고 봉사하러 왔습니다. 이런 그리스도를 바라보며, 우리도 사람들과 함께 있도록 해야 합니다. 언제나 가난한 이들의 문제를 의식하고 그들의 문제와 고통을 나눌 줄 알아야 합니다.

그들과의 사귐은 분명 우리에게 영적으로 큰 도움을 준다고 믿습니다. 드물기는 하지만, 나 역시 그런 접촉이 있을 때마다 마음에 새로운 은총을 입는 것 같고, 복음을 읽을 때보다 살아 있는 주님의 말씀으로 스며드는 것 같은 느낌을 갖곤 합니다. 가난한 이들은 분명히 우리를 그리스도와 더욱 깊이 만날 수 있게 해줍니다.

'수도자여, 너는 누구냐?'

수도자가 십자가상의 그리스도를 닮아서 여기까지 갈 때에 그의 모습, 그의 전 존재가 그리스도를 드러낼 때 수도자는 완성됩니다. 물론 이것은 수도자만이 아니고 믿는 모든 이, 모든 인간의 길입니다. 그러면서 수도자는 평소 생활에서 이것을 전적으로 살겠다는 사람들입니다. 그런 삶으로 부르심을 받고 기쁘게 응답한 사람들입니다.

사도직 협조자의 영성

　서기 2000년을 맞는다는 것은 숫자의 관념일지 모르지만 무언가 여느 해와는 다르다는 느낌을 갖게 합니다. 20세기를 마감하고 21세기를 맞는 의미, 즉 한 시대를 마감하고 새로운 시대가 시작된다는 장엄한 의미를 가진 역사의 전환점같이 느껴지기도 합니다. 특히 그리스도교의 입장에서 볼 때, 구세주 탄생 2000년이 되는 해는 '희년(禧年)'의 뜻을 갖게 됩니다. '희년'은 하느님의 특별한 은혜의 해입니다.
　루가복음에 보면, "성령을 받아서 가난한 이들에게 복음을 전하고 묶인 사람들에게 해방을 알려주고 눈먼 사람들은 보게 하고 억눌린 사람들에게 자유를 주며 주님의 은총의 해를 선포하게 하셨다"(4,18)는 말씀이 있습니다. 바로 이 말씀대로 가난하고 억눌린 이에게는 구원과 해방의 기쁨을 주고, 눈먼 이에게는 광명을, 그리하여 모든 이에게 주님의 은총이 풍성히 내리는 해가 '희년'입니다. 이것은 인간이면 누구나 마음속 깊이에서 찾는 진실한 해방과 자유를 뜻합니다. 그런데 무엇이 나에게 참 해방과 자유를 줍니까? 예수님은 "진리가 너희를 자유롭게 해줄 것이다" 라고 하였습니다. 그럼 진리란 무엇입니까? 이 질문은 예수님이 빌라도 앞에서 재판을 받으면서 당신은 "진리를 증거하기 위해 세상에 왔다"고 말씀하자 빌라도가 예수님에게 던진 질문입니다. 빌라도는 그냥 질문만 을 던졌을 뿐 진지하게 대하지는 않았습니다. 그러므로 예수님도 아무런 답도 하지 않았습니다. 그러나 이 질문은 우리 자신도 마음속으로 알고 싶은 문제입니다.

나를 참으로 자유롭게 하는 진리는 무엇입니까? 수학적 진리, 추상적 진리도 있습니다. 그러나 그런 진리는 우리를 자유롭게 해주지 못합니다. 모든 거짓과 억압으로부터 해방시키고 자유롭게 해줄 수 있는 진리 는 살아 있는 진리이어야 합니다. 나를 사랑하고 받아 주는 자비를 가진 진리라야 합니다.

예수님은 당신 스스로 "나는 길이요 진리요 생명이다" 라고 말씀하였 습니다. 예수님을 믿지 않는 이들에게는 수긍하기도 힘들고 알아듣기도 힘듭니다. 그러나 우리는 예수님이야말로 모든 죄와 거짓, 억압으로부터 해방시켜 줄 수 있는 분, 진리이고 생명임을 믿고 있습니다. 그러기에 2000년 대희년을 맞이하는 참된 자세는 예수님을 보다 깊이 알고 믿고 사랑하고 따르는 것입니다.

성서를 보면, "사실은 사람의 아들도 섬김을 받으러 온 것이 아니라 섬 기러 왔고, 많은 사람을 위하여 목숨을 바쳐 몸값을 치르러 온 것이다" (마태 20,28) 라는 말씀이 있습니다. 예수님은 현세의 정치가들, 지배자들처 럼 어떤 세속적 힘, 금력과 권세를 통해서가 아니라 전혀 반대로 자신을 낮추는 겸손과 봉사, 그리고 고난과 죽음의 쓴잔을 마심으로써 인류 구원을 이룩하는 생명과 부활에 이르렀습니다. 그리고 이것이 당신의 뒤를 따르는 제자의 길임을 밝혀 주었습니다.

여기서 우리는 분명한 교훈을 배우게 됩니다. 즉, 겸손과 봉사, 고난과 죽음이야말로 주님이 가신 길이요 우리 역시 이 길을 가야 하고, 이것을 떠나서는 예수님을 따르는 길도 없을 뿐 아니라 그분과 하나 될 수 없다는 것입니다.

우리 대부분은 마태오복음에서, 제베대오의 두 아들 야고보와 요한이 어머니와 함께 와서 예수님에게 "주님의 나라가 서면, 저의 이 두 아들을 하나는 주님의 오른편에, 하나는 왼편에 앉게 해주십시오"(20,21) 라고 청했다는 말씀을 읽고는 어처구니없다고 생각할 것입니다. 이를 보고 화를 낸 예수님의 다른 제자들의 반응은 어떻습니까? 그들이 화를 낸 것은 그들에게도 똑같은 욕망이 있어서가 아니겠습니까? 우리가 이 대목을 읽으면, 이른바 사도들이란 사람들이 그럴 수 있느냐 하며 의아하게 느낄 것입니다.

그러나 생각해 보면, 이것이 바로 우리들 인간의 모습입니다. 우리 자신들의 추한 모습입니다. 그렇지 않은 분들도 있겠지만, 나에게는 분명히 있습니다. 그래도 명색이 추기경인데, 공석이든 사석이든 추기경에 걸맞는 대접에 소홀하다든지, 고의는 아닐지라도 누가 말 한마디라도 불손하게 한다든지 하면 겉으로 표시하지는 않지만 내 마음속에서는 벌써 파도가 입니다. 불쾌하고 섭섭하게 생각하는 파도가 일고 있습니다.

사도들이 청한 것은 한마디로 영적인 것이 아니고 육적인 것이며, 그것은 자기를 내세우는 것입니다. '나를 알아 달라, 나를 인정해 달라'는 것은 누구에게도 있을 것입니다. 결국 사도들은 바로 우리 자신입니다.

사도 바오로는 주님이 가신 길을 갔습니다. 그는 주님과 주님의 복음 때문에 많은 고난을 겪었습니다. 반대자, 박해자들에 의해 짓눌렸고 온갖 시련과 고난을 겪었으며, 절망적인 상황에 놓인 일이 한두 번이 아니었습니다.

"유다인들에게 사십에서 하나를 감한 매를 다섯 번이나 맞았고, 몽둥이로 맞은 것이 세 번, 돌에 맞아 죽을 뻔한 것이 한 번, 파선을 당한 것이 세 번이고, 밤낮 하루를 꼬박 바다에서 표류한 일도 있습니다. 자주 여행을 하면서 강물의 위험, 강도의 위험, 동족의 위험, 이방인의 위험, 도시의 위험, 광야의 위험, 바다의 위험, 가짜 교우의 위험 등 온갖 위험을 다 겪었습니다. 그리고 노동과 고역에 시달렸고, 수없는 밤을 뜬눈으로 새웠고, 주리고 목말랐으며, 여러 번 굶고 추위에 떨며 헐벗은 일도 있었습니다. 이런 일을 제쳐놓고라도 나는 매일같이 여러 교회들에 대한 걱정에 짓눌려서 고통을 당하고 있습니다. 어떤 교우가 허약해지면 내 마음이 같이 아프지 않겠습니까? 어떤 교우가 죄에 빠지면 내 마음이 애타지 않겠습니까?"(2고린 11,24-29)

그리스도를 본받고 따르기 위해서 예수님처럼 '모든 이에게 모든 것'이 되고자 최선을 다한 사도 바오로는 하루도 편할 날이 없었을 것입니다. 그러나 그는 이 모든 시련과 고통을 극복하는 내적 힘을 지니고 있었습니다. 그래서 그는 "우리는 아무리 짓눌려도 찌부러지지 않고 절망 속에서도 실망하지 않으며 궁지에 몰려도 빠져나갈 길이 있으며 맞아 넘어져도 죽지 않습니다"(2고린 4,8-9) 라고 말씀합니다.

그 힘은 말할 것도 없이 주님으로부터 오는 것입니다. 그래서 사도 바오로는 "이렇게 우리는 언제나 예수의 죽음을 몸으로 경험하고 있지만 결국 드러나는 것은 예수의 생명이 우리 몸 안에 살고 있다는 사실입니다"(2고린 4,10) 라고 합니다. 예수님이 그 자신 안에 계시고 그와 일체 되어 있었기 때문에 그는 어떤 일을 겪어도 넘어지지 않았습니다. 때문에 그는 "나에게는 그리스도가 생의 전부입니다"(필립 2,21) 라고 고백합니다. 이보다 앞서서, 그는 자신을 가리켜 '질그릇 같은 존재' 라고 하였습니다. 사실 질그릇 같이 깨지기 쉬운 존재로는 도저히 그런 시련, 박해, 고난을 이겨낼 수 없습니다. 그러나 하느님은 질그릇 같은 존재 속에 당신의 보화를 담아 주셨습니다. 그것은 곧 "그리스도의 얼굴에 빛나는 하느님의 영광"(2고린 4,6)을 깨달을 수 있게끔 밝혀 주는 하느님의 빛입니다. 주님의 현존 자체입니다.

이렇게 함께 계시는 주님으로 말미암아 사도 바오로는 모든 시련을 이겨냈고, 고통과 죽음의 고난을 겪을수록 오히려 그 죽은 몸 안에 예수의 생명이 살고 있음이 더욱 드러나고 있었습니다.

사도 바오로가 간 길은 주님의 뒤를 따른 모든 사도들, 제자들, 성인 성녀들이 간 길입니다. 그리고 가까이는 우리 순교선열들이 간 길입니다. 그리고 지금도 우리 가운데 많은 분들이 가고 있는 길입니다. 이것은 오늘의 사도들인 사제들과 그 협조자들의 길이고 모든 크리스찬의 길입니다. 예수님이 우리에게 오시고 우리를 위해 사신 길은 겸손과 봉사, 고난과 자기죽음입니다. 때문에 이를 떠나서는 예수님을 따를 수 없고, 그분을 알 수도 사랑할 수도 없습니다.

사도직 협조자의 영성도 이와 같습니다. 35년 전, 내가 이 성소를 처음 알기 위해 프랑스의 루르드 성지에 갔을 때, 들은 이야기는 '하느님에게 완전히 내맡기는 것'이었습니다. 여기에는 하느님과 사람으로부터 오는 모든 것을 받아들이고, 자신은 완전히 무(無)가 되는 겸손이 있어야 합니다. 하느님에게 자신을 완전히 열고 투항해야 합니다. 그때 하느님의 능력이 바로 그 '무'를 통해서 드러납니다. '하느님에게 완전히 내맡기는 것'을 다른 말로 하면, 성모 마리아가 "주님의 뜻대로 내게 이루어지소서" 한 것과 같습니다. 성모 마리아가 구세주의 모친으로 부르심을 받으신 순간부터 주님의 십자가에 이르기까지, 그리고 당신 자신의 죽음에 이르기까지 취한 순명과 겸손은 모든 부르심을 받은 자의 모범이요 표식입니다. 모든 신자들과 교회가 깊이 묵상해야 할 뜻이기도 합니다. 이런 점에서 샤를르 드 푸코가 바친 기도는 참으로 뜻깊습니다.

아버지, 이 몸을 당신께 바치오니 좋으실 대로 하십시오.
저를 어떻게 하시든지 감사드릴 뿐,
저는 무엇에나 준비되어 있고, 무엇이나 받아들이겠습니다.
아버지의 뜻이 저와 모든 피조물 위에 이루어진다면
이밖에 다른 것은 아무 것도 바라지 않습니다.
내 영혼을 당신 손에 도로 드립니다.
당신을 사랑하옵기에 이 마음의 사랑을 다하여 제 영혼을 바치옵니다.
하느님이 내 아버지시기에 끝없이 믿으며
남김없이 이 몸을 드리고 당신 손에 맡기는 것이
어쩔 수 없는 저의 사랑입니다.

다시 순교정신을 묻는다

한국 천주교회사에는 무수한 순교자들이 등장합니다. 우리는 이 순교자들이 하느님에 대한 신앙을 고백하며 자신의 목숨을 바쳤고, 그 믿음의 가르침을 사랑으로 실천했던 일들을 기억하고 있습니다. 그러면서 그 믿음과 사랑을 영속화하려던 그들의 희망을 깨닫게 됩니다. 그런데 우리는 그동안 고통과 죽음을 중심으로 하여 순교자들을 생각해 온 것이 사실입니다. 그것을 통하여 드러나는 그들의 믿음을 가장 소중히 여겼기 때문입니다.

이제 21세기를 맞는 우리는 그 고통과 죽음을 통해 드러나는 믿음의 의미를 다시금 음미하면서 또한 그들이 일상생활을 통하여 드러냈던 사랑의 실천에서 새로운 의미를 찾아내야 합니다. 그리고 고통을 무릅쓴 믿음과 사랑을 넘어서 그들이 바랐던 희망을 생각하고 그 희망을 우리 땀으로 채워 가야 합니다.

원주 고을을 통째로 준다 해도

먼저 순교자들의 전기에 나타나는 삶의 모습을 살펴보면, 대부분의 순교자들은 갑자기 체포되어 모두가 단칼에 영웅적으로 치명하여 순교의 영광을 입은 것이 아닙니다. 그들은 반대로 믿음을 받아들인 그날부터 치명한 날까지 전 생애를 순교정신 속에 살았습니다. 당시의 상황이 그러하였습니다.

천주교는 '사교(邪敎)'로 단정되었고, 이 사교를 말살하고 뿌리째 뽑는 것이 나라의 정책이었기에 천주교와 관계되는 것은 모두 죽음을 의미하였습니다. 교리를 배우고 세례 받는 것은 물론 죽음을 뜻했고, 성경과 기도서를 비롯하여 십자가, 묵주를 가지고 있다는 것도 죽음을 뜻하였습니다. 우리 순교선열들은 이 사실을 잘 알면서 믿음을 받아들였고 언제나 순교할 각오를 하며 살았습니다.

그들은 입교한 바로 그 시간에 믿음 때문에 목숨을 바칠 각오를 세웠고, 믿음에 따라 사는 그 자체가 순교를 뜻하였기에 그들의 나날은 곧 순교였습니다. 매일같이 연약한 육체와 마음을 가다듬고 폭력에 대한 두려움을 극복하는 준비를 쌓으면서 일생을 오직 순교를 위해 살았다고 할 수 있습니다. 때문에 그들은 체포되거나 가산을 몰수당할 때, 혹은 폭력의 관리들 면전에서 자신있고 당당할 수 있었으며 태연하고 기뻐할 수 있었던 것입니다.

그들에게는 단 한 번의 성사를 받기 위해서 평생 동안 사제를 기다리는 인내가 필요했으며, 단 한 번의 미사참례를 하기 위해 수백 리 험한 산길을 걸어가야 했고, 한밤중에 비밀리에 미사참례를 했던 것입니다. 그들은 다행히 처음 박해는 면했다고 해도 대부분은 박해의 손길을 피해

정든 고향을 떠나야 했고, 또 어떤 이는 동네 사람들이 행하는 미신행위에 섞이지 않기 위해 온갖 희생을 무릅쓰고 가족들을 이끌고 분연히 깊은 산골로 이사하여 살았습니다. 그래서 순교자들은 박해시에 산속 깊이 많은 교우촌을 형성하여 살았습니다.

이 교우촌은 비록 가산이 적몰(籍沒)되어 가난과 굶주림에 시달렸고 초근목피로 연명하는 상태였지만 교우들끼리 서로 돕는 이웃사랑이 넘쳐 평화와 행복이 깃들여 있었습니다. 아침저녁으로 함께 기도하고 같은 생업에 종사하며 서로 돕고 사는 모습은 마치 초대교회 공동체를 방불케 하였습니다.

그들이 보여준 이웃사랑의 실천은 때로는 주위의 외교인들까지 감동케 하여 그들이 입교할 수 있는 원인이 된 적도 적지 않았다고 합니다. 때문에 박해가 모질고 희생이 크면 클수록 믿는 이들의 수는 오히려 늘어났던 놀라운 사실을 교회사 도처에서 찾아볼 수 있습니다.

한편, 순교할 수 있는 때가 오면 피신할 기회가 있었는데도 순교할 간절한 원의(願意) 때문에 자진해서 체포되었고, 말로 형언할 수 없는 혹독한 고문에도 절대로 '배교'라는 말을 한마디도 하지 않았습니다. 참으로 하느님과 의(義)를 위해 죽기를 거부하지 않았던 것입니다. 예를 들면, 을해박해(1815년) 때 순교한 최해성을 고문하던 원주 고을 관장이 "배교한다는 한마디만 내뱉으면 원주 고을을 통째로 주겠다"고까지 했으나, 그는 "원주 고을을 통째로 준다 해도 하늘과 땅의 주인이신 천주님을 배반할 수 없습니다"라고 해서 더욱 심한 고통을 당했고, 그때부터 이 말이 당시 이 고장에서 유행하다시피 되었다고 합니다.

그들은 모진 고문과 형벌로 혹은 칼 밑에서, 옥중에서 온갖 형태의 죽음을 당함으로써 순교의 영광을 입었습니다. 이러한 순교정신은 박해자들의 난폭하고도 무자비한 폭력 앞에서 무저항과 양순함, 겸손과 사랑의 승리, 더 높은 정신적 자유의 승리였습니다. 참으로 그들의 새로운 삶, 즉 하느님 안에 그리스도와 함께 사는 참생명에 대한 갈망과 이를 믿는 굳센 신앙은 연약한 인간의 한계성을 넘어 무한한 자유를 누릴 수 있게 하였고 기쁘게 죽음을 맞이할 수 있게 하였습니다.

도대체 천주학이 뭐길래

그들은 수많은 덕을 닦은 가운데서도 이웃사랑 실천에서 뛰어났음을 많은 기록이 보여주고 있습니다. 박해 시대의 우리 나라는 흉년과 기근이 심했고 탐관오리들의 착취가 극심하였습니다. 대부분의 지방 교난은 이 탐관오리들이 신자들의 재산을 몰수하기 위해서 일으킨 경우가 많습니다. 탐관오리들은 조정의 직접적인 탄압령이 없을 때에도 순전히 신자들이 호구지책으로 모아 둔 가산을 빼앗기 위해 협잡해서 채찍을 마음대로 휘둘렀던 것입니다. 때문에 순교선열들은 언제나 빼앗기고 쫓기는 신세였고, 가난과 굶주림에 시달려야만 하였습니다.

그러나 어려움 속에서도 하느님을 추호도 원망하는 기색이 없었으며, 그럴수록 교우들끼리 서로 돕고 위로하고 사랑과 인내로써 고난을 이겨 냈습니다. 당시 심한 흉년으로 말미암아 외교인들 중에는 굶어 죽은 자가 많았으나, 교우들은 초근목피로 생명을 이어가면서도 서로 사랑하고 도왔기 때문에 굶어서 죽은 사람이 없었다고 합니다.

순교자들의 애덕 실천은 특히 극한상황의 감옥 안에서 더욱 놀라웠습니다. 체포되지 않은 교우들은 생명의 위험을 무릅쓰고 밤중에 몰래 감옥에 찾아와서 형편을 알아보고 그들을 위로하고 격려해 주었습니다. 순교자 고 발바라와 홍 뻬르뻬뚜아 같은 여교우들은 체포되어 온갖 고문과 조롱, 병고에 시달리면서도 기력이 허락하는 한 다른 수인(囚人)들의 상처를 닦아내고 병 간호를 해주는 등 수인들에게 필요한 도움을 언제나 기쁜 마음으로 베풀었기 때문에 옥중에서 모든 이의 마음을 감동시켰고 모두 친누이같이 생각했다는 것입니다.

또 을해박해 때 대구 감옥에 갇혀 있던 증거자들의 이야기에는 십수 년 간의 감옥생활에서 어떤 믿음과 사랑으로 신앙공동체를 이루고 있었던 가를 잘 보여주고 있습니다. 그들은 감옥에서 의식(衣食)을 위해 짚신을 삼아 팔았고, 밤이 되면 등불을 밝혀 성서를 읽으며 큰 소리로 공동기도를 바쳤습니다. 감옥 속의 수인들이 얼마나 화목하고 평화롭게 지냈던지, 이웃동네 주민들조차 감탄하여 '천주학은 도대체 무엇인가?'라고 묻게 되었다고 합니다. 그런가 하면, 순교자들은 무식한 사람들을 가르치며, 불쌍한 사람들을 위로하고 병자를 간호하며, 죽을 위험에 있는 외교인 어린이에게 대세(代洗)를 힘써 베푸는 등 고초 속에서도 남을 위해 봉사하는 이가 많았습니다.

서울 회장이었던 순교자 이경천은 선교사들의 지방순시 때마다 따라다녔고, 상황 연락 등 온갖 직무를 수행하는 중에도 희사를 모아 옥에 갇힌 이들에게 전했고, 순교자들의 시체를 모두 찾아 안장하는데 특별히 헌신했던 분이었습니다. 윤권명은 교우가 되면서 자기 종들을 모두 해방시켜 주었으며, 신유박해(1801년)가 끝난 후에도 자신의 모든 수입을 가난하고 불쌍한 사람들과 나누어 가졌고 집으로 찾아오는 외교인들을 가르쳐 교우가 되게 권면(勸勉)하는 일을 가장 중요한 사명으로 여기고 헌신함으로써 그가 살았던 동네 주민들에게 깊은 감명을 주었습니다.

이와 같은 애덕 실천의 예화는 너무나 많습니다. 그 중에서 가장 큰 애덕은 말로 형용하기 어려운 혹독한 고문 중에도 다른 교우들의 이름을 절대로 대지 않았다는 것입니다. 이 얼마나 형제를 사랑하는 큰 애덕입니까? 바로 벗을 위하여 자기 목숨을 바치는 큰사랑입니다.

그들이 박해와 시련 속에서도 믿음에 살고 사랑을 실천할 수 있었던 것은 하느님을 믿고 그리스도의 복음, 구원의 기쁜 소식, 즉 영원한 생명과 그 영광을 확실히 믿었기 때문입니다.

말 잘하는 귀신 붙었다!

마지막으로 순교자들은 날로 깊은 믿음을 가지기 위해 교리를 열심히 배우고, 배운 것을 말과 글로 남에게 전달하려 애쓴 것은 물론이요, 특기할 만한 것은 체포되고 난 후, 관장의 심문대 앞에서, 혹은 고문을 당하면서도 교리를 설명하는 등 포교 활동을 열심히 했다는 점입니다.

그들이 관장 앞에서 변론하는 교리 지식은 대단히 해박했고, 많은 비유를 곁들인 교리 설명은 관장들까지 탄복케 한 경우가 적지 않았습니다. 당시 관장이나 포졸, 옥리 중에서 죄수인 순교자들에게 감복되어 관직을 그만두거나 스스로 신자가 된 경우까지 있었습니다.

15세 미만의 어린 소년 소녀들, 부녀자들, 80세 노인들까지도 당당하고 조리정연하게 교리를 변론하여 고문자들을 무색케 하였습니다. 그래서 박해자들은 '천주교 신자가 되면 말 잘하는 귀신이 붙었느냐?'고 탄복했다고 합니다.

정해박해(1827년) 때 김시우는 반신불구로서 매우 가난하여 이곳저곳 다니면서 교우들의 애긍(哀矜)으로 생명을 유지했는데, 글을 좀 알았기 때문에 서책을 왼손으로 베껴 교우들을 가르쳤고 외교인들에게까지 복음

을 전하였습니다. 그러다가 교우들이 체포될 때 자신이 제외되는 것을
보고는 울면서 함께 체포되기를 애원했고, 마침내 체포되어 관장 앞에서
옛 중국 고사를 들어 교리를 유창하게 변론했기 때문에 창피를 당한 감
사가 그의 턱을 부수어 말을 못하게 했고 더욱 심한 고문을 가했다고 합
니다. 이같이 고문을 받으면서까지 교리를 변론한 순교자들의 기록은 맨
앞에 붙은 '사학죄인'이라는 말만 빼면 한 권의 훌륭한 교리해설서가 될
수 있다 해도 과언이 아닙니다.

그러나 교리에 관한 그들의 해박한 지식, 조리 있는 비유와 해석은 결
코 좋은 환경이나 상황에서 배워 익힌 지식이 아닙니다. 그들은 말이 잘
통하지 않는 선교사에게 교리를 배웠고, 구하기 힘든 한글 서적을 통해
거의 스스로 공부를 해야 하였습니다. 하지만 모든 정성을 다하고 힘을
다하여 생명의 양식을 받아들이는 마음가짐으로 접했으며, 그만큼 열심
히 교리공부를 했던 것입니다. 이런 정성과 노력으로 그들은 본래의 무
지조차 극복하고 하느님 말씀의 진미(眞味)를 깨닫는 지혜를 터득할 수
있었습니다. 그러기에 그들의 교리는 단순한 지식이 아니고 살아 있는
진리, 생명의 말씀이었습니다.

이렇게 우리 순교선열은 남녀노소, 빈부귀천, 무식과 유식을 불문하고
한결같이 생활한 믿음으로 살므로써 혹심했던 박해 속에서 목숨을 바쳐
믿음을 증거할 수 있었습니다. 박해가 혹심하고 희생자의 수가 많으면
많을수록 믿는 이의 수가 많아진 것은 가톨릭 순교사에 나타난 큰 기적
이라고 말하지 않을 수 없습니다.

특히 이 땅에의 복음 전래가 선교사 없이 이룩되었다는 사실 또한
1801년의 박해 이후 성직자가 한 분도 없었던 30여 년을 신자들은 쫓기
고 숨어살아야 했던 처지에서도 서로 도우며 믿음을 살리고 이웃에게 믿

음을 전하는 데 헌신함으로써 교우 수를 늘게 했고 교회를 지켜왔다는 것은 참으로 기이하다고 하지 않을 수 없습니다. 참으로 놀라운 기적이요, 우리 안에 임하시는 성령의 역사를 선명하게 감지할 수 있습니다.

김대건 신부의 마지막 당부

춘원 이광수는 "남녀노소, 유식무식을 가리지 않고 수만에 이르는 사람들이 종교적 신념과 정신적 가치를 위하여 순교했다는 것은 우리 백의민족 반만년 역사에 가장 큰 자랑이 아닐 수 없다"고 말했습니다. 그러나 우리는 순교선열들을 자랑할 뿐 아니라 그들을 본받아야 합니다. 우리 모두가 진정으로 순교선열들의 입가에 머물던 봄바람 이는 미소의 의미를 깨우치고, 그들이 인생의 모든 것과 목숨까지 바쳐 우리에게 물려주려고 했던 신념과 가치를 우리의 생활 속에서 드러낼 수 있을 때에 비로소 '순교자의 후예'라는 긍지와 자부심을 가지고 살 수 있습니다.

그들이 온갖 고초 속에서 미소를 지을 수 있던 행복과 기쁨의 지혜는 무엇입니까? 성서가 바로 그 지혜를 가르치고 있습니다.

"의인들의 영혼은 하느님의 손에 있어서 아무런 고통도 받지 않을 것이다. … 사람들 눈에 의인들이 벌을 받은 것처럼 보일지라도 그들은 불멸의 희망으로 가득 차 있다. 그들이 받는 고통은 후에 받을 큰 축복에 비하면 아무 것도 아니다."(지혜 3,1-5)

그렇습니다. 고통 속에 하느님의 축복을 보는 안목입니다. 그것은 결코 이스라엘의 지혜만이 아닙니다. 바로 우리 순교선열들이야말로 이러한 지혜를 몸소 사셨던 분들입니다. 그들은 억울한 벌을 받고 죽더라도 평화와 희망으로 가득 차 있던 의인들이었습니다. 그들은 양처럼 끌려가 아무런 저항 없이 죽어 갔습니다. 그러나 그들은 이미 비폭력의 힘이 얼마나 큰 것인 줄 알았고, 온순과 겸손의 힘이 나타날 때까지 참고 기다리는 지혜를 갖추고 있었습니다. 3·1운동 선언문에 잘 나타나 있는 평화 애호 민족의 얼과 세계 평화에 이바지하는 자주독립정신은 우리 순교선열들의 삶과 죽음 속에서 잘 드러나는 것입니다.

거듭 말합니다만, 우리는 순교선열들을 자랑할 뿐 아니라 그들을 본받아야 합니다. 하느님을 전적으로 믿고 그분에게 나의 모든 것을 내맡겨야 합니다. 내가 가진 모든 것, 나의 존재, 나의 생명, 고통과 시련까지도 내맡겨야 합니다. 말로만 "주여! 주여!" 할 것이 아니라 순교선열들과 같이 마음으로 하느님을 믿고 생명을 다하여 따라야 합니다. 십자가에 이르기까지 따라야 합니다. 그리고 김대건 신부님이 마지막 편지에서 간곡히 부탁한 대로 우리는 믿음 속에 하나 되고 서로 사랑하여야 합니다.

"부디 서로 우애를 잊지 말고 서로 도웁시다. … 몸은 비록 여럿이나 마음으로는 한 사람이 되어 사랑을 잊지 마십시오."

기도, 그리고 이 한마디

나이는 하느님의 은혜이다. 나이를 먹고 늙으면서
머지않아 죽을 수밖에 없는 허무한 지경이 아니라
오히려 인생이 무엇인지, 무엇이 참된 가치인지,
그 참된 의미를 깨닫게 되는 원숙에 이르게 해준다.
어떤 의미로는 젊었을 때보다 더 철이 드는 것이다.

주여, 만나고 싶습니다

주여, 우리에게 당신 성령의 빛을 가득히 내려 주소서.
주님 앞에 우리의 눈을 뜨게 하시고
주님의 말씀인 복음의 말씀에 귀 기울이게 하소서
봉사 받으러 오시지 않고 봉사하러 오신 주님을 본받아
주님과 형제들에게 몸과 마음 다 바쳐 봉사하는 자 되게 하소서
주여, 우리의 삶에 복음적 가난이 아름답게 꽃피게 하소서

형제들을 부하게 만드시기 위해 당신 스스로 비우신 주님을 본받아
우리도 주님과 형제들에 대한 사랑으로써
남을 위해 자신을 비우는 그 가난을 본받게 하소서.
특히 가난한 자, 약한 자, 소외된 이들을 진심으로 사랑하며
그들에게 앞서 봉사하는 자 되게 하소서
그리하여 주님의 정신, 곧 복음의 정신이
우리의 삶을 가득히 채워
우리 모두가 주님의 성령의 인도로
나날이 다시 태어나게 하소서.

그들은 나를 너무나 모른다

'나는 세상 종말까지 죽음의 고통 속에 있으리라'고 하느님은 말씀한다.
나는 역사의 종말까지 십자가에 못 박히리라.
나의 자녀들인 크리스찬들은 이것을 전혀 느끼지 못하는 것 같다.
나는 채찍과 편태를 받고 사지가 찢기고 십자가에 못 박히고 있다.
그들의 눈앞에서 죽어 간다.
하지만 그들은 이를 모른다. 아무 것도 모른다.
그들은 소경이다. 그들은 참된 크리스찬이 아니다.
그렇지 않고서야 나는 죽어 가는데 어찌 삶을 즐길 수 있겠는가?

'주여, 알아들을 수 없습니다. 그건 있을 수 없는 일입니다. 당신은 과장하고 있습니다'라고 인간은 말한다.
만일 누가 당신을 해치면 나는 당신을 방어할 것입니다.
주께서 죽음과 싸우고 계시면 나는 단연코 주님의 편입니다.
주여, 나는 당신을 사랑합니다.

그것은 거짓이다. 사람들은 속고 있다고 하느님은 말씀하신다.

그들은 나를 사랑한다고 주장한다.
그렇게 믿고 또 때론 극히 진지하다.
나는 이것을 즐거이 인정해 주고 싶다.
하지만 그들은 기막히게 그릇된 길을 걷고 있다.
그들은 알아듣지도 보지도 못한다.
그들은 점차 모든 것을 망가뜨리고 메마르게 하고 속이 텅 비게 하였다.

그들은 한 달에 한 번씩 내 聖像을 섬기는 걸로써
나를 사랑한다고 생각한다.
그럼 나도 그들을 일 년에 열두 번만 사랑한다는 말인가?
그들은 규칙적으로 예배를 바치고 미사에 참석하고
금요일에 齋를 지키고
나의 聖像 앞에서 촛불을 켜고
혹은 어떤 기도를 바치기 때문에 나를 사랑하는 줄 알고 있다.
나는 석고도 아니요, 돌도 구리도 아니다.
나는 살아 있고 쑤시고 아프며 고통받는 몸으로 만들어져 있다.

나는 그들 가운데 있지만 그들은 나를 알아보지 못한다.
나는 박봉을 받는다.
나는 실업자다.
내가 살고 있는 곳은 판자촌이다.
나는 肺를 앓고 있고 다리 밑에서 잔다.
나는 囹圄의 몸이요 착취되고 있다.

나는 '나의 작은 형제들 중 하나에게 한 것이 곧 내게 한 것'이라고 그들에게 말했다.
그만하면 말은 분명하다.
가장 좋지 못한 것은 그들이 이를 알고 있다는 사실이다.
헌데, 그러면서도 그들은 이것을 진지하게 생각하지 않는다.
그들은 내 심장을 꿰뚫었다. 행여나 측은히 생각할 사람이 있을까 하고 기다렸지만 한 사람도 없었다.
나는 추위에 떨고 있다. 굶주리고 헐벗었다.
나는 감금되고 따귀를 얻어맞고 모욕을 당하고 있다.

평화를 위한 기도

얼어붙은 자연에 봄의 입김이 서려 옵니다.
그런데 우리의 얼어붙은 마음엔
언제 봄이 옵니까?

공포에 사로잡힌 표정들!
핏기가신 그 창백한 얼굴들!
이 불안에 떠는 겨레를 위해
주여! 진정 당신의 위안과 평화를 기도하지 않을 수 없습니다.
당신의 빛을 하늘에서 가득히
우리 마음에 내려 주소서.

주님, 진실이 무엇인지, 어디 있는지 깨닫게 하여 주소서.
목숨 다하는 그 마지막 순간까지
우리가 지켜야 할 가치는 무엇입니까?
당신 도움 없이는 이 역사의 오밤중에
길을 잃지 않을 수 없습니다.

영원에로의 길을 우리에게
밝혀 주소서.

우리들은 당신의 선민 이스라엘은 아닙니다.
그러나 역시 당신의 백성입니다.
가난하고 헐벗은 가운데도
길고 긴 형극의 여정 속에서도
이스라엘에 못지 않게 받은
이민족의 학정과 그 수모 속에서도,
이 분단의 비운과 전화의 가혹한 시련 속에서도
당신만은 끝내 두려워할 줄 알던 선민이 아니옵니까?

그런데 주님!
우리의 현실은 너무나 각박합니다.
위기의식이, 불안이, 체념이, 허탈이
우리 모두의 마음을 무겁게 짓누르고 있습니다.

아슬아슬한 권력의 절벽
무섭게 공허한 침묵의 심연
칠흑 같은 불신의 장막

이 장막을 벗길 빛은 없습니까?
저 절벽과 심연을 이을
믿음의 다리는 없습니까?

어느 때 불어닥칠지 모를
돌풍이 세차게 일면
절벽에 매달려 있는 돌들이
일제히 심연으로 내려칠 것만 같습니다.
그 強打가 地熱을 건드리면
침묵의 심원은 순시에 활화산의 분화구로 바뀌어
맹렬한 불기둥을 솟아 올려
그 절벽을 송두리째 삼키지 않을까 두렵기만 합니다.

그러나 주여!
공포에 질린 얼굴들은 생각뿐입니다.
누구도 그 위험 앞에서 무력합니다.
'생각하는 갈대'는 약합니다.
五官도 四肢도 얼어붙었습니다.
이를 녹일 사랑의 불은 없습니까?

주여! 우리는 사실 당신께 은총을 구할 자격조차 없습니다.
우리의 마음은 눈같이 희다 할 수도,
우리의 얼굴이 천사처럼 맑다 할 수도 없습니다.
오히려 우리 영혼은 그 밑바닥까지 죄에 젖어 있을지도 모릅니다.
우리는 사실, 양심에 어긋나는 일을 너무나 많이 저질렀습니다.
지금도 부정과 불의가 우리 안에 창궐하고 있습니다.
背理와 逆理가, 순리와 도리에 앞지르고 있습니다.
우리 손은 깊이 부패되어 있습니다.
우리 발은 깊이 흙탕물에 젖어 있습니다.

그러하오나 주여!
하염없는 참회의 눈물을 머금은 채
우리와 한결같은 소망은
저 맑고 푸른 하늘 높이 당신 어전에까지 날으고 싶사옵니다.

하오니 주여!
당신의 무한하신 자비로
우리의 모든 죄를 용서하시옵소서.
당신 은총의 慈雨를 내리사
우리 모두의 잘못을 씻어 주소서.

그리하여 당신 빛으로
우리 마음을 환히 밝혀 주시고
당신 평화의 길이 우리 안에
훤히 트이게 하소서.

고름짜기

어릴 적 고름이 든 종기를
나는 아파서 끙끙대며
만지기만 하고 짜지를 못했다.
고름은 피가 썩은 것이고
고름은 결코 살이 안 된다고
어머니는 감히 선언하셨다.
손만 살짝 닿아도 엄살을 떠는 나에게
어머니는 악창까지 나와야 낫는다고
발끈 눌러 버렸다.

전신의 충격, 눈알이 아리면서
마침내 종기는 터지고
피고름과 함께 뿌리가 뽑혔다.
썩은 고름이 빠진 자리에
새 살이 차고 다시 피가 돌고
마침내 상처는 깨끗이 나았다

종기가 무서워 슬슬 만지며
고름이 아까워 버리지 못하는 겁쟁이
살이 썩고 피가 썩고
마침내 온몸이 썩을 때까지
우리는 아프다고 바라만 볼 것인가.

슬슬 어루만지기나 하며
거죽에 옥도정기나 바르며
진정으로 걱정하는
어머니의 손길을 거부할 것인가

언제까지나 고름을 지니고
이 악취, 이 아픔을 견딜 것인가
고름은 피가 되지 않는다.
고름은 살이 되지 않는다.
어머니는 자꾸만 외치고 있구나!

오늘을 바로사는 삶을 위하여

추기경의 어록

사랑은 감정이나 느낌이 아니다. 사랑은 의지이다. 참된 사랑은 참으로 사랑하겠다는 결심에서 출발한다.

사람을 사람답게 하는 가치의 기준은 그가 얼마나 가졌느냐가 아니라 어떻게 사느냐에 따라 이루어진다. 그리스도는 아무 것도 지니지 않았으나 그 누구보다도 부유했다. 그것은 참사랑을 살았기 때문이다. 참사랑은 이웃을 위해 자신을 바치는 나눔의 삶이다.

사랑은 여러 덕의 하나가 아니라 모든 계명의 전부이며 완성이다.

자신을 불태우지 않고는 빛을 낼 수 없다. 빛을 내기 위해서는 자신을 불태우고 희생하여야 한다. 사랑이야말로 죽기까지 가는 것, 생명까지 바치는 것이다. 그러려면 자기를 완전히 비우는 아픔을 겪어야 한다.

사랑이란 무엇인가? 남에게 자기 자신을 완전히 여는 것이다. 외적 인물이 잘나서 또는 장점이나 돈, 지위 때문에 사랑하는 것이 아니고

'그 사람'이기 때문에 사랑하는 것이다. 그 사람의 기쁨을 나눌 뿐 아니라 서러움, 번민, 고통을 함께 나눌 줄 아는 것, 잘못이나 단점까지 다 받아들일 줄 아는 것, 그의 마음의 어두움까지 받아들이고 끝내는 그 사람을 위해서 목숨까지 바칠 수 있는 것이 참사랑이다. 그래서 참사랑은 행복하지 않다. 남의 고통을 자기 것으로 삼을 만큼 함께 괴로워할 줄 아는 것이기 때문이다.

참사랑은 무력하다. 사랑하는 자를 위해서는 아무 것도 거절할 수 없을 만큼 무력하다. 어떠한 고통도 죽음까지도 받아들인다. 이처럼 가장 무력하면서도 가장 강인한 것이기에, 사랑은 온 세상을 분쟁과 갈등과 파멸로부터 구할 수 있는 구원의 첩경이다.

사랑이 없으면 생명이 있을 수 없고, 삶이 있을 수 없다. 우리가 존재할 수도 없다. 아무도 '나'를 사랑하지 않는데, 내가 어떻게 견디어 낼 수 있는가? 또 아무도 사랑하는 사람이 없을 때, 그런 '나'를 참을 수 있는가? 사랑은 모든 존재와 삶과 평화와 행복의 절대적 조건이다.

인간은 영육 일체의 존재이다. 육체와 영혼의 어느 한쪽이 깨끗하다고 해서 순결하다고 볼 수 없다. 영혼을 건드리지 않고 육신만을 더럽힐 수는 없다. 육체를 범했다면 그 영혼까지 침범한 것이다. 반대로 육체가 깨끗하다 해도 그 마음이 돌같고 이웃에 대한 사랑의 감정이 없으면 순결하다고 볼 수 없다. 참된 순결은 이웃에 대한 사랑이다.

이삭은 밭 주인이나 가진 자에게는 별로 가치가 없다. 그러나 가난한 자에게는 소중하고 훌륭한 양식이다. 이삭을 줍는다는 것은 가장 보잘것없는 형제 하나를 그리스도의 마음으로 사랑하는 것이다. 이삭은 '버림받은 예수'이다. 이삭을 줍지 않고 그리스도와 함께 있을 수 없다.

겸손은 결코 외적으로 자기를 낮추고 남 앞에 공손된 자세를 취하거나 자기를 무조건 비하(卑下)시키는 것이 아니다. 사랑 때문에 자기를 비우고 낮추는 것이다. 때문에 겸손은 땅(大地)과 같다.

그리스도를 만난 사람은 머리로만 따지려 들지 않고 삶 자체가 변화한다. 그리스도처럼 겸손해지고 가난해져서 이 세상에서 가장 비천하고 낮은 자 되고, 모든 욕심에서 죽고, 자기 중심의 이익을 따지는 계산을 버리며, 십자가의 고통이 드러나는 세상의 구석과 응답을 찾아 봉사하고 사랑을 실천하는 사람이 되었을 때 비로소 '그리스도처럼 사람이 변했다'고 말할 수 있다. 이런 사람들은 자신만이 아니라 주변 사람들마저 변화시킨다.

그리스도와의 깊은 만남은 고통을 통해서만 가능하다. 그것 없이 우리는 그리스도를 깊이 알 수 없고 만날 수도 없다. 왜 고통을 통해서인가? 자신을 열고 비우지 않고서는 그리스도를 만날 수 없기 때문이다. 영원을 받아들이기 위해 유한은 깨어져야 한다.

외적으로 어려울 때일수록, 내적으로는 더 심화되고 '마음의 문'이 열려서 인생을 더 깊이 볼 수 있다. 지금이 만약 시련의 때라면 오히려 우리 자신을 보다 성장시킬 기회가 주어졌다고 생각하라.

사랑이 없는 고통은 있다. 그러나 고통과 자기희생이 없는 사랑은 없다.

그리스도교는 우리로 하여금 고통을 면할 수 있게 해주지 않는다. 오히려 그리스도를 따르는 자는 자기 목숨을 버리고 자기 십자가를 지고 따라야 한다고 말한다. 다른 모든 종교들은 고통을 피하려 하든지, 도나 수양을 통해서 고통을 극복한다든지, 또는 고통이 있어도 이를 느끼지 못하는 경지에 이르게 해주려고 노력하고 있다. 그러나 성경은 고통을 마주보게 한다.

우리는 자기 단점을 남이 이해해 주기를 기대하면서도 남의 단점은 이해보다 지적하고 비판하려 한다. 받아주고 용서할 줄 모른다. 그릇을 깨도 자기가 깼을 때는 변명할 이유가 있는데, 남이 깼을 때는 무조건 잘못한 것으로 마음의 판정부터 내린다. 우리 안의 원죄의 뿌리이다.

용서는 피해자만이 할 수 있다. 피해자가 용서할 때 구원되고 한(恨)도 용서함으로써 풀린다. 구원은 잘못을 저지른 사람들의 통회와 피해자의 용서를 통한 화해로써만 이룩된다. 통회와 용서만이 불안과 미움으로부터 모든 사람을 해방시킬 수 있다.

회개는 허위를 떠나 진리로, 불의를 씻고 정의를 실천한다. 미움과 다툼을 가시고 용서와 사랑을 주고받으며, 회의와 불신의 장벽을 벗기고 믿음과 신뢰를 회복한다. 어두움을 이기고 빛을 향해 가고 절망에서 희망으로, 죽음의 멍에를 벗고 그리스도에게로 돌아간다. 그리스도를 통하여 하느님에게로 완전히 돌아간다.

우리가 남을 참으로 용서하고 사랑할 줄 모르는 것은 먼저 우리 자신이
용서를 받아야 한다는 것을 깨닫지 못하는 데 있다. 자신이 용서받아야
한다는 필요를 많이 느끼는 사람일수록 남을 용서할 줄 안다.

화해란 누구든지 맺힌 것이 있으면 풀고, 용서받을 것이 있으면 겸손히
용서를 청하고, 용서하여 줄 일이 있으면 용서하여 주고, 모든 사람과의
화목과 사랑을 회복하는 것이다.

고독은 누구도 피할 수 없다. 사람에게는 누구나 각자 주어진 고독의
밑바닥이 있다. 그 의미를 부정적으로 받아들이면 위험하다. 그러나
삶을 돌이켜 보는, 자신의 존재 자체를 깊이 보게 되는 기회로 본다면
고독의 시작은 참으로 소중한 것일 수 있다.

모든 인간에게는 자신의 반쪽을 찾는 갈망이 있다. 흔히 사람들은
어쩐지 끌리고 사랑을 짙게 느끼는 상대를 만나면, 바로 천생연분의
짝이라고 생각한다. 그러나 결혼한 다음에 몇 해를 살아도 자신 안에
여전히 짝을 찾고 있는 심리가 그대로 남아 있다는 것을 알게 된다.
아내나 남편이 있는데 사랑하는 '님'이 또 있을 것 같이 느끼는 것이다.
인간에게는 고독이 있다. 이른바 '실존적 고독'으로 결코 부정적 의미의
고독이 아니다. 인간이 하느님의 모습으로 창조된 데서 오는 고독이다.
인간은 유한한 존재이지만, 그에게는 무한하고 영원한 하느님의 모습이
깊이 찍혀 있다. 그래서 모든 인간은 마음속 깊이 영원에의 향수를
지니고 있다. 이것은 세상의 그 어떤 것으로도 채울 수 없고 오직
하느님만이 채울 수 있다. 인간은 하느님의 꿈이다. 이 꿈의 실현이

인간의 구원이다. 하느님은 우리 한 사람에게 이 꿈을 지니고 있다.

하느님은 언제 나를 사랑할 것인가? 우리는 착하게 살 때, 하느님만을 사랑할 때, 죄 없을 때 사랑할 것이라고 상상한다. 다시 말해서, 내가 완전한 사람이 될 때라고 생각한다. 그러면 나는 죽을 때까지 하느님의 사랑을 받지 못한다. 왜냐하면, 죽을 때까지 아무리 해도 하느님 도움 없이 내 힘만으로는 완전한 자가 될 수 없기 때문이다.

'사람아, 너는 하느님 없이 무엇이냐?' 하느님 없이 너는 한낱 먼지에 불과하다. 반면에 하느님과 함께 너는 모든 것이다.

인간이 존엄하고 평등한 이유는 하느님 앞에서 그 어떤 인간도 쓸모 없는 인간이 없기 때문이다. 하느님은 가장 보잘것없고 버림받는 인간까지도 귀하게 보고 사랑한다. 우리가 믿기에 앞서, 먼저 하느님 편에서 인간이 어떤 처지에 있든지 상관없이 믿는다. 그만큼 하느님은 모든 인간을 먼저 믿고, 사랑하고 끝까지 포기하지 않는다. 그러기에 인간의 인간다움은 하느님을 알고 믿고 살 때에 비로소 가능하다.

그리스도는 우리 자신의 가난한 마음, 우는 마음, 허탈에 빠진 마음, 어둠에 잠긴 마음에 임한다. 그리스도는 우리가 무력할 때 가장 가까이 우리 곁에, 우리 안에, 우리와 함께 계신다. 우리가 기진맥진하여 당신에게로 한 걸음도 나갈 수 없을 때, 오히려 우리에게 내려온다.

누가 나를 보고서 예수님을 보았느냐 라고 물으면 보았다거나 만났다고 말할 수는 없다. 그러나 그분은 내 안에 계시다는 것을 부정할 수는 없다. 소리내지 않고 조용히 계신다. 침묵 속에서 일하신다.

하느님은 아리스토텔레스의 '철학의 하느님'처럼, 또는 하늘과 땅을 지배하는 천리(天理)처럼 불변의 신이 아니다. 하느님은 인간적으로 사랑과 정이 풍부한 분, 모세의 말을 듣고 생각을 바꾸기까지 한 분이다. 사랑과 진실, 자비와 용서가 넘치는 하느님이다.

영혼을 풍족케 하고 만족케 하는 것은 풍부한 지식이 아니라 사물의 내용을 깊이 깨닫고 맛보는 것이다.

인생의 의미는 배운다기보다 깨닫는 것이다. 그 깨달음은 믿음으로만 가능하다. 왜냐하면, 삶은 내가 임의로 택한 것이 아니라 하느님으로부터 주어진 것이기 때문이다.

인간은 자기 고향, 자기 집에 살면서 삶 전체를 평화롭게 받아들이지 못하는 나그네 같은 심정을 갖고 있다. 이 나그네 심정은 인간의 참된 고향이 하느님이기 때문이다. 그러기에 인간은 이 세상에서 그분과의 깊은 만남 속에서 비로소 평안을 누릴 수가 있다.

가난한 마음은 정신적 가치와 종교적 가치가 텅 비어 있는 것을 말하는 것이 아니다. 오직 하느님만을 믿고 모든 것을 의탁하며, 하느님의 뜻 앞에 자신을 완전히 비우는 것을 뜻한다. 비록 자신이 가진 것, 아는 것이 많다 해도, 또 누리는 권세가 크다 해도 하느님 앞에서는 아무 것도 아님을 깨닫고, 마치 어린이가 아버지에게 모든 것을 믿고 의탁하듯이 내맡기는 마음이다. 그리고 자신의 처지가 곤궁하다 해도, 시련과 고통의 와중에 있다 해도 하느님을 믿고 의지하며 하느님 섭리에 모든 것을 내맡기는 마음이다. 곧 가난한 마음은 겸손한 데서 시작된다.

하느님은 인간 내면의 가장 깊은 곳에 자리잡고 있는 굶주림과 갈증의 대상이다. 인간이면 누구나 태어날 때부터 지니고 있는 꿈, 바람, 그리움의 대상이다. 표면적으로는 아닌 것 같이 보이지만, 인간의 영혼 깊이에는 하느님을 향한 노스탤지어가 있다. 그래서 하느님은 인간이 참으로 쉴 수 있는 마음의 고향이다.

성경은 하느님을 관조할 수 있는 거울이다. 동시에 인간의 참 모습을 비추어 주는 거울이기도 하다.

신앙생활이란 우리가 스스로 사는 것이 아니라 그리스도가 우리 안에 사는 것이다. 그리스도를 산다는 것은 그분의 사랑으로 사는 것이다. 이웃을 사랑하고, 특히 가난한 이, 약한 이, 억눌린 이들과 소외된 이들, 병자와 죄인 등 가장 보잘것없는 사람들을 내 몸같이 사랑함으로써 비로소 그리스도로서 사는 사람이 될 수 있다.

성모 마리아는 산전수전 다 겪고, 그러면서도 그 모든 것을 마음으로 받아들이면서 상처 가득한 자신의 처지를 신앙과 희망을 갖고 인내로써 이겨낸 분이다. 아들 예수를 마구간에서 출산해야 했던 딱한 여인, 헤로데왕의 칼날을 피하기 위하여 어린 예수를 데리고 이집트 피난길에 올라야 했던 불운의 여인, 아기를 율법의 규정에 따라 성전에 봉헌했을 때 시므온으로부터 그 아기 때문에 예리한 칼이 심장을 찌르듯 극한의 아픔을 겪으리라 예고받았던 비통한 어머니, 열두 살 난 소년 예수를 성전에서 잃고 애태웠던 어머니, 세상과 인류의 구원을 위하여 아들 예수를 남한테 빼앗겨야 했던 고독한 어머니, 드디어 사랑하는 아들의 십자가 처형을 바로 밑에서 지켜보아야 했던 기구한 어머니였다.

촛불이 빛을 내려면 스스로 불타야 한다. 밀알 한 알이 스스로 썩음으로써 많은 열매를 맺을 수 있다. 우리 자신들이 희생하고 봉사하면서 이 사회의 빛이 될 수 있는 길이 오늘의 순교정신이다.

여기 두 사람이 있다. 한 사람은 영세받고 성당에 잘 다니고 신심이 깊다고 보여지며 남을 해치지 않고 거짓말을 한 일도 없다. 교무금, 연보를 잘 낼 뿐더러 교회 일에 봉사적이다. 그러나 세상 일에는 무관심하다. 가난한 이에 대해 별로 동정도 없고, 세상의 불의를 보고도 몸조심하며, 권력의 횡포 때문에 고통을 겪는 동포들이 있는데도 남에게 일어나는 일로 생각하고 침묵을 지킨다. 그런 일은 자기와 아무런 관계가 없다고 생각한다.
또 한 사람은 영세도 받지 않았고 하느님도 그리스도도 모른다. 잘 모르기 때문에 모른다. 때문에 성당이든 교회든 나가지 않는다. 그러나 양심적일 뿐 아니라 이웃의 고통을 자신의 고통으로 생각하며 마음과 몸을 바쳐 돕는다. 불의 앞에 굴하지 않고서 정의롭고 진실한 사회, 인간다운 사회 되기 위하여 헌신적으로 일한다. 투옥과 박해의 위험을 무릅쓰고 오직 모두가 참된 삶을 살 수 있다면 바랄 것이 없다는

생각에서 헌신적이다. 이 두 사람을 두고서 예수는 어떻게 판단할
것인가? 전자는 예수가 목적하는 하느님 나라에 대해서 무관심하지만,
후자는 하느님 나라를 모르면서도 실제 그 나라를 위해 헌신하고 있다.

빵과 더불어 사랑과 진선미는 인간의 양식이다. 빵을 위해서 사랑과
진선미를 희생시킬 수는 없다. 사랑과 진선미를 위해서 빵을 거부할
수도 없다. 그러나 사랑과 진선미를 위해 스스로 빵을 거부할 수 있는
사람은 차원이 높은 의미의 인간이다. 이 사람들은 어두움의 빛처럼
세상의 등불이 된다.

부활은 인생을 무의미하게 만드는 죽음에 대한 생명의 승리이다. 동시에
인간의 모든 가치를 회의의 눈으로 보고 부정적으로 보는 불신에 대한
믿음의 승리요, 어둠에 대한 빛의 승리이며, 미움과 죄에 대한 사랑의
승리이다. 인간을 위한 하느님의 사랑의 승리이다.

하느님의 나라는 내일, 모레, 10년 후에 오는 것이 아니다. 우리가
십자가에 못 박힐 때, 바로 그 순간에 온다.

지옥은 하느님을 완전 거부하는 자의 죄의 연장이다. 하느님을 사랑하지
않고서 형제를 사랑할 수 없고, 형제를 사랑하지 않고서 하느님을
사랑할 수 없다. 이 사랑의 거부, 즉 완전히 폐쇄적인 자아가 지옥이다.
지옥은 외부에서 강요된 벌이 아니다. 자기 스스로 자초한 벌이다.

기도를 이해하려면 기도로써 무엇을 얻어내려는 마음을 버릴 때이다.

한 시간이고 몇 분이고, 진정 내가 나를 하느님의 뜻에, 그 손에 완전히 내맡겼느냐에 달려 있다. 기도로써 무엇을 얻어내자는 생각도 버려야 한다. 어려움 중에서도 성취한 것 같은 자만심도 없어야 한다. 더구나 누가 기도하고 있는 것을 보아주기를 바라는 생각도 없애 버려야 한다.

기도는 생명이지 만병통치 약이 아니다. 기도는 약으로 쓰는 것이 아니고 살아야 한다. 하느님의 현존 앞에 마음의 문을 열고 있는 것이다.

기도는 기다림이다. 주님 앞에 나아가서 주님에게 자기 마음의 문을 열고 '주여, 말씀하소서!' 하고 기다리는 것이다. 기다림의 자세는 빈 마음이어야 한다. 주님이 무엇을 주시든지, 그것이 어렵고 고통스러운 일일지라도 받아들이겠다는 자세, 전적으로 열린 마음이어야 한다.

기도는 사제생활에 있어서의 힘의 원천이며 마음의 쉼터이다.

하느님이 즐기시는 기도는 깊은 침묵 속에 있다. 침묵은 하느님이 지닌 여러 이름 중의 하나이다. 사랑이 깊을 때는 사랑하는 사람 사이에 말이 없다. 진실히 사랑하는 사람은 침묵 속에 더욱 사랑을 느낀다. 이 침묵은 창조적 침묵이요 영혼을 순화시키고 거룩하게 만든다. 폐쇄적이 아니라 개방적이다. 모든 이에게 열려 있는 마음과 사랑의 침묵이다.

교회는 가난을 체험하고 가난 자체가 되어야 한다. 가난을 연구하고 가난한 이에 대해 공부하는 것이 아니라 가난해짐으로써 예수와 같아져야 한다.

밤이 되면 곳곳에 수없이 많은 십자가가 붉은 빛으로 번쩍인다. 그러나 아무리 종탑의 불을 밝혀도 세상은 변화되지 않는다. 우리 한 사람이 각자 사랑의 등불을 밝힐 때, 그리하여 교회가 세상의 빛이 될 때 세상은 변화된다.

내가 꿈꾸는 한국 교회는 그리스도처럼 이 사회 속에서 이 겨레를 위해 하늘과 땅 사이에 높은 십자가에 매달리는 것이다. 창에 찔려 열린 그리스도의 가슴처럼, 교회의 가슴 역시 열려 있는 것이다.

교회는 세상에 속하지 않으나 세상 속에, 세상을 위해 있어야 한다. 그래야만 교회는 복음 말씀대로 세상의 빛이 되고, 땅의 소금, 사회 속의 누룩이 될 수 있다. 빛이 그 사명을 다하려면 어둠과 동화되지 않으면서 어둠 속에 들어가 밝혀야 한다. 소금과 누룩의 역할도 마찬가지이다. 누룩이 누룩의 역할을 하려면 밀가루 반죽 속에 들어가 있어야 한다.

사제는 칠흑같이 어두움에 쌓인 바다를 향하여 서 있는 등대와도 같다. 사랑이 메마른 세파 속에서, 모두 자기만을 위해 사는 이기주의적 가치관 속에서 자신의 삶의 전부를 그리스도와 함께 제물로 바치는 존재이다. 오늘도 내일도 영원히 바치기에 사제는 영원한 사제이다.

교회는 오늘날 죽어 가는 세상의 부활이 되기 위해 대지가 되어야 한다. 세상의 모든 죄와 더러움, 모든 상처와 고통을 받아들일 수 있는 겸허한 대지, 어머니의 사랑과 같이 무한히 큰사랑의 대지가 되어야 한다. 하늘을 향하여 열려 있고, 하늘의 은총과 빛을 받아 병들고 썩고 죽은

것까지 소생시키는 자비의 대지가 되어야 한다. 이같이 교회가 스스로
낮추고 새로운 생명의 대지가 될 때, 메마른 마음에 생명의 물이 샘솟고
사막 같이 황폐되어 가는 인간 사회는 푸른 잔디와 숲으로 덮인다.

주교는 큰 쓰레기통이어야 하고, 사제는 각자의 위치에서 나름대로
이웃이 내버리는 모든 쓰레기를 담을 줄 아는 쓰레기통이 되어야 한다.

하느님으로부터 온 말씀은 늘 하느님을 그리워하는 향수를 지니며,
이 향수를 달래면서 스스로 위로하는 것이 '시(詩)'이다. 시는 생명이요
빛이요 구원의 표징이다. 마치 어두운 먼바다에 구원의 희망을 알리는
등대의 불빛과 같다. 그러므로 시인은 사제와 같은 일을 하는 사람이다.

세상은 시간적으로 새날이 오고 새해가 되었다고 해서 새로워지는 것은
아니다. 우리의 마음과 정신이 '진실된 인간, 정의로운 인간, 사랑하는
인간'으로 달라질 때에 비로소 새로워진다.

해방이란 인간을 참으로 인간다운 인간으로 만들어 주는 것이다.
인간다운 인간이란 하느님이 태초에 당신의 모상으로 창조한 모습이다.

양심은 인간의 가장 내면 깊이에 있는, 그야말로 인간이 하느님과
만나는 거룩한 장소, 지성소(至聖所)라고 할 수 있다. 때문에 양심선언은
한 사람의 전인격의 결단이자 신념의 고백이다.

민주주의는 만들어 주어지는 것이 아니라 다양한 사회의 활력 속에서

화합이 이루어질 때 창조되어진다. 정의 또한 규격품으로 배급되어 질 수 있는 성질의 것이 아니라 강물처럼 순리로 흐르고 넘치게 해야 한다. 복지는 소외된 이웃형제들에 대한 모두의 사랑의 표현이어야 한다.

평화의 문제는 우리가 참으로 인간을 인간답게 위하고 사랑하느냐 하는 사랑과 정의의 문제이다. 그러려면 사랑의 마음에서 평화를 깨뜨리는 모든 것을 이기고 없애야 한다. 불화의 뿌리를 뽑아야 하고, 남을 인정하지 않는 오만, 믿지 않으려는 불신, 용서할 줄 모르는 미움, 나만을 위하는 소유욕과 지배욕, 질투와 경쟁심을 버려야 한다.

법은 자유의 남용으로 '선(善)'을 외면하고 '악(惡)'을 행하는 인간으로 하여금 다시금 '악'을 떠나 '선'으로 돌아서게 하기 위해 존재한다.

고난받는 사람은 선택된 사람이다. 특별한 사명이 지워진 사람들, 즉 하느님이 보내신 사람들이다. 동양에서는 '천명(天命)'이라 했고, 그리스에서는 '운명'이라 했다. 공자는 나이 오십을 '지천명(知天命)'이라 했고, '진인사대천명(盡人事待天命)'이란 말이 의미하듯이 천명은 거스릴 수 없는 절대자의 섭리에 의한 것일 수 있다. 특별한 부르심, 즉 천명에 의한 선택은 현실에서는 고난으로 나타나지만 그것은 역사 창조나 발전의 원동력이 된다.

장애인 여러분, 혹시라도 세상에 대해 분노가 있다면 분노를 푸십시오. 억눌림과 억울함, 불신과 배신감이 있다면 세상을 용서하십시오. 마음의 평화를 위하여 기도하십시오. 하느님이 도와주실 것입니다. 세상으로

닫힌 마음을 열고 세상과 화해하십시오. 그러려면 먼저 하느님에게
마음을 여십시오. 하느님과 화해하십시오.

하느님은 공의로운 분입니다. 여러분이 장애로 인해 불편하고 억울한
일이 있다면 또 다른 축복과 기쁨도 반드시 있을 것입니다. 하느님께서
함께 하심을 믿으십시오. 반드시 평안함으로 평화의 미소를 짓게
됩니다. 귀가 멀게 되면 자연히 남아 있는 눈이 발달하게 되고, 눈이
멀면 신체의 다른 촉각들이 발달하게 됩니다. 눈이 멀어도 마음의 눈은
더욱 밝아져 세상에 감춰져 있는 귀한 것을 느끼고 볼 수 있게 됩니다.

인간은 누구나 장애인이다. 우리는 스스로 장애인이라는 자각을 통해서
그리스도를 만나 그분 안에서 새로 태어남으로써만 영원한 생명의
나라에 들어갈 수 있다. 그렇기에 장애인들은 거추장스럽기만 한 짐이
아니라 우리를 대신하여 십자가를 짊어진 이 시대의 '작은 예수'이다.
장애인들은 우리 공동체를 더욱 심화시키고 풍요롭게 하는 은총의
선물이다. 이 선물은 우리가 그들의 삶에 깊이 동참하고 함께 나눌 때에
비로소 우리 안에 풍요롭게 열매를 맺을 것이다.

자유는 근본적으로는 선택의 능력이다. 어떤 사람이 악을 선인 줄 알고
선택했을 경우, 또 악을 악인 줄 안 뒤에도 계속 선택했을 경우, 그는
자유를 잃고 노예가 될 것이다. 물론 물질적 풍요는 있을 수 있다. 반면에
선을 선택했을 경우, 한때의 어려움은 있더라도 인간다워지고
풍요로워진다. 자유롭게 자유를 찾아가면서 사는 삶이 정의로운 삶이다.

자유는 무엇인가? 사람들은 자유를 '일체의 속박으로부터의 해방'이라고

본다. '무엇이든지 상관없이 자기가 하고 싶은 것을 언제 어디서든 할 수 있는 가능성'이라고 말한다. 그러나 이런 자유는 야생동물의 자유는 될지언정 인간의 자유일 수는 없다. 그런 식으로 자유를 추구하면 추구할수록 인간은 자유를 얻기는커녕 스스로 욕정의 노예로 떨어진다. 비록 내일 교수대에 설 사형수라고 하더라도 원하면 얼마든지 자유의 인간일 수 있다. 왜냐하면, 자유는 나의 육체에 달린 것이 아니라 정신에 내재해 있기 때문이다. 그러기에 의식을 잃은 경우 외에는 어떤 물리적 힘도 정신의 자유를 속박할 수 없다. 오직 나만이 스스로의 자유를 제한할 수 있다.

희망이란 내일을 향해서 바라보는 것만이 전부는 아니다. 내일을 위해서 오늘 씨앗을 뿌리는 것이야말로 진정한 의미에서의 희망이다.

자연사랑의 첫걸음은 피조물의 고난과 아픔에 동참하는 것으로부터 시작된다. 인간의 쾌락과 만족을 위한 궁여지책으로써의 자연사랑이나 자연보존은 또 다른 이름의 파괴를 만들 뿐이다.

참된 말, 진리의 말은 사람의 마음을 밝혀 준다. 마음으로부터 우러나오는 사랑의 말은 사람의 마음을 위로하고 격려하고 따뜻하게 해준다. 반대로 거짓말은 사람을 크게 그르치게 할 수 있고, 미움과 질투의 말은 분쟁과 다툼을 일으키고 때로는 사람을 죽일 수도 있다.

죽음은 그리스도인에게도 간혹 예외적인 경우는 있을 수 있으나 여전히 두렵고 말할 수 없이 큰 고통이요 고뇌이다. 때문에 그리스도인도 죽음

앞에 섰을 때 이를 받아들이지 못하고 저항할 것이다. 이것은 살고 싶은 인간의 본성이다. 그러나 하느님은 우리가 당신 사랑과 그 사랑이 베푸는 죄의 사함과 영원한 생명에 대한 믿음으로 이 죽음을 받아들이도록 도와줄 것이다. 이 믿음을 깊이 살면서 하느님의 사랑을 믿고 그리스도를 본받아 이웃을 사랑하는 것이 가장 좋은 죽음의 준비이다.

나이는 하느님의 은혜이다. 나이를 먹고 늙으면서 머지않아 죽을 수밖에 없는 허무한 지경이 아니라, 오히려 인생이 무엇인지, 무엇이 참된 가치인지, 그 참된 의미를 깨닫게 되는 원숙에 이르게 해준다. 세상의 부귀영화가 얼마나 헛된 것인지를 깨닫고, 믿음을 통하여 하느님만이 구원이요 생명임을 알게 된다. 어떤 의미로는 젊었을 때보다 더 철이 드는 것이다.

이 책을 읽는 이들에게

내가 추기경님을 대한 지도 그럭저럭 35년의 세월이 흘렀다. 일 년에 서너 차례 뵙는 경우가 대부분이지만, 그때마다 느끼는 것은 참으로 사람의 영혼을 맑고 편안하게 해주는 분이라는 점이다. 평신도의 입장에서 보면, 한국 천주교를 대표하는 추기경은 신앙적으로 우러러 볼 수밖에 없는 카리스마 같은 존재이지만, 몇마디를 나누다 보면 그 생각과 말과 행동이 너무나 따뜻하고 소탈하며 끝없이 겸허하다는 것을 절감하게 된다.

한마디로 오래 묵은 벗처럼 소박하고 온유하며 새록새록 정이 든다. 흔히 남녀간의 사랑을 이야기하면서, 첫눈에 마음을 뺏는 절세미인보다는 살면서 정이 깊어지는 사랑이 더 오래 간다고 하는데, 추기경님이야말로 전형적인 후자의 타입이다.

다른 한편, 이분은 대하면 할수록 두려움도 느끼게 한다. 그 누구도 감히 접근하기 어려운 대사제로서의 위용 때문이 아니다. 평범하고 솔직하게 흘러나오는 말들이 너무 평범하고 너무 솔직해서 하나같이 예사롭지 않게 들린다.

무엇보다도 인간에 대한 하느님의 사랑을 깨닫게 해줌으로써 우리가 실천해야 할 이웃사랑의 참모습을 온몸으로 드러내주는 풍부한 영성, 생각과 말과 행동을 일치시키고자 끊임없이 자기질책과 회심을 통하여 스스로를 비우려는 깊이 있는 영혼, 하느님의 종으로서 '모든 이의 모든 것'으로 살고자 애쓰는 자애로운 신심 앞에서 두려움을 느낄 수밖에 없다.

"주여! 당신의 십자가가 여기 있습니다. 아니 정확히 말해서, 우리의 십자가가 여기 있습니다. 그러나 당신은 우리의 십자가를 대신 지실 운명을 자초하셨습니다. 스스로 지은 죄없이 대죄인처럼 자신을 낮추셨으니, 허리를 굽혀 십자가를 지십시오. 그리고 똑바로 걸어가십시오. 주여, 여기선 전진뿐입니다. 후퇴가 있을 수 없습니다. 왜냐하면, 이 십자가는 우리 모두가 살기 위해 어차피 당신이 져야 하니까요."

이 책의 맨처음에 나오는 '십자가의 길'의 한 구절이다.

그 누가 이토록 예수님의 십자가 죽음에 대해 처절하고도 도발적으로 물음을 던질 수 있을까? 이 글을 읽으면서, 나는 이분을 대할 때의 두려움이 어디서 비롯되었는가를 조금이나마 알게 되었다. 그것은 분명 나 스스로 '아직도 멀었구나' 하는 통회와 자괴심이며, 일상에서 '십자가의 어리석음'을 애써 외면해온 부족함이다. 그래서일까, 추기경님의 여러 말씀 가운데 신앙은 끊임없는 연습이며 훈련이라는 구절이 심금을 울린다.

엮은이는 5년 전, 『참으로 사람답게 살기 위하여』라는 책을 펴낼 당시부터 이분의 신앙의 그루터기만을 담은 한 권의 책을 펴내고 싶었다. 성직생활 반세기, 특히 추기경 30년 동안 맡겨진 사도적 사명을 위해 노심초사 밤을 밝히며 모든 양떼들을 위해 신명을 다 바친 그 영성을 형제자매들에게 전하고 싶었다.

이제 김수환 추기경의 추기경 서임 30주년을 맞아 늦게나마 이분의 신앙고백록을 펴내게 되었다. 이분의 신앙적 삶, 신학적 깊이와 너비의 정수를 집대성함으로써 형제자매들의 영성에 도움이 되도록 초점을 맞추면서, 참된 신앙생활의 진면목을 비롯하여 인간의 근원적 화두인 하느님과의 문제, 그리고 성경에 담긴 갖가지 비유의 지혜와 21세기를 눈앞에 둔 한국천주교회의 미래상을 제시하고자 했다. 부록으로 추기경님이 직접 쓰신 몇 편의 기도문과 어록을 정리했다.

제목 『너희와 모든 이를 위하여』는 김수환 추기경의 표어이다. 예수님이 수난 전날 저녁에 우리 모두의 죄의 사함을 위해 피를 흘리고 속죄의 제물로 바치실 당신의 살과 피, 당신 자신을 제자들에게 먹을 음식을 주시며 하신 말씀이다. 추기경이 이 말씀을 택한 것은 그 자신도 주님을 본받아 신자들을 위해 바치는 주교가 되고자 원했다고 한다. 엮은이가 이 표어를 제목으로 정한 것은 추기경의 신심에서 우러나오는 인간에 대한 따뜻한 사랑을 통해 우리 형제자매들이 보다 깊은 영성과 자기 성찰의 기회가 되었으면 하는 바람에서이다.

이 책은 본시 추기경 서임 30주년을 맞아 금년 5월에 펴낼 예정이었으나 자료가 너무 광범하고 워낙 주옥같은 말씀인지라 시간을 지체하여 이제 펴내게 되었다. 엮은이는 김수환 추기경의 모든 말씀을 담은 『김수환 추기경 전집』(전 16권 예정) 출간을 준비하고 있는데, 이 책은 전집에서 가톨릭 신자들에게 도움이 되는 내용만을 뽑은 것이다.

이 책과 함께 펴내는 김수환 추기경의 명상록 『우리가 서로 사랑한다는 것』 역시 마찬가지이다. 참고로 내용에 따라서는 전문에서 일부를 발췌했으며, 자료의 출처 또한 군더더기가 될 것 같아 생략했음을 밝힌다. 그리고 발표 당시의 원문 그대로 싣는 것을 원칙으로 했으나 시제상의 차이점 등을 고려하여 손질한 부분도 있음을 첨언해 둔다.

삶은 스스로 택한 것이 아니라 주어진 것이다. 그러기에 참으로 우리가 사람답게 살기 위해서는 인간을 비롯시킨 존재, 즉 하느님에게로 귀속해야 한다는 것이 이 책의 화두이다. 그것은 그늘지고 소외되고 억압받는 이웃들에게 길을 밝혀주는 등대이자 기댈 수 있는 언덕, 희망의 중심이 되어준 추기경의 영성을 본받는 것이기도 하다.

1999년 9월
엮은이 신 치 구

엮은이 | 신치구
국방대학원 졸업, 육군 중장으로 전역, 국방부 차관 역임
로마 교황청 성 그레고리오 십자기사훈장을 수장(1983)
현재 가톨릭신앙생활연구소장
저서로 『성서와 전설로 본 열두 사도의 생애』
역서로 『성모의 생애』 『나자렛의 요셉』 등 다수

김수환 추기경의 신앙고백
너희와 모든 이를 위하여
글 · 김수환 | 엮음 · 신치구

펴낸곳 | 도서출판 사람과 사람
펴낸이 | 김성호

제1쇄 발행 | 1999년 10월 25일
제7쇄 발행 | 2000년 3월 1일

등록번호 | 제1-1224호
등록일자 | 1991년 5월 29일
주소 | 서울 마포구 대흥동 801-4 2F(우 121-080)
대표전화 | (02)702-1874~5 팩스 | (02)702-1876

값은 표지 뒷면에 있습니다.

ⓒ Shin Chi Goo, 1999, Printed In Korea
판권 본사소유/잘못된 책은 바꿔 드립니다.
ISBN 89-85541-53-6 04810
ISBN 89-85541-51-X 04810(전2권 세트)